FONCTIONS de L'ENTREPRISE

commercial
vente

Les techniques de vente... qui font vendre

Marc CORCOS
Stéphane MERCIER

5e édition

DUNOD

Avertissement

J'ai écrit *Les Techniques de Vente... qui font vendre* dans les années 1980. Régulièrement mis à jour au cours des 4 éditions qui ont suivi, ce « best-seller » de la vente, vendu à plus de 70 000 exemplaires en France, a été traduit dans plusieurs langues en Europe et en Amérique du Sud. Les méthodes et les techniques que l'on retrouve dans cet ouvrage sont enseignées dans de nombreuses écoles de commerce et dans les services de formation d'entreprises nationales ou internationales. Pour cette 5e édition, afin de compléter ce que j'avais déjà écrit, j'ai fait appel à Stéphane Mercier pour qu'il y apporte son expertise et sa compétence dans ce domaine de la vente. Je l'en remercie et m'en félicite.

Maquette intérieure : Catherine Combier et Alain Paccoud

Couverture : Didier Thirion/Graphir design

Photos couverture : Didier Thirion/Graphir design

Mise en pages : Nord Compo

5, rue Laromiguière, 75005 Paris

ISBN 978-2-10-057719-4

Tables des matières

Avant-Propos

Vendre est-il complexe et difficile ? Est-ce un paradoxe d'écrire que pour être un bon vendeur, il faut posséder de multiples qualités qui semblent se heurter les unes aux autres et aboutissent parfois à des contradictions en apparence : la fermeté s'opposerait à la gentillesse, l'écoute trahirait la conviction ? Est-ce un stéréotype d'affirmer que chaque vente est unique, aléatoire et hasardeuse et que, quelle qu'en soit la préparation, les réactions du client sont tellement incertaines que l'issue ne peut être prévue à l'avance ? Sont-ce tous ces éléments réunis qui font dire que vendre est un exercice périlleux, réservé à un petit nombre ? On pourrait l'admettre.

Mais notre sentiment est que cette attitude vis-à-vis de la vente, partagée parfois par les vendeurs eux-mêmes, tient surtout à un certain nombre de représentations, qui trouvent leur source dans la nuit des temps et véhiculent une image négative de l'acte de vente.

■ La vente a une représentation négative

Si l'on en croit ces images symboliques, la vente induirait l'idée d'un marché de dupes où un gagnant produirait systématiquement un perdant.

Dans l'Antiquité, Mercure était le dieu des commerçants et... des voleurs. Quant à Napoléon, qui méprisait les Anglais, pour mieux exprimer son sentiment à leur égard, qualifiait ces derniers de « piètre société de boutiquiers ».

Ce qui touche à la vente prendrait donc une coloration un peu malsaine où chacun tenterait de tromper l'autre, de promettre ce qu'il ne pourra tenir, de dissimuler ou de forcer la main.

D'ailleurs ne dit-on pas, d'une manière dédaigneuse, à propos de deux négociateurs en action : « C'est une discussion de marchands de tapis » ?

■ Survalorisation du savoir

Ce constat interroge notre société sur la question d'un certain type de savoir survalorisant, dans notre pays comme dans beaucoup d'autres, la connaissance et la culture. Il valide ainsi le mépris affiché par certains milieux élitistes à l'égard de tous ceux qui ne les détiennent pas et véhicule ainsi un préjugé admis par le plus grand nombre. Être intellectuel soulève plus d'admiration qu'être un homme de terrain. Travailler dans un bureau serait plus noble que de ferrailler et de commercer, de négocier et de marchander, de retrousser ses manches et de mettre les mains dans le cambouis, l'homme de terrain se révélant dévalorisé au profit de l'homme d'étude.

Souvenons-nous, les métiers du commerce étaient déjà déconsidérés au XVIIe siècle eu égard aux professions nobles : le service de l'État, l'enseignement, la magistrature, les arts et lettres...

Combien de fois avons-nous entendu : « Il ne sait pas très bien quoi faire... Ne pouvez-vous pas lui trouver une place de vendeur ? » Sans parler du fait qu'une telle vision valide l'idée improductive à l'égard de la vente suivante, à savoir : « Vendre ? Mais cela ne s'apprend pas ! On est vendeur ou on ne l'est pas » ; laissant entendre que la vente est le produit d'une improvisation animée par un savoir-faire qui trouve sa source dans une capacité innée et jamais acquise.

Il devient clair qu'avec le développement de formes de vente qui éloignent toujours plus le vendeur du client (VPC, vente par Internet...), le concept de l'action de « vendre » aurait plus que souffert d'un sentiment d'inutilité évident.

■ Vecteur d'anxiété

L'ensemble de ces constats a conduit à faire de la vente un vecteur d'anxiété, reléguant la communication commerciale au domaine des relations de pouvoir et d'influence. Elle présenterait un enjeu dont l'alternative est brutale : perdre ou gagner alors qu'échouer est une constante dans la vie d'un vendeur.

Si l'expert et le technicien semblent réussir neuf fois sur dix, le vendeur, lui, doit essuyer une série d'échecs avant de conclure une vente. L'un fonctionnerait dans le monde des certitudes, l'autre dans celui des aléas d'une aventure au résultat incertain.

Car vendre, c'est s'exposer aux refus, aux tensions, aux échecs, à la polémique. La vente a toujours eu la réputation de convenir à des gens solides, capables d'encaisser, voire à des aventuriers : souvenons-nous des « marchands de la Renaissance ».

■ Activité complexe

Vendre est une activité complexe impliquant une communication malaisée qui met en jeu de nombreux mécanismes d'ordre psychologique, technique, relationnel ou encore économique. Sans parler de ce que peut penser toute personne extérieure à ce monde : « Vendre ? Mais c'est facile : inutile d'avoir fait des études pour cela. C'est ni plus ni moins qu'une question d'adaptation ».

Pourtant, nous savons qu'aller chercher les gens, leur courir après, les relancer, surmonter leurs résistances ou leurs objections, prendre le risque de se heurter à un refus, ne sont pas choses aisées. Il n'est pas facile de descendre de son piédestal pour accomplir une « besogne » qui peut sembler être du racolage.

Alors, puisque vendre requiert tant de qualités si différentes les unes des autres, que tant d'éléments concourent à faire de chaque situation un scénario différent du précédent, comment en parler sans la simplifier à outrance ou tomber dans le piège de la juxtaposition de trucs valables à un moment donné, mais inutiles et inapplicables dans un contexte différent ?

Voilà pourquoi la démarche que nous avons choisie a été de dégager parmi toutes les nombreuses règles et techniques appliquées à la vente, trois plans de vente, quatre grands principes fondamentaux et neuf conditions essentielles qui, tout en ne réduisant pas cet ouvrage à un livre de recettes, donne à celui qui veut se former ou se perfectionner quelques conseils, pour avoir une chance supplémentaire de réussir dans la vente.

Cet ouvrage se veut donc essentiellement synthétique et pédagogique constituant ainsi « un filet de sécurité », auquel on peut se raccrocher sans viser un savoir encyclopédique de la vente.

La pédagogie est un art qui facilite l'acquisition de connaissances et favorise leur mise en œuvre. Il était donc indispensable de faire de cet ouvrage tout à fait autre chose qu'une thèse rébarbative et ennuyeuse allant à contre-emploi du but recherché.

Remerciements

- Nos familles et amis, Anna, Arnaud, Fabrice, Frédéric, Hervé, Jean-Pierre, Marie, Micheline, Peter, Sébastien, Ricardo, Tom, pour leur présence et soutien.
- Les milliers de vendeurs que nous avons formés.
- Micheline Richard pour sa relecture avisée, ancienne professeur de techniques de vente, passionnée par ce métier.
- Gaëlle Menin-Urien pour son expertise et son écriture du chapitre 10, « Prospecter sur les réseaux sociaux ».
- Les experts qui ont contribué à cette 5e édition : Maya-Coralie Blanc, Yves Blanchard, Laurence Chabry, Ricardo Croati, Nicolas Dugay, Philippe Gérard, Fabrice Guigné, Gaëlle Menin-Urien, Jacques Phoeun, Guy Wallaert.

Vous pouvez retrouver les auteurs sur :

Facebook :

http://fr-fr.facebook.com/pages/Stéphane-Mercier/128900483791820

Par mail : *livre.vente@free.fr*

Introduction

Vous êtes sans doute un futur vendeur en prise de fonction, ou peut-être un étudiant qui explore les différentes voies d'avenir, ou bien un ingénieur qui cherche à se recycler vers le commercial ou un entrepreneur qui souhaite se perfectionner pour développer le chiffre d'affaires de son entreprise ou encore un directeur commercial qui veut mettre à jour son expertise pour accompagner ses commerciaux ou, simplement, vous parcourez ce livre par curiosité. À l'ère d'Internet, du Web 2.0, du e-commerce, des enchères inversées, des ventes privées, on peut s'interroger sur l'avenir du vendeur et de son rôle. La première question que l'on peut se poser à l'aube de cette 5e édition : « Y-a-t-il un avenir durable pour le vendeur ? ». Certains prédisaient au début des années 2000 la fin des magasins et des boutiques avec la montée du e-commerce. Les points de vente sont aujourd'hui toujours présents et les vendeurs avec. De même, dans le commerce d'entreprise (*Business to Business*, B to B), avec les e-mails, les visioconférences, on aurait pu imaginer des transactions commerciales complètement déshumanisées et dématérialisées. Le commerçant, le vendeur, le commercial en France ou à l'international a encore un bel avenir devant lui. Il existe depuis la nuit des temps et il n'est pas prêt de disparaître, pour peu qu'on assimile les nouveaux rôles de ce beau métier dans un contexte économique 2.0 et mouvant.

Les dernières études européennes montrent que le vendeur est utile à plus de 60 % des actes d'achats de consommateurs. Toujours utile, le vendeur n'est pas amené à disparaître, mais comme le monde change, il doit évoluer et s'adapter. On peut noter un certain nombre d'événements qui ont créé une rupture dans les modes de consommation. On peut citer, en vrac, la récession aux États-Unis, l'exacerbation des problèmes liés à l'immigration, l'apparition des « nouveaux pauvres » et des « sans domicile fixe », la présence constante du chômage, la situation au Moyen-Orient, la radicalisation de certains milieux religieux, intégristes, la remise en cause de la mondialisation, des effets du libéralisme et de la société de consommation jugés néfastes par un nombre croissant d'individus, le sentiment de vulnérabilité dû au terrorisme pouvant, par des actions brutales et spectaculaires, frapper à tout moment, partout dans le monde, la nécessité de mettre en place des garde-fous écologiques et éthiques, la crise de la dette des états, la poursuite de l'obtention du triple A, Internet et le e-commerce, Facebook, Twitter...

Ces événements ont suscité l'émergence d'un nouveau regard sur le monde et modifié nos façons de penser. Ils ont induit de nouvelles stratégies de consommation qui ont favorisé de nouveaux modes d'achat et, si les techniques de base restent les mêmes dans le face-à-face avec le client, c'est dans une optique différente que doit s'entreprendre et s'engager la relation avec lui.

Ce qui a changé

Le comportement des consommateurs

Il est de plus en plus difficile de le caractériser et de cibler une typologie de comportements chez le consommateur. Toutefois, même si ceux-ci se révèlent davantage individualistes et complexes, postés dans des logiques de besoin difficiles à satisfaire, voire à comprendre, on a pu voir émerger deux grandes tendances :

1. **Le comportement du consommateur « frileux » :**
   Inquiet face à un avenir qu'il ne peut maîtriser, se posant la question de l'utilité de sa consommation, ses achats sont plus raisonnés. Il sait attendre, comparer, résister aux effets de mode ou aux stimulations de la publicité. Il a un sens plus profond de la gestion de son budget. Il recherche à la fois les meilleurs lieux de vente et les meilleurs moments pour acheter. Il veut des produits de moins en moins complexes, simples, pratiques et qui correspondent à des fonctions essentielles sans risque de panne due à un excès de sophistication. Le rapport qualité/prix devient un élément déterminant de l'acte d'achat. Il ne s'agit plus, pour ce type de consommateur, de surpayer la publicité et la marque s'il juge le surcoût injustifié, ou d'accepter l'ajout de services inutiles ou encore des avancées technologiques sans rapport avec ses attentes ou ses besoins. Il recherche des preuves de la valeur des produits qu'il achète. Il veut en avoir plus pour son argent. En rupture avec les années de surconsommation, ce consommateur a pris conscience de la nécessité de rééquilibrer ses achats sur des produits et services plus sûrs, plus durables, moins superficiels,

avec une garantie de valeur ajoutée et une promesse en rapport avec la valeur d'usage.

2. **Le comportement du consommateur « flambeur »** :
Face à cet environnement plein d'incertitudes mais aussi d'avancées technologiques, toute une frange de consommateurs veut profiter à fond de ce qu'apporte une époque en pleine explosion innovatrice. Ceci favorise une consommation de produits et services de pointe dont le prix n'a qu'une valeur relative : smartphone, tablette, gaming, micro-informatique et multimédia à haute sophistication, voyages, tourisme, sports caractérisés par les sensations fortes, chirurgie esthétique, produits alimentaires plus élaborés ou avec image forte (produits bio, commerce équitable, luxe, rareté...).
L'important chez ce type de consommateur, consciemment ou inconsciemment marqué par un sentiment d'« éphémère », est de se distinguer (« j'ai ou je fais ce que peu de personnes ont ou font »), de se faire plaisir (« on ne vit qu'une fois », *carpe diem*) et de prolonger par l'objet, l'apparence ou son style de vie, voire la jeunesse.

L'ouverture des frontières

Elle a accentué un mouvement de concurrence auquel était déjà confronté l'ensemble des entreprises nationales. Il n'existe plus de domaines où un quelconque produit n'ait pas de multiples équivalents à moindre prix, à meilleure qualité ou offrant un service supplémentaire, obligeant l'entreprise à une créativité permanente, à une remise en cause constante de ses acquis, à une segmentation plus fine de sa clientèle, à une connaissance « intime » des consommateurs et à des offres plus personnalisées.

Aux concurrents habituels viennent s'ajouter des concurrents imprévisibles, qui détournent les budgets initialement prévus vers d'autres formes d'investissements. Des concurrents inconnus jusque-là apparaissent pour « faire des coups » et repartent aussi vite qu'ils sont venus, en modifiant les donnes de départ.

L'affaiblissement de la dictature des marques

Si la fidélité aux marques est encore réelle, voire dans certains cas renforcée, elle n'est plus la référence obligée. Les derniers chiffres montrent que 80 % des Européens pensent que les marques ne sont pas très différentes. De nombreux imitateurs ont brouillé le rôle des marques qui ne sont plus une garantie.

Dans le domaine de la grande distribution, les marques de fabricants ont cédé une partie de leur place aux marques de distributeurs, moins chères. Elles-mêmes ont été concurrencées par l'arrivée de hard-discounters. Cette lutte contre les « premiers prix » a obligé les marques de distributeurs ou de fabricants à introduire de la valeur ajoutée dans leurs produits et à augmenter le nombre de services : carte de fidélité, service de livraison à domicile, le drive...

Dans le commerce de détail, le regroupement au sein de chaînes permet aux indépendants de renforcer leur action commerciale et de mieux lutter contre le secteur de la grande distribution pour obtenir des prix compétitifs, créer des produits spécifiques d'enseigne ou des marques propres.

Avec l'e-commerce, le consommateur peut comparer, choisir, découvrir et promouvoir de nouvelles marques. De même, l'émergence des ventes privées sur le net offre aux consommateurs l'accès aux marques à des prix très concurrentiels.

Si le rapport entre le consommateur et le vendeur s'est modifié en conséquence, le changement le plus important s'est manifesté en amont dans la relation entre le fabricant et le distributeur. Le rapport de force s'étant modifié, la négociation est plus âpre et exige du vendeur beaucoup plus de connaissances qu'autrefois, de compétences, de motivation, de ténacité, de volonté pour convaincre et conclure.

Le système d'achat des entreprises

Que ce soit par le regroupement en centrales d'achat ou par l'organisation d'entreprises en véritables bureaux d'achat fonctionnant en centres de profit, le résultat est que le vendeur ne peut plus se conduire comme il y a une dizaine d'années car :

- Les clients de moins en moins fidèles sont beaucoup plus sensibles à l'adéquation exacte entre l'offre (produit/solution/service/valeur ajoutée/prix) et le besoin, prenant le temps de rechercher l'oiseau rare, ne se fiant plus au train-train des habitudes et au brouillard des bonnes relations camouflant la pauvreté du service rendu.
- Les interlocuteurs experts se multiplient, participant, chacun à leur niveau, au processus de décision. Ils peuvent être pour une même affaire un responsable des achats, un directeur de production, des

ingénieurs de fabrication, des agents de maintenance, un directeur financier, un service informatique.

- Les négociations s'allongent dans le temps et se complexifient dans le processus de décision demandant au vendeur de multiples contacts, une persévérance à tous crins en dépit des aléas ou des déconvenues, exigeant une forte résistance au stress et à la frustration et surtout une organisation personnelle sans défaut.
- Les acheteurs plus avertis, sollicités, informés, formés, exigeants, rompus eux-mêmes aux techniques d'achat, savent profiter de la moindre faiblesse du vendeur et de son offre et pratiquent tous les moyens pour obtenir satisfaction : la ruse, la menace, le bluff, la fausse rupture, la pression, la manipulation.
- Les procédures plus strictes nécessitent que le vendeur respecte plus de rigueur et d'intelligence dans les attendus.

L'accès à l'information

L'information est accessible grâce à Internet avec la mise en place de réseaux sociaux, d'influence, de systèmes de veilles concurrentielles, à la création de banques de données, conduisant :

- les consommateurs à comparer les prix, à lire les avis des internautes, à relayer leurs propres analyses sur leurs produits achetés : promouvoir ou bannir ces derniers ;
- les acheteurs à mieux maîtriser tous les éléments composant leur marché et donc à bâtir de véritables stratégies d'achat en interconnexion avec la trésorerie et la rentabilité de l'entreprise, et permettant d'avoir à portée de mains les données, les chiffres, les spécifications, pour négocier plus finement ;
- le vendeur à posséder, en temps réel, d'une part, toutes les informations concernant son client et, d'autre part, les limites (techniques, économiques, approvisionnement) à l'intérieur desquelles il peut orienter son offre.

Les ruptures dans ces modes de consommation, et donc dans ces processus d'achat différents, ont modifié l'approche des clients. Plus de 90 % des clients effectuent une recherche avant leur achat.

Certains comportements, hier secondaires, prennent beaucoup plus de poids et deviennent aujourd'hui essentiels.

Ainsi, voilà les points sur lesquels nous devrons être plus vigilants que par le passé dans notre relation avec le client.

Les conséquences sur l'approche des clients

De la part de l'entreprise

■ Se partager la vente

Le vendeur seul ne peut plus suffire. Les acteurs qui interviennent dans la fonction achat chez nos clients sont de plus en plus nombreux. Le vendeur doit sentir que l'entreprise mobilise toutes ses ressources pour l'aider à mener à bonne fin sa négociation.

Il est pour le moins surprenant, dans le contexte décrit précédemment, de voir encore le peu d'intérêt que les entreprises manifestent envers leurs clients. Puisque la fonction commerciale est dédiée à un vendeur, il lui reviendrait de se débrouiller, seul, face au client ! Et tant pis si on voit les assistantes submergées par la frappe de statistiques internes, de notes de service, de comptes rendus fleuves des réunions et expédier toute affaire cessante le renseignement demandé par le client, voire la proposition commerciale. Tant pis si la standardiste ignore le nom des vingt plus gros clients de l'entreprise et les laisse en attente de longues minutes. Tant pis si le service contentieux menace de ses foudres un client de dix ans sans avoir tenté auprès du commercial de conduire d'abord la démarche. Tant pis si... Tant pis si...

Dans l'entreprise, tout le monde doit vendre, depuis le dirigeant jusqu'à la standardiste. Chacun à son niveau doit participer à la satisfaction du client et à sa fidélisation.

Face aux nouvelles complexités du marché, le vendeur doit se sentir épaulé, aidé, encouragé, il faut que la culture de l'entreprise change. Elle n'est pas toujours une culture client. L'objectif n'est plus de fabriquer des produits mais de produire du service et de fidéliser les clients. Elle doit passer d'une économie quantitative dominée par l'offre à une économie qualitative dominée par la sur-satisfaction des attentes des utilisateurs.

Les entreprises performantes ont une culture interne « marchande » très forte. Elles ont su sensibiliser et former l'ensemble de leur personnel à la « relation client » et, pour les meilleurs, à la « préférence client » par trois types d'action.

1. D'une part, en mettant en œuvre une approche adaptée (par le contenu et la pédagogie) à trois types de population :

– celle qui est en contact direct avec l'entreprise cliente (livreurs, service après-vente, assistantes commerciales, techniciens de maintenance) ;
– celle qui a des contacts indirects (téléphone, courrier, comptabilité, livraison) ;
– le management pour accompagner cette stratégie à tous les niveaux de l'entreprise.

2. D'autre part en mettant en place des indicateurs de mesure de la satisfaction et/ou de la fidélisation client, tel que le NPS©, Net Promoter Score.
3. Enfin en mettant des démarches qualité visant le zéro défaut, la suppression des litiges et toutes les remontées négatives des clients.

■ Gagner la préférence client

Le monde est de plus en plus banalisé. Même la qualité de service est entrée dans la majeure partie des entreprises avec plus ou moins de réussite. Quand la technologie, le prix et le service apporté ont du mal à assurer la compétitivité, une des stratégies pour se démarquer de la concurrence est de miser sur l'enchantement du client, et de faire en sorte que toutes les ressources de l'entreprise se mettent à son service pour qu'il vive une expérience d'achat unique.

Nous avons vu que le client est une « denrée rare, coûteuse, fugace et vitale ». Le conquérir et le garder exigent que chaque client pris individuellement, alors qu'il est confronté à une offre de masse, ait le sentiment d'une offre personnalisée. Certaines enseignes l'ont compris et le font vivre, tel l'Apple store.

Pour l'entreprise, le savoir-faire qu'elle offre au client est une condition essentielle mais non suffisante qui s'évalue par la fiabilité, l'utilité du produit et l'efficacité des services proposés au bon moment. L'absence de problèmes et un service de qualité sont aujourd'hui les minimums que le client puisse attendre. Toutes les entreprises l'ont bien compris et mettent en œuvre, plus ou moins parfaitement, cette nouvelle logique pour faire vivre une expérience d'achat. Enchanter les clients doit permettre de dépasser le fait de coller à leurs désirs et leurs besoins, de porter sur eux une attention permanente pour savoir comment satisfaire, personnaliser leurs attentes, et les surprendre. Développer cet esprit de « préférence client », c'est favoriser pour l'ensemble de l'entreprise son ouverture au monde, son regard sur les autres, son intérêt pour les clients, son désir de faire tout ce qu'il faut pour les satisfaire, les surprendre pour qu'il vive un moment particulier. C'est abandonner la myopie qui limite notre champ de vision, le nombrilisme qui obscurcit notre sens de l'autre, et la logique de l'expert qui nous restreint à une approche technique pour avoir réponse à tout, au lieu de nous inciter à interroger en permanence notre environnement, à développer notre écoute et à instaurer de la confiance.

Réagir plus vite, être plus près de chaque client et en savoir autant sur lui que sur nos produits, nous débanaliser à chaque occasion de contact et personnaliser la relation, rester dans son paysage, se comporter comme si à chaque fois on pouvait le perdre, lui témoigner des signes de reconnaissance, le considérer, anticiper sur les services, travailler en confiance, sont les gestes qu'il peut attendre de nous.

■ L'agilité à tous les niveaux de l'entreprise

Tout bouge : le monde, le marché, nos clients. L'entreprise statique, immuable, repliée sur ses pratiques et ses certitudes devient, beaucoup plus rapidement, inadaptée aux mutations de l'environnement, aux évolutions technologiques, économiques, sociales, et aux changements des attentes des clients.

Pour être viable, elle doit remettre en cause et repenser, sans cesse, sa vision et ses approches du client, tant en ce qui concerne les produits que les services. Ce qui est novateur aujourd'hui risque de devenir, aussitôt mis en œuvre, banalisé ; la durée de vie des avantages concurrentiels tend à s'écourter.

L'agilité d'une entreprise est sa capacité à exercer son devoir de curiosité et d'observation active, à développer ses qualités d'intuition et d'imagination, à dépasser les attentes du client, à s'adapter à ses désirs et ses besoins, à lui proposer la valeur ajoutée qui permet de garder la distance avec la concurrence. Chaque produit, chaque acte, chaque geste, chaque démarche doivent être significatifs de ce désir de « coller » à la réalité de la demande et d'évoluer avec elle. Quelques-unes des questions-clés à se poser sont :

- Ai-je un système fiable qui me permet de capter, avant mes concurrents, les signaux faibles émanant de l'environnement et de mon marché ?
- Suis-je suffisamment ouvert et curieux pour regarder au-delà de mon horizon professionnel et déceler les changements qui se préparent ?
- Ai-je une vision claire, précise, chiffrée et segmentée de ma clientèle ?
- Comment suis-je à l'écoute permanente de ses besoins, de ses attentes, de ses désirs ?

- Quel est son taux de recommandation concernant les produits et les services qui lui sont offerts ?
- Ai-je une organisation qui me permet, rapidement, de réagir, de m'adapter... voire d'anticiper ?

De la part du vendeur

Endossé un nouveau rôle : vecteur de passion

Dans de nombreux domaines, le client peut se passer du vendeur qui n'est plus toujours l'intermédiaire entre le produit et lui. Ce qui était vrai dans le libre-service, puis dans la vente par correspondance, a eu un développement de plus en plus grand grâce à Internet, qui permet de multiplier les sources d'information, de faire des comparatifs très sophistiqués et surtout de commander et de se faire livrer chez soi sans quitter son fauteuil.

Si le client se déplace tout de même en boutique, c'est parce qu'il recherche un contact humain pour confronter son choix avec un vendeur qui lui apporte un plus par rapport à Internet. Ce plus ne peut plus être l'information, les caractéristiques techniques, le comparatif entre les produits, tout est désormais accessible sur le net. Dans ce nouveau contexte, qu'est-ce que le vendeur peut apporter de plus à un geek ?

Les apports pour le client sont : être rassuré par un contact de qualité, se sentir conforté dans ses choix, être valorisé par le vendeur, créer une proximité tactile avec le produit et pouvoir l'obtenir immédiatement. C'est pourquoi il est si important que les entreprises qui emploient des vendeurs développent, au-delà des caractéristiques, la notion d'enthousiasme, de passion et que ceux-ci en fassent une donnée-clé de leur comportement pour créer les conditions d'une relation forte, durable et productive. Cette notion de vecteur de passion se décline en trois temps.

1. Se passionner pour ses clients

Il faut pour cela se fabriquer une base de données fiable, objectivée, évolutive afin d'identifier pour chacun :
– sa catégorie, son importance, son poids relatif, ses potentialités de développement ;
– ses projets, ses besoins, ses équipements ;
– son historique ;
– ses clientèles ;

– les différents interlocuteurs ayant une influence sur la décision d'achat ;
– ses pratiques commerciales ;
– les concurrents ;
– les traits de personnalité de ceux qui interviendront dans la décision finale.

Plus, cette connaissance sera fine (tel un collectionneur passionné) et plus le vendeur aura une chance de présenter ou d'adapter son offre de manière convaincante. Qui sont mes interlocuteurs ? De quoi ont-ils besoin ? Que sont-ils prêts à acheter ? Comment dois-je m'y prendre ? Quelle stratégie dois-je élaborer pour les conquérir, élargir les gammes, augmenter les volumes ou les fidéliser ? Quelles informations ont-ils glané sur Internet ? Comment se différencier, les surprendre, les enchanter ? Quelques-unes des questions qui, en l'absence de réponse, laissent le vendeur désarmé et sans réel impact dans son acte de vente.

2. Se passionner pour ses prospects, ses nouveaux clients

C'est parce que les clients sont infidèles, volages, inconstants et qu'ils ont appris à « zapper » d'un fournisseur à l'autre qu'il est important d'en acquérir en permanence de nouveaux, de pratiquer la « conquête » et pas seulement « l'élevage ».

Devenus sages, ayant appris à comparer, à tester, à surmonter les coups de cœur et les pulsions d'achat, ceux qui pourraient être intéressés se montrent hésitants, prudents. Ils ont pris l'habitude de se méfier des fausses innovations, des promesses commerciales souvent trompeuses, des arguments de vente superficiels, des remises illusoires, des vendeurs bonimenteurs pratiquant la vente à l'arraché.

Ils prennent le temps pour débusquer les écarts de prix, pour profiter des offres les plus intéressantes, pour rechercher des preuves de la valeur des produits qu'ils achètent, pour vérifier le sérieux du fournisseur.

Et lorsqu'ils ont trouvé ce qui pourrait leur convenir, ils négocient des services supplémentaires, ils exigent des références, ils temporisent, ils marchandent, ils essaient d'obtenir un avantage ou une remise non prévue dans l'offre initiale.

Face à ces nouvelles exigences, le vendeur doit faire preuve de patience, de ténacité, de résistance à l'échec. Il doit déployer plus de passion, d'empathie, de sérieux. Il a l'obligation de transformer ce prospect en client acquis puis, bien sûr, de tout faire pour le conserver et le développer. La conquête demande plus de temps et d'énergie que l'entretien. Raison de plus pour ne pas laisser échapper les occasions de faire une première affaire. Le temps est loin où l'on pouvait dire : « Un client de perdu, dix de retrouvés ».

Car cet art ne s'improvise pas. Il se construit petit à petit par une maîtrise parfaite du secteur de vente, par un ciblage précis de ceux qui sont les prospects à fort potentiel, par la pratique du micromarketing terrain, par la connaissance intime des comportements, des habitudes d'achat, des attentes des prospects repérés.

Une fois le contact établi, c'est la capacité du vendeur à intéresser, à rassurer, à être proche des préoccupations de son prospect, à comprendre ses désirs, ses inquiétudes, ses freins, ses *a priori*, à être imaginatif et à proposer les solutions qui ont une chance de le séduire, qui sera déterminante. C'est cette capacité à se passionner pour lui et à communiquer la passion de ses produits et services qui feront la différence.

Souvenons-nous : « Les clients achètent autant parce qu'ils sont compris que parce qu'ils ont compris. »

3. Maintenir la passion durablement

Nous avons vu, plus haut, le mal que se donne un vendeur pour acquérir un client et le laisser filer à la concurrence, s'obligeant ainsi à recommencer toute une nouvelle démarche d'approche, qui est non seulement une grave erreur, mais une perte de temps préjudiciable au progrès du vendeur lui-même dans sa conquête de nouveaux clients.

Faire venir chez soi un client est difficile. Le faire revenir devient une nécessité absolue. Rester dans le paysage du client, construire une stratégie de fidélisation personnalisée, créer un volant de relations et d'affaires : voici quelques-uns des impératifs qui permettront, en plus de l'aspect économique, de mieux se comprendre, s'apprécier, en un mot avoir envie.

Créer un vrai partenariat, faire équipe avec le client, bâtir une relation gagnant-gagnant où les intérêts des uns et des autres sont respectés, sont des objectifs qui doivent imprégner la pensée du vendeur et peser sur ses comportements de vente.

Finis les ventes pour faire un coup, la vision à court terme, le profit immédiat, le marché de dupes. Finis le mépris, l'arrogance, la supériorité hautaine, l'abus de pouvoir, le non-respect des promesses vis-à-vis des clients gogo, bonnes poires ou encore vaches à lait. Finie la fidélisation par la position dominante qui enferme le client, le contraint, l'oblige à subir les volontés du fournisseur.

Place à l'écoute réciproque, à la serviabilité, aux gestes désintéressés, à la gentillesse, à la compréhension, au partage, à l'enchantement. Place à ce professionnalisme technique et humain sans prétention vis-à-vis du client, au respect de ses choix, au sérieux dans la prestation, au soin à le servir au mieux de ses intérêts avec une qualité sans cesse irréprochable, à l'approche personnalisée, humaine et différente.

Place au vendeur qui construit sa vente sur le conseil et l'aide au client, sur la recherche des meilleures solutions avec enthousiasme, envie et passion. Place, enfin, au vendeur qui sait que la fidélité n'est jamais acquise, qu'elle se reconquiert tous les jours et *in fine* que c'est le client qui décide d'être fidèle ou infidèle.

Quels sont les pièges à éviter ? L'usure, la routine, le sentiment de positions acquises ou d'être en terrain conquis, le désintérêt ou la méconnaissance de nouvelles attentes, faire comme tout le monde.

Derrière cette notion de vecteur de passion, se dessine l'idée qu'il s'agira de moins en moins de vendre des produits à une clientèle indifférenciée et que le rôle du vendeur sera de considérer chaque client comme unique, pour satisfaire ses besoins et faire vivre un acte de vente unique et passionnant. Il s'agit, maintenant, de dépasser la logique du produit pour entrer dans la logique du client, d'offrir en plus des services généralisés, des services personnalisés, de passer de la relation respectueuse à une relation passionnante construite ensemble, d'abandonner le court terme et la courte vue pour bâtir de vraies stratégies de conquête et de fidélisation sur la durée.

■ L'apprentissage de la rigueur et l'acquisition de la compétence technique et humaine

Jusqu'à un passé récent, le vendeur était considéré (et se vivait aussi) comme un homme de l'oral, de l'action.

L'inné devait l'emporter sur l'acquis. L'improvisation, la spontanéité, l'amateurisme (éclairé ?) n'étaient pas en contradiction avec les contraintes du métier. L'indépendance était souvent confondue avec l'autonomie, le bavardage avec l'argumentation, la mémoire avec la base de données formalisée, l'agenda avec le planning, le survol du territoire avec l'organisation méthodique du secteur.

S'il faut de tout pour faire un monde, il faut également de tout pour faire un monde de vendeurs. Ce monde-là se rétrécit, se structure, s'offre des normes, des standards de performance, se donne des exigences. Les profils s'affinent. Les qualités personnelles ne sont plus suffisantes. Elles se complètent de méthodes tant sur le plan technique que sur le plan relationnel et émotionnel.

Être vendeur aujourd'hui c'est savoir classer, trier, gérer une masse d'informations, analyser finement son secteur, sa clientèle, ses différents segments de clients, évaluer les potentiels de chacun d'eux, s'organiser pour optimiser son temps et en tirer le maximum, élaborer des stratégies personnalisées de conquête ou de fidélisation à partir de grilles d'analyse complexes, bâtir des argumentaires raisonnés, faire des calculs de marge et de trésorerie, rédiger des offres écrites, relancer et suivre, étudier des statistiques et élaborer des tableaux de bord, faire des prévisions chiffrées, etc.

Aussi, à partir de maintenant, et plus encore que par le passé, il est indispensable de comprendre le mode de fonctionnement de son client, sa manière de raisonner, ce qui l'anime, de savoir gérer ses propres émotions et réactions durant l'entretien de vente, ainsi que celles de son client. Il est important de le surprendre et jouer sur les différents registres émotionnels pour le séduire, l'intéresser à ce que l'on propose, lui donner envie d'adhérer à l'offre qu'on lui fait. Ceci est possible si parallèlement s'instaure un dialogue constructif pour gagner sa confiance.

L'homme d'action se double d'un homme de réflexion dont les qualités sont autant techniques qu'humaines.

Nous l'avons vu plus haut, les clients sont mieux formés et plus exigeants. Ils sont comptables de leur temps. Ils veulent avoir en face d'eux des professionnels solides, sûrs, capables de leur faire passer des messages clairs, précis, structurés. Cela ne veut pas dire qu'ils acceptent des pantins robotisés ânnonant des argumentations toutes faites et apprises par cœur.

Ce que nous écrivions dans la première édition de cet ouvrage garde toute son actualité. Les techniques restent les mêmes. Elles sont immuables. Nous les avons enrichies. Le changement vient de leur utilisation, de l'intensité à mettre dans la qualité de la relation avec le client et de la rigueur de l'application de la méthode, qui crée et gère cette relation dans l'objectif d'être préféré.

Partie I

Les méthodes et principes de vente

Une méthode de vente universelle et passe-partout est une illusion

Le rêve de tout vendeur serait d'avoir une méthode-type qui permette de convaincre tous les clients et de réussir chacune de ses ventes, quelle que soit la situation. S'il n'y a pas de méthode universelle unique, il y a par contre des méthodes spécifiques, des processus de vente dont le nombre est bien identifié. Un des objectifs de cet ouvrage est de vous permettre de clarifier ces méthodes qui dépendent de plusieurs facteurs que nous allons passer en revue, rapidement pour le moment, avant de les détailler dans les chapitres suivants. Une des premières questions-clés à se poser pour déterminer la méthode de vente appropriée est de savoir à qui on vend et dans quel univers de vente sommes-nous. Face à des particuliers ? On parlera de vente (même si certains sont allergiques aux anglicismes) en B to C, *Business to Consumer.* S'il s'agit de vente à des entreprises, on parlera de B to B, *Business to Business*. D'autres paramètres interviennent pour déterminer la méthode adéquate : par exemple, le client est-il demandeur d'un produit ou un service que nous pourrions lui vendre ? Nous verrons alors que selon que nous sommes en B to C ou en B to B, une méthode s'impose plus encore que d'autres. Si nous essayons de faire une offre à un client qui, *a priori*, pense ne pas avoir de besoin, il sera nécessaire d'utiliser une autre méthode. Nous verrons plus loin que l'examen de chacune de ces méthodes ne peut être appliqué d'une manière systématique. Les méthodes sont des aides, des guides, des repères pour vendre, sachant que la relation client-vendeur est une relation humaine, différente d'un individu à l'autre, aléatoire, changeante, imprévisible. Une fois que nous aurons identifié ces méthodes, chacune sous-tendue par une structure claire aux étapes bien définies, nous aborderons les comportements et les techniques qui, elles, sont applicables quelles que soient les méthodes et que chacun peut utiliser dans la vie de tous les jours. Certains peuvent même les détourner pour leur seul profit et non pas pour satisfaire les besoins du client. Mais ces techniques pouvant être interprétées comme manipulatoires ne sont pas notre propos ici. Et au cas où certains vendeurs voudraient le faire, qu'ils sachent que cela peut fonctionner une fois mais pas sur la durée. Quelle confiance un client qui a senti que le vendeur a utilisé ces techniques pour le manipuler peut-il avoir ? Et combien de temps acceptera-t-il de se faire berner ? Le secret des vendeurs qui sont capables de fidéliser à long terme leur clientèle est qu'ils exercent leur métier avec transparence et authenticité, en prenant en compte les intérêts réciproques.

■ La voix du client

Maintenant que nous sommes d'accord pour exercer ce métier de vendeur avec intégrité et motivation, afin d'accompagner nos clients sur la durée, acceptez ce conseil, et ceci quel que soit l'univers dans lequel vous exercez : soyez respectueux et à l'écoute des besoins de vos clients. C'est principalement en fonction de leurs attentes que vous adopterez la bonne méthode de vente.

Le monde des affaires est petit et la mémoire des clients grande...

Avis d'expert

Client en B to B (Business to Business) : Fabrice Guigné, manager chez PSA, qui achète de la prestation de service

La voix du client

Qu'attendez-vous d'un commercial ?

En tant qu'ingénieur, j'attends du concret et de la qualité.

Il faut qu'au travers de la pertinence des questions qu'il pose, je perçoive son intérêt pour mon activité et sa capacité à répondre au mieux à mon besoin.

Nos délais sont de plus en plus courts, il faut donc qu'il soit réactif, si en plus il sait me conseiller sans trop en faire sur la façon de traiter ma mission, c'est gagné !

La confiance est indispensable pour une prestation de service. En me parlant du prestataire qu'il me préconise, je préfère qu'il me dise « il n'est pas encore complètement performant sur cet outil mais nous ferons le nécessaire pour sa formation », plutôt que de m'en rendre compte par moi-même.

À quoi êtes-vous sensible dans la démarche de vente d'un commercial ?

Je suis sensible au coup de téléphone après la vente pour savoir si je suis satisfait, si tout se passe bien. Certains le font et cela fait toujours son effet. Les points d'activité réguliers sont crédibles si cela m'apporte quelque chose, sinon cela me donne l'impression d'une démarche purement orientée pour revendre, et c'est insupportable de ne pas s'intéresser à mes préoccupations.

En synthèse, il faut un commercial à l'écoute, qui comprenne mon activité et qui sache s'adapter.

Une cliente qui souhaite acheter un jouet pour ses petits-fils dans une enseigne spécialisée (Business to Customer, B to C)

Quelles sont vos attentes dans un magasin ?

Cela dépend du style du magasin. Si c'est un magasin de détail, non en libre-service, j'attends un « bonjour » respectueux sans plus et une certaine façon de

»

» se mettre à ma disposition sans me solliciter dès mon entrée : à savoir par des questions immédiates « je peux vous aider ? » ou encore « qu'est-ce qui vous intéresse » ou encore de m'imposer une information que je n'ai pas demandée : du style « vous savez nous avons des promotions sur... ». Je peux comprendre que ces questions puissent être posées ou les informations suggérées lorsque ma présence dans le magasin est suffisamment longue pour que le vendeur s'inquiète de mes besoins. Mais au départ j'aime bien l'approche « je suis à votre écoute si vous en avez le besoin » et après le vendeur doit pouvoir me laisser évoluer et regarder comme bon me semble. Cela peut être pour moi le bon déclencheur pour aller plus loin. Dans les surfaces de grande distribution, j'espère trouver un vendeur quand j'en ai besoin, même si je sais qu'il me faut parfois attendre en cas de surchauffe dans le magasin.

Comment satisfaire les attentes de ses clients ? Comment reproduire les bons gestes gagnants de la vente tel un joueur de tennis dans un match ? Quels sont les paramètres qui définissent la bonne méthode à utiliser ? Quels sont ces méthodes et les bons comportements associés ?

Nous allons découvrir ensemble les bonnes questions à se poser avant de décider de la bonne méthode à adopter. Dans un deuxième temps, nous verrons les principes de vente avant d'aborder les techniques.

Chapitre 1

La méthode de vente adaptée à votre situation : la vente situationnelle

Executive summary

▶▶ **Vendre**, c'est d'abord connaître dans quel contexte on agit, car une erreur d'aiguillage de départ peut nous conduire sur la voie de garage de l'échec.

▶▶ **Repérer** le ou les véritables décideurs qui interviennent dans le processus qui vous permettra de conclure la vente. L'acheteur est rarement seul dans la décision.

▶▶ **Se mettre en phase** avec le client et choisir la bonne méthode de vente à la démarche du client : êtes-vous recommandé ? Exprime-t-il son besoin ? De là dépend la bonne conduite de l'entretien de vente.

Diagnostiquer la méthode de vente qu'il vous faut

Nous le disions plus haut, il n'existe pas de méthode universelle, quelle que soit la situation, l'offre à faire, les attentes du client, le produit ou service qu'on apporte. Par contre, il existe une méthode adaptée au contexte dans lequel vous évoluez. Je vous propose en quelque sorte de faire votre propre diagnostic, seul ou avec votre équipe. Quels sont les éléments qui peuvent changer votre posture de vendeur, qui peuvent changer les techniques que vous utilisez et qui génèrent des méthodes de vente différentes ? Quelles sont les questions à se poser ?

- À qui je vends : *« B to C » or not « B to B »* ?
- Combien de clients dois-je convaincre ?
- Quel est le niveau de fidélité que j'ai avec mon client ?
- Quel est le niveau d'expression du besoin client ?
- Dans quel environnement et face à quels concurrents, je vends ?
- Quelle est la complexité du produit ou du service vendu ?
- Quelle est ma compétence commerciale ?

À qui je vends : « B to C » ou « B to B » ?

La première question que vous pouvez vous poser est : « à qui je vends ? ». Plus exactement à quel type de clients. S'agit-il de clients particuliers, de professionnels ou les deux ? Comme nous l'avons déjà dit, on distingue communément la vente B to B de la vente B to C. Il faut entendre par vente B to C, *Business to Consumer* aussi appelée *Business to Customer*, la vente d'un produit/service d'une entreprise (business) à un particulier (dit client ou consommateur).

Il est vrai que si nous sommes, par exemple, en B to C, c'est-à-dire, rappelons-le, dans le contexte d'une entreprise qui vend à un particulier, la vente d'un article de grande consommation dans le magasin d'un immense centre commercial ne demandera pas le même temps, le même engagement pour vendre, que dans la situation, toujours de B to C, de vente d'une voiture haut de gamme à un particulier. Dans le premier cas, la méthode de vente employée risque d'être succincte, voire hélas ! négligée, avec comme arrière pensée de la part du vendeur que si tel client n'achète pas, la concrétisation se fera, très rapidement, avec un autre. Ce qui veut dire qu'en B to C, et dans le contexte de produit de consommation à large diffusion, le client sait de plus en plus ce qu'il veut acheter grâce à Internet et au matraquage publicitaire. Évidemment alors, les méthodes et les techniques de vente ont moins d'importance et sont souvent exécutées plus rapidement. Pour notre part, nous pensons qu'il n'y a pas de petites ventes avec de petits clients. Ce serait réduire le vendeur à un rôle de quasi distributeur automatique. Il nous semble qu'un bon vendeur doit manier toutes ces méthodes et techniques chaque fois qu'il est en situation de vente et quelle que soit l'importance de la vente.

Le B to B quant à lui, *Business to Business*, qui désigne l'ensemble des activités d'une entreprise visant une clientèle d'entreprises, a toujours contribué à professionnaliser sa démarche de vente. Aussi, vous savez ou découvrirez que les entreprises, les écoles de commerce ou les organismes de formation ont leurs propres méthodes de vente. Selon l'environnement où vous exercez, vous entendrez parler de APOR, APAR, AÏDA, ADAPAC, PADIDAC, GRANDIR, CRESCENDO, ACTES, SPIN... Chacun y va de son acrostiche et de ses spécificités.

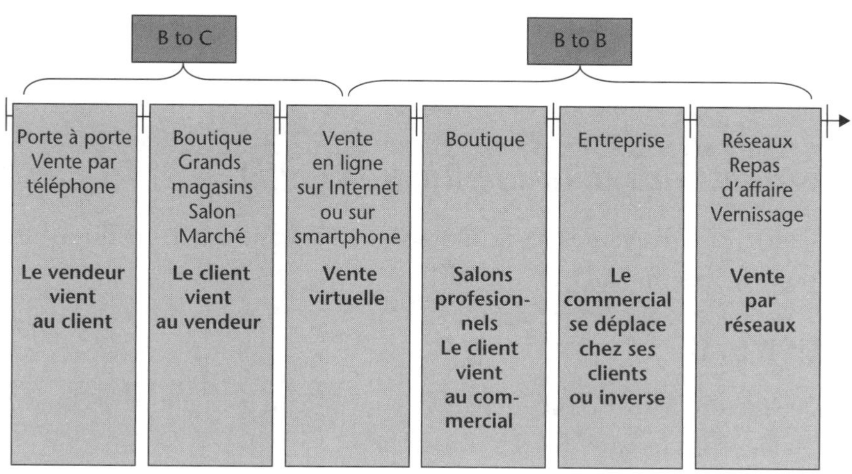

Figure 1.1 – Les situations de vente en B to B et B to C

Je n'aborde pas ici la vente C to C, vous l'avez compris de particulier à particulier. Très utile, lorsqu'on décide de vendre sa voiture ou sa maison soi-même, elle s'exerce de plus en plus avec Internet. Toutefois, les techniques vues dans ce livre vous y aideront particulièrement (*cf.* les techniques de négociation, partie 3).

Combien de clients dois-je convaincre ?

Vendre une voiture à une femme seule ou à un couple, ou encore vendre des voitures en location longue durée à une grande entreprise où il faudra convaincre le directeur financier, le responsable du parc automobile et un acheteur, est différent dans l'approche.

Le nombre de clients à convaincre ne change pas la méthode de vente, mais cela complexifie l'acte de vente et nécessite quelques techniques supplémentaires, car le commercial devra comprendre le processus de décision entre les différents décideurs et le poids de chacun dans la décision.

Beaucoup de vendeurs me l'ont confié et j'ai pu hélas l'expérimenter. Vous pensez avoir conclu la vente mais un nouveau décideur rentre dans le processus : « Mon patron m'a dit que nous reportons le projet » ; « Ma femme ne veut plus changer de voiture ». Parfois en B to B, on vous parle d'un interlocuteur que vous n'avez jamais rencontré et que vous ne connaissiez même pas dans l'organisation, souvent un responsable, et c'est ce dernier qui vous évince du projet.

Pour éviter ce type de situation, la solution est de questionner votre client, pour découvrir tous les décideurs et agir sur eux (entretien physique ou téléphonique, réseaux, mail).

Les questions pour identifier le GRID

Les questions suivantes vous aideront à avoir la maîtrise du GRID (groupe réel d'influence et de décision) :

■ En B to B

- Quelles sont les personnes qui interviennent dans le circuit de décision ?
- Quelles sont les attentes des utilisateurs ?
- Qui finance le projet et quelles sont leurs attentes ?
- À part vous, qui participe à la décision ?
- Qui sera présent lors de notre prochaine réunion ? Qui dois-je inviter pour la visite de démonstration/le prochain salon ?
- Quel est votre processus d'achat ?

Il est important de poser assez tôt ces questions à vos clients, car lorsqu'ils vous consultent par cahier des charges, il devient difficile, voire impossible, de connaître le circuit de décision.

Précaution à prendre

Ne sous-estimez jamais le pouvoir de chaque acteur. Par exemple, ne dédaignez pas l'assistante de votre client, une remarque de sa part en votre défaveur et vous risquez de perdre l'affaire !

■ En B to C pour les achats importants

- Avec qui financez-vous cet achat ?
- Faites-vous cet achat seul ?
- Pour qui faites-vous ce cadeau ?

Si vous êtes seul pour faire un achat important, les bons vendeurs vous invitent à revenir avec votre conjoint. C'est à la fois du respect, de la considération pour la personne absente et concernée par cet achat et nécessaire pour s'en faire une alliée.

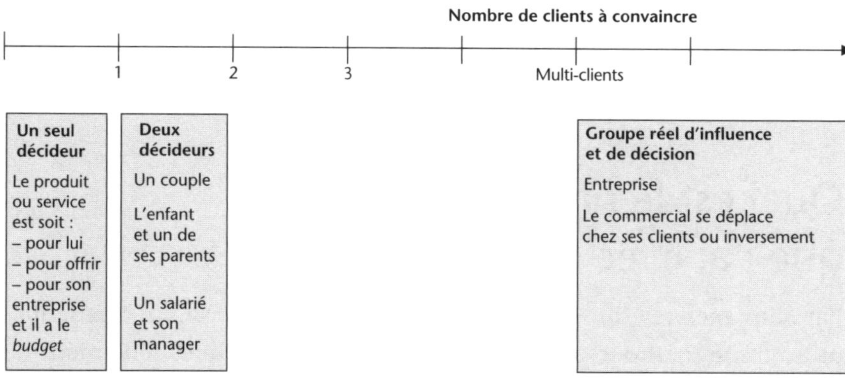

Figure 1.2 – Les acteurs à convaincre

Avis d'expert

Jacques Phoeun, consultant-expert sur la vente de solution, intervenant au CNAM sur la vente d'affaires

Le GRID

Lorsqu'on est face à un groupe de décideurs pour la vente d'une solution complexe, quelles sont les bonnes pratiques pour appréhender le GRID et mettre les chances de son côté ?

Quoi de plus rageant que de se retrouver deuxième dans une consultation ! Nous avions une réponse technique adaptée au budget de notre client, mais pour autant son choix s'est porté sur notre concurrent. Mais qui est notre client ? Plus précisément, quelle est l'équipe cliente constituée à l'occasion de ce projet qui fait l'objet d'une consultation ? Répondre à la question, « comment a pris naissance »

» son projet ? », c'est déjà identifier quelques acteurs-clés : d'abord, le « Monsieur idée » celui qui a suggéré les grandes lignes du projet ; ensuite le « Monsieur utilisateur », celui qui est à la fois mécontent de la situation actuelle et en attente forte de la situation future. Arriver à faire participer ces deux populations à notre réponse, nous donne la garantie d'être « short-listés ». Que reste-t-il à faire pour remporter l'affaire ? Bien sûr, connaître le décideur et en faire un allié est certainement l'objectif que nous avons tous visé. Mais arriver jusqu'à lui est parfois un « parcours du combattant ». Il est important alors d'identifier le reste de l'équipe cliente.
Autour du chef de projet, celui qui consulte les prestataires, une équipe d'opérationnels et d'experts y gravite. Nous y retrouvons des conseillers de tout genre. Ils s'assurent de la conformité de notre réponse aux aspects techniques, financiers et juridiques. Il est important à ce stade de les rassurer par nos choix et d'insister sur le « comment nous allons procéder ? ». Nous avons aussi subi la pression de l'acheteur sur le prix. Mieux vaut alors maîtriser les techniques de négociation et s'appuyer sur nos « sponsors » pour passer le dernier cap. En résumé, plus nous aurons détecté tôt cette équipe cliente, plus nous disposerons de temps pour nous organiser et de flèches à notre arc pour bâtir des messages à « valeurs ajoutées » auprès de chacun d'eux.

Quel est le niveau de fidélité que j'ai avec mon client ?

J'ai dans mes relations un excellent commercial qui vend sans jamais utiliser une méthode de vente. Deux ou trois techniques seulement lui suffisent. Et quand il rencontre ses nouveaux clients la vente est pratiquement faite ! Comment fait-il ? Son secret est simple, il est à chaque fois recommandé activement par un de ses clients envers un nouveau prospect.

Exemple

Success Story Tupperware

Tupperware lance en 1948 un nouveau système de démonstration et de vente à domicile : la « Tupperware party ». Des hôtesses présentent les avantages des boîtes en plastique de M. Tupper auprès des maîtresses de maison. Le succès est tellement fort que l'entreprise généralise cette méthode de vente. Pour fidéliser ses clientes, les hôtesses qui accueillent une démonstration reçoivent des cadeaux selon le montant des ventes effectuées par la présentatrice de la marque. Comme en tant qu'invité, j'apprécie la maîtresse de maison, j'ai un avis positif sur la vendeuse et les produits Tupperware.

Dix ans après, l'empire d'Earl Tupper est évalué à 16 millions de dollars et aujourd'hui, il représente plus d'un milliard de dollars.

Dans votre quartier

Le bon boucher de quartier le sait également. S'il vous satisfait, s'il vous conseille et qu'il vous apporte toujours les petits plus pour la cuisson de toutes les viandes, vous lui serez fidèle et vous en parlerez à vos bons voisins.

Lien entre fidélité client et recommandation

En B to B, les directeurs de différentes entreprises échangent et communiquent en réseaux, car ils veulent les bonnes solutions pour leur entreprise. Vous-même, vous faites sans doute partie d'un réseau d'anciens élèves ou vous surfez sur les réseaux sociaux, tels que LinkedIn et Viadeo. Si vous êtes recommandé, la vente sera beaucoup plus facile, car vous arriverez avec un capital confiance fort. Pour obtenir ce même niveau de confiance avec un nouveau prospect, il vous aurait fallu réussir au moins deux ventes et lui apporter d'excellents conseils personnalisés.

Se faire recommandé est la plus belle preuve de fidélité que peut vous donner votre client. Il donne sa confiance et accepte la prise de risque de cette recommandation. En somme, la finalité de toute vente pourrait être : concrétiser et être recommandé par votre client. De cette manière, vous accroissez votre portefeuille client avec un investissement commercial faible. Tout ce qui a trait à la santé le montre bien. On choisit rarement un médecin, un dentiste ou un spécialiste par hasard. Pour sa santé et celle de ses proches, on veut avoir confiance. Aussi, le médecin de mon ami est un bon médecin car c'est celui de mon ami. Quand vous êtes très satisfait d'une enseigne, d'un magasin, d'un produit ou d'un commercial, vous en parlez autour de vous, vous le faites savoir.

■ Différence entre satisfaction et fidélisation

- Un client satisfait revient dans 60 % des cas.
- Un client très satisfait revient dans 95 % des cas. Un client fidèle est un client qui revient.

Avis d'expert

Maya-Coralie Blanc, directrice de clientèle chez Satmetrix, leader de la mise en œuvre de programmes liés à l'expérience client

Quelles sont les caractéristiques d'un client fidèle ?

Les clients fidèles développent des comportements qui permettent à l'entreprise un fort taux de rétention et une croissance rapide. Ils possèdent quatre caractéristiques essentielles :

1. Ils reviennent vous voir et achètent de nouveau.
2. Ils sont enclins à vous acheter des produits et des services supplémentaires.
3. Ils vous recommandent à d'autres personnes et parlent de vous en bons termes. L'étude Forrester a démontré que 80 % des clients font plus confiance au bouche à oreille qu'à n'importe quelle autre source d'information.
4. Ils vous consacrent du temps et vous donnent du feedback pour vous aider à progresser ; ils se sentent concernés par la réussite de votre entreprise.

Quelles différences y a-t-il entre fidélité, rétention et inertie ?

Un client fidèle renouvelle son contrat (sa confiance) en dépit d'une concurrence menaçante, et parle positivement de la marque à ses proches.

Les notions de rétention et d'inertie découlent :

- du non-choix : le client reste avec la marque par méconnaissance du marché et des marques concurrentes ;
- de l'habitude : le client souhaite s'acheter une tranquillité et se complaît dans ses repères.

Quelles sont les caractéristiques d'un « détracteur ?

Un détracteur est avant tout un client mécontent, qui ne se contente pas seulement de son statut de client insatisfait, il souhaite le faire savoir auprès de son entourage.

Il faut distinguer au sein des détracteurs :

- Les passagers : ils peuvent être très vite réhabilités promoteurs de la marque.
- Les détracteurs sévères : la marque doit redoubler d'efforts. Ces détracteurs sévères seront ceux qui demain iront sur les réseaux sociaux de la Toile pour s'épancher négativement sur la marque.

Enfin, le détracteur est aussi un client qui tient à la marque, selon l'adage : « qui aime bien châtie bien ». C'est une opportunité, pour l'entreprise, de revenir vers le client et instituer un dialogue.

Exemple

L'intérêt des marques à fidéliser les jeunes tôt

Vous l'avez remarqué, les marques tentent de fidéliser les ados, le plus tôt possible. En effet, les études montrent que ces derniers, une fois devenus adultes, conservent une grande partie des marques qu'ils consommaient étant jeunes. C'est la raison pour laquelle les banques offrent 15 € pour l'ouverture d'un livret A, proposent des services et offres attractives. Fidéliser les jeunes tôt, c'est une des garanties pour pérenniser sa marque, son entreprise.

Limiter les clients insatisfaits de votre portefeuille client

Quel que soit le lieu où vous exercez le métier de vendeur, cette notion de fidélisation est capitale. Elle conditionne la méthode de vente que vous allez mettre en œuvre et elle vous alerte sur l'énergie commerciale que vous allez devoir dépenser pour transformer une affaire chez votre client ou prospect.

Car si un client fidèle ou un client qui vous est recommandé vous permet de gagner du temps commercial, un client qui n'est pas favorable à votre entreprise ou à vous-même devient un potentiel « détracteur ». Il va, d'une part, ne pas commander chez vous mais, d'autre part, il risque d'entraîner un bouche à oreille défavorable. L'adage qui dit qu'« un client satisfait le dit à 10 clients, un client insatisfait le dit à 100 » est toujours vrai dans le principe. Les proportions diffèrent selon les secteurs d'activité.

Aussi, soyez vigilant et évitez d'avoir des « détracteurs », car en plus de vous faire une mauvaise publicité, cela vous prendra du temps de transformer ce détracteur à nouveau en client.

Pour vous en convaincre, imaginez qu'un de vos amis vous donne un avis défavorable sur un médecin de votre quartier : combien d'avis favorables vous faudra-t-il entendre sur ce médecin, avant d'imaginer vous faire soigner par lui ? Certains d'entre nous diront qu'il est même inutile de tenter de le convaincre. Avec un avis négatif, mon opinion risque d'être déjà faite.

Identifier le niveau de fidélité de votre client à votre égard

Comment identifier son niveau de fidélité par rapport à son client ? Dans le schéma suivant, posez-vous les questions de son aptitude à vous recommander. Face à un de vos clients que vous qualifierez de fidèle, le plus simple sera de lui poser la question directement. Cela vous permettra de mesurer efficacement son niveau et, cerise sur le gâteau, vous obtiendrez un contact utile pour une prochaine vente. Si vous ne le sentez pas favorable, soit vous êtes face à un client passif/détracteur, soit votre sentiment est erroné et vous devriez dépasser vos peurs pour oser connaître sa capacité de prescripteur. Pour une mesure objective, des enquêtes clients sont nécessaires.

Les objectifs de ces échelles de fidélité sont :

- Prendre conscience du niveau de fidélité de votre prospect/client pour déterminer la meilleure stratégie d'approche.
- Transformer un client neutre, qui vous connaît peu, en prescripteur.

Mais n'oubliez pas que la préférence se gagne avec de la considération, de l'excellence dans le traitement et de la fiabilité dans le temps.

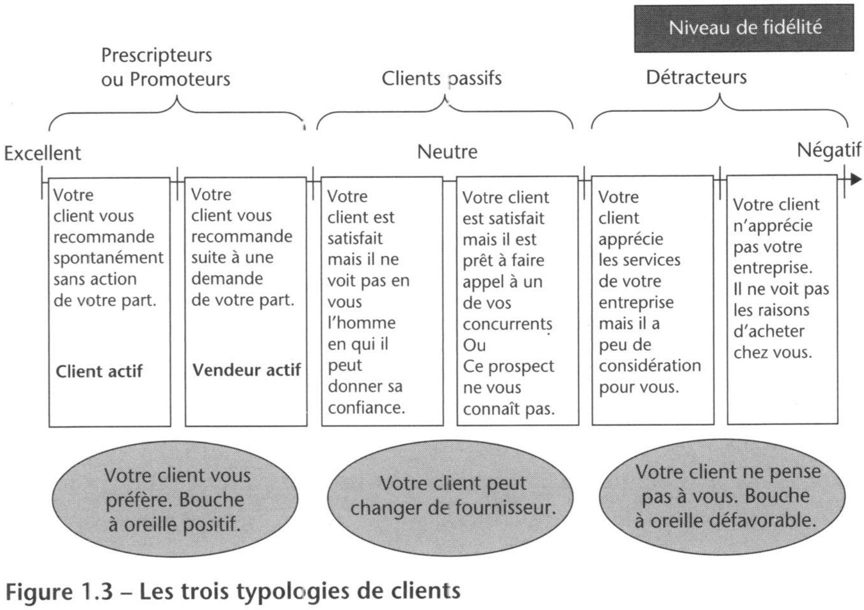

Figure 1.3 – Les trois typologies de clients

Le Net Promoter Score : NPS©[1]

Une autre mesure est très répandue dans la fidélisation. Il s'agit du NPS©, le Net Promoter Score. Par l'intermédiaire d'enquêtes clients de plus en plus administrées *via* Internet et le mail, les entreprises demandent à leurs clients de les évaluer sur leur capacité à les recommander. La question est : « Recommanderiez-vous la marque X, Y à votre entourage : collègues et amis ? » Sur une échelle de 0 (non, jamais) à 10 (oui, très certainement).

De 10 à 9, votre client est prêt à vous recommander ; de 8 à 7, il s'agit d'un client passif, et en dessous de 6, c'est un détracteur.

Le NPS est le pourcentage des promoteurs moins celui des détracteurs.

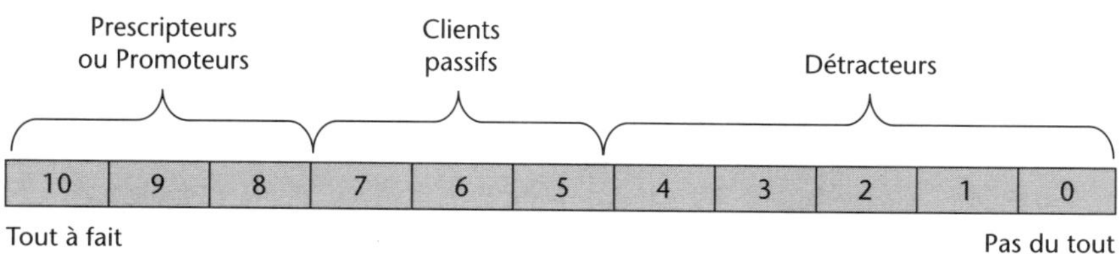

Figure 1.4 – Classification des réponses à la question décisive

Exemple

Calcul d'un NPS

Vous disposez d'un portefeuille de 30 clients et votre analyse – ou mieux encore, une enquête – montre que vous avez 5 promoteurs et 4 détracteurs (21 passifs). Votre NPS est alors de 16,7 % – 13,3 % = 3 %.

Est-ce un bon score ? Le souci du commercial est qu'il a presque autant de détracteurs que de promoteurs ! Son premier objectif serait de réduire le nombre de détracteurs, puis de fidéliser vos clients passifs pour en faire des promoteurs de votre marque et de vos produits.

Quelle méthode de vente associée au niveau de fidélité ?

Plus votre interlocuteur vous est fidèle et plus il sera acteur dans la démarche de vente. Ainsi, vous serez beaucoup plus tranquille et serein. Et les principes fondamentaux que vous allez découvrir dans les cha-

1 Marque déposée et concept co-développé par Fred Reichheld, les sociétés Bain&Company® et Satmetrix®.

pitres suivants (instaurer le dialogue, faire preuve d'empathie, créer un climat de confiance) seront mis en place de fait. Lorsqu'il y a fidélité, il y a confiance, c'est comme dans un couple. Aussi, les techniques de vente que vous découvrirez dans la partie 2 seront plus simples à appliquer. Lorsque vous poserez une question ou bien traiterez une objection, votre client sera enclin à répondre aisément, à vous aider à l'aider. Inversement, si vous êtes face à un prospect qui ne vous apprécie pas, vous aurez beau utiliser une méthode de vente et des bons principes et techniques, cela sera difficile de remporter cette première affaire. Vous allez devoir faire preuve de persévérance. Ainsi, selon le niveau de fidélité de votre client, vous vous fixerez des objectifs d'entretien différents et mettrez en œuvre les techniques et les comportements adéquats. Le tableau qui suit résume les différentes approches.

Tableau 1.1 – Les situations de vente en B to B et B to C

Niveau de fidélité	Objectifs d'entretien	Méthode de vente (décrite chapitres suivants)	Principes, comportements et techniques
Client fidèle, prescripteur	Continuer de le satisfaire et de le surprendre. Attention à ne pas se laisser aller, se dire que c'est gagné. Un client fidèle vous estime, ne le décevez pas.	Plan de vente ajustée et plan de vente par référence.	La confiance est là. Adopter un comportement d'ouverture, d'authenticité. Soyez vous-même, surprenez-le, transmettez votre passion.
Client neutre	Gagner la vente.	Les 3 méthodes de vente selon le niveau d'expression du besoin client.	Tout le livre va vous être utile. Vous êtes en posture de vendeur. Confiant et challengé par la concurrence, à vous de différencier vos produits, vos services et de gagner. Soyez vecteur de passion.

»

»

Niveau de fidélité	Objectifs d'entretien	Méthode de vente (décrite chapitres suivants)	Principes, comportements et techniques
Client détracteur Le client vous connaît et il a été déçu. La confiance n'est plus là. Inutile d'espérer gagner la vente.	Regagner sa confiance. Faire en sorte d'être consulté au même titre que vos concurrents, tout en sachant d'avance que vous répondez pour perdre cette affaire mais pour gagner les prochaines.	Les 3 méthodes de vente	Soyez professionnel et persévérant, car vous allez devoir réaliser plusieurs propositions avant de signer avec lui. Votre comportement sera plus incisif, projectif. Vous montrerez votre envie et votre volonté de faire changer sa perception, sans jamais d'agressivité ou d'agacement. (Voir chapitre 7 sur l'affirmation de soi)
Prospect détracteur Il n'a jamais rien commandé chez vous mais votre image, votre notoriété ne lui convient pas.	Vendre une nouvelle image de votre entreprise et de vous-même. Vous devez prouver que vous pouvez lui apporter de la valeur ajoutée, de l'innovation.	De préférence, le plan de vente ajustée et le plan de vente par référence. Et s'il n'a pas de besoin, le plan de vente persuasif.	Restez zen, respectueux. Si le client est agressif, manipulateur, faites preuve d'assertivité. (Voir chapitre 7) « Décoiffez » l'entretien, vous devez changer de perception.

Quel est le niveau d'expression du besoin client ?

Dans les précédentes éditions de cet ouvrage, le niveau d'expression du besoin client était posé comme le premier critère de différenciation des plans de vente. Ce critère garde toute son importance dans cette nouvelle édition, et il m'est apparu essentiel et nécessaire de le compléter avec les autres critères qui ont leur influence sur les plans d'entretien de vente.

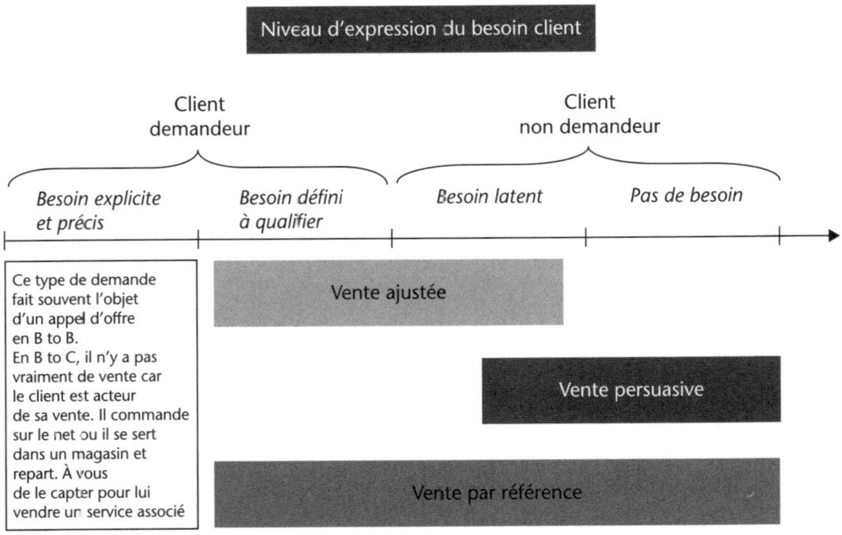

Figure 1.5 – Méthode de vente et niveau d'expression du besoin client

« La manière de mener son plan de vente est totalement différente selon que le client est demandeur ou non demandeur. »

Vente ajustée

Lorsque le client est demandeur, le vendeur doit s'efforcer d'ajuster son offre aux attentes exprimées. Il lui a fait part de ses besoins : le travail du vendeur est alors de démontrer que ce qu'il propose correspond à ce que souhaite le client.

Vente persuasive

Si, par contre, le client n'est pas demandeur, le vendeur, quelle que soit la qualité de son produit ou de son service, ne pourra lui donner envie d'acheter. En effet, il ne peut y avoir de vente sans l'expression d'un besoin clairement ressenti par le client. Dans cette situation, toute l'habileté du vendeur est de faire constater au client que la solution qu'il utilise, dans le domaine qui intéresse le vendeur, n'est pas complètement satisfaisante. S'il y réussit, il sera sur la bonne voie pour faire apparaître un nouveau besoin chez le client. Il ne lui restera plus qu'à démontrer que son offre satisfait pleinement ce besoin qui n'était, jusque-là, ni ressenti ni exprimé.

Vente par référence

J'ajoute dans cette nouvelle édition une méthode de vente dont on parle peu, mais que j'ai pu modéliser à travers l'observation de bons vendeurs. De nombreuses ventes se font grâce à des références ou des *success stories*. Le commercial qui guide le plan de vente pose peu de questions sur les besoins du client. Les questions sont essentiellement tournées sur l'organisation, les problématiques, les enjeux, le contexte du client, car le vendeur possède plusieurs belles références par rapport à des entreprises équivalentes. Après cette mini-découverte, le vendeur annonce une belle réussite menée dans une entreprise comportant les mêmes caractéristiques. Le client va ensuite réagir avec des objections et le dialogue est alors lancé, le processus de vente également. Que le client soit demandeur ou non, cette méthode permet de faire des affaires. Encore faut-il avoir des références pertinentes et percutantes, qui apportent de la valeur ajoutée.

Exemple

Vendeur face à un client demandeur

Le client est demandeur. Il n'est pas satisfait de la solution qu'il utilise :

En B to C, secteur banque :
« J'ai 12 000 €, je souhaite les placer à meilleur rendement. »

En B to C, secteur automobile :
« Ma voiture a plus de deux ans et j'ai déjà fait 80 000 km. »

En B to C, secteur jouet :
« C'est l'anniversaire de mon fils, je veux lui faire plaisir. »

En B to C, secteur téléphonie :
« J'envoie trop de données sur mon portable, je dois changer de forfait. »

En B to B, secteur service :
« Mes équipes sont débordées, je manque d'effectifs, il me faut un prestataire de service. »

En B to B, secteur industriel :
« Les machines de remplissage ne répondent plus aux nouvelles normes ISO, nous devons les modifier ou les changer. »

En B to B, secteur téléphonie :
« Je dois équiper mes commerciaux de mobiles avec accès à leurs mails. »

Dans tous les cas, le besoin est explicite. Il est clairement ressenti. C'est souvent à l'initiative du client qu'a lieu la rencontre. Il peut avoir :

- Un besoin et pas de solution : « Je dois changer de forfait mais je ne sais pas par quoi le remplacer. »
- Un besoin et deux ou trois pistes de solution : « Pour respecter les nouvelles normes ISO, que faire de mes machines de remplissage ? »
- Un besoin et une solution bien identifiée : « Je vais faire équiper mes commerciaux d'un iPhone 8 avec un forfait illimité. »

Quelle que soit la situation (un besoin et pas de solution, un besoin et deux ou trois solutions, un besoin et une solution bien identifiée), les vendeurs qui se trouveront face à ces clients seront en situation de **vente ajustée**, c'est-à-dire qu'ils auront la nécessité de bien comprendre le besoin avant de démontrer que ce qu'ils proposent correspond aux attentes. Ou bien, forts d'une expérience, les vendeurs adopteront une posture de conseil avec une référence répondant à la problématique du client, pour l'orienter vers la solution adéquate à sa situation. Il s'agit alors de **vente par référence**.

Exemple

Vendeur face à un client non-demandeur

Le client n'est pas demandeur *a priori*. Il est plus ou moins satisfait de la solution qu'il utilise et il n'a pas un besoin pressant de changer.

En B to C, secteur banque :

« J'ai une carte de retrait, mais pourquoi posséder une carte revolving, je n'en ai pas besoin. »

En B to C, secteur automobile :

« Je venais juste faire réparer ma voiture et vous vous voulez me présenter les nouveaux modèles compte tenu des primes à la casse de l'État ? ! »

En B to C, secteur jouet :

« Je suis venu acheter un jeu pour la PlayStation de mon fils ; non je ne suis pas intéressé par la PlayStation nouvelle génération. »

En B to C, secteur téléphonie :

« Vous m'appelez pour me proposer un nouveau forfait par rapport à ma consommation. Mais mon forfait à 39 € me convient bien ! »

En B to B, secteur service :
« Pourquoi souhaitez-vous me présenter un consultant expert en réduction des coûts ? J'ai ce qu'il me faut en interne. »

En B to B, secteur industriel :
« Les nouvelles normes ne sont pas encore en vigueur. Pourquoi changer les machines de remplissage dès maintenant ? »

En B to B, secteur téléphonie :
« En quoi le fait d'équiper mes commerciaux de mobiles avec accès à leurs mails est intéressant pour mon entreprise ? Ils ont déjà leur PC portable. »

Le besoin de changement exprimé par ces clients n'est pas clairement ressenti ou s'il l'est, ce n'est que faiblement. S'ils ont de l'argent à investir, ce sera probablement sur d'autres priorités. Il existe peu de chances qu'ils sollicitent la présence d'un vendeur. C'est donc à ce dernier d'essayer de se trouver en face à face avec le « prospect » (d'où la difficulté, dans ce cas-là, d'obtenir des rendez-vous) et de faire apparaître un besoin ou de révéler un besoin implicite pour le rendre explicite. Une fois que le vendeur aura suggéré que la solution utilisée par le client peut être améliorée ou différente, il pourra alors démontrer que ce qu'il propose peut combler les insatisfactions révélées ou les manques à gagner. Ou bien, avec la vente par référence, le commercial utilisera l'affirmation d'une référence pour asseoir l'intérêt majeur de changer de solution dès maintenant.

Il reste à décrire trois autres questions à vous poser pour vous positionner en tant que vendeur, en termes de méthode et de posture…

Dans quel environnement et face à quels concurrents, je vends ?

Tableau 1.2 – Matrice de concentration

		Concurrents/Confrères		
		Nombreux	**Quelques-uns**	**Peu nombreux**
Clients	**Nombreux**	Compétition parfaite (fournitures de bureau)	Oligopole (téléphonie mobile)	Monopole (transport, énergie)
	Quelques-uns	Marché pour les clients	Marché de voisinage	Marché de vendeurs (le luxe)
	Peu nombreux	Monopole client (centrale d'achat grande distribution)	Marché pour les clients	Monopole bilatéral (fabrication centrale nucléaire, train)

▒ Les environnements de vente où il fait bon vivre pour les vendeurs.

Lorsque vous êtes vendeur, vous n'êtes hélas pas seul au monde ! Et c'est la richesse de ce métier, vous avez des clients variés et aussi des concurrents. Il importe de vous positionner sur votre marché. La matrice de concentration vous y aide.

Au début de ce chapitre, on évoquait la mauvaise habitude, pour les vendeurs B to C, d'utiliser les méthodes de vente de manière « aléatoire », compte tenu du nombre de clients qui se présentent en surface de vente. Pendant des années, il a en été de même dans les grandes entreprises d'État françaises, qui étaient en situation de monopole. Il était facile de vendre de l'énergie…

Mon conseil est d'apporter un service de qualité même en situation d'oligopole ou de monopole, car les clients ont de la mémoire. Et avec le temps, la concurrence se développe toujours. Il y a quelques années, il n'y avait que trois opérateurs de téléphonie, aujourd'hui le marché s'est élargi et les clients reprennent le pouvoir du choix.

La matrice de concentration n'a pas vocation à modifier le plan de vente mais à prendre de la hauteur sur votre contexte client et concurrentiel.

Quelle est la complexité du produit ou du service vendu ?

Nous avons abordé les questions de votre positionnement de vendeur par rapport à votre client : qui est-il, combien sont-ils, quel est son niveau de fidélité, quel est son besoin. Il importe aussi d'analyser votre ou vos produits et services que vous devez vendre en tant que commercial. La complexité du produit vendu ne modifiera pas votre plan de vente, mais il est évident qu'un produit complexe nécessite des temps d'entretien plus longs et une adaptation en termes de vocabulaire.

Exemple

En B to C, vous pouvez constater que le temps de vente pour une carte mémoire est bien plus court que la vente d'un appareil photo numérique.
L'appareil photo possède beaucoup plus de caractéristiques techniques qu'une simple carte mémoire. Cela nécessite pour vous, vendeur, de poser plus de questions, de comprendre quelle est la compétence technique de votre client pour vous adapter à lui.
De même en B to B, la vente d'une machine spéciale à électroérosion nécessite une expertise pointue d'ingénieur commercial. Le processus de vente sera long et nécessitera même une période de démonstration où les utilisateurs pourront tester la machine avant de la déployer.

Tout l'art du vendeur, est que même face à un produit complexe, il faut que cela apparaisse simple pour votre client.

Quelle est ma compétence commerciale ?

L'importance de s'analyser

Enfin, en tant que vendeur, qu'est-ce que je vaux ? La fonction commerciale s'est tellement développée qu'aujourd'hui les entreprises se sont dotées de formateurs internes, d'animateurs, de coaches, pour développer la compétence commerciale de leurs commerciaux. Si vous disposez d'un bon manager ou d'un coach d'entreprise, tant mieux pour vous, car vous allez progresser, vous remettre en question et devenir un très bon vendeur. Si vous n'êtes pas encore dans ce cas-là, alors mon premier conseil est de ne pas vous endormir sur vos lauriers. C'est le principal défaut des commerciaux. Rares sont ceux qui me disent, j'ai demandé une formation, je lis un ouvrage sur la vente (vous faites parti de l'exception !). Rater une vente, ce n'est pas un échec en soi, si vous en tirez les enseignements et si vous identifiez vos points forts et points d'efforts. Et j'insiste sur les points forts, car si vous allez en entretien de vente en doutant de vos compétences, ce n'est pas un climat de confiance que vous allez instaurer mais de méfiance. Beaucoup de coaches vous le diront, l'important est d'abord de découvrir ses talents, pour les exploiter comme un citron que l'on presse et ensuite, travailler vos axes d'amélioration.

Encore faut-il identifier ses points forts avant et après un entretien. Voici une grille d'autoanalyse que vous pouvez télécharger sur le site Dunod, dès maintenant, pour dresser un état des lieux de vos compétences commerciales sur l'entretien de vente. Vous pouvez l'utiliser à la suite de toutes vos ventes pour établir les compétences mises en œuvre et réfléchir sur les manières de perfectionner vos techniques et comportements.

Extrait : Analysez le vendeur que vous êtes

Les compétences ci-dessous correspondent à tous les savoirs, savoir-faire et savoir-être illustrés dans cet ouvrage. Si vous souhaitez vous y référer, je vous ai remis le chapitre correspondant. Pour établir l'autodiagnostic de vos compétences de vendeur, je vous propose une grille avec cinq choix :

- ++ : Je maîtrise en toutes circonstances.
- + : Je fais souvent.
- = : J'utilise parfois.
- – : Je connais mais je l'utilise rarement.
- ø : Je l'ignore.

Prenez le temps, de vous interroger sur vos compétences. Faites une première analyse maintenant. À l'issue, choisissez des compétences de niveau « + » pour les travailler, les utiliser plus fréquemment dans vos entretiens, puis définissez des axes d'améliorations pour les compétences de niveau « – » et « = ». Pour les compétences que vous ignorez « ø », référez-vous au livre pour comprendre de quoi il s'agit et attribuez-vous une note.

Si vous travaillez en entreprise, demandez l'avis de votre manager ou des collègues avec qui vous allez en entretien de vente.

Puis, au bout de six mois, évaluez-vous à nouveau pour constater vos progrès et recommencez.

Tableau 1.3[1] – « Les improvisations que je réussis le mieux sont celles que j'ai le plus préparées », Winston Churchill.

Compétences	Chapitre	Mon évaluation de 0 à ++ À la lecture du livre	6 mois après
Préparation			
Je sais à qui je vends : B to B/B to C.	1		
Je connais le GRID de mes clients.	1		
Je connais le niveau de fidélité de mes clients.	1		
…			
Instaurer le dialogue			
Je fais parler le client plus que je ne parle.	5		
Je laisse parler mon client sans l'interrompre, même si j'ai la réponse.	5		
Mon non-verbal (regard, sourire, visage, gestes, corps) est positif.	5		
…			
L'empathie			
J'utilise le « vous » plus que le « je ».	6		
…			
Argumenter			
J'argumente seulement après avoir cerné les attentes de mon client.	8, 14		
Je commence à argumenter en commençant par les avantages.	8,14		
Je termine mes arguments par des preuves, des chiffres.	8,14		
Je prouve mes dires par des visuels : photos, graphiques, échantillons.	14		
…			

1 Retrouvez l'autodiagnostic complet sur le site *www.dunod.com*. Pour y accéder, ouvrez la page du livre en tapant le nom de l'auteur ou le titre du livre ou son EAN dans le moteur de recherche : le lien est sous la couverture de l'ouvrage.

Se faire aider

Un autodiagnostic des points forts et des points faibles est le point de départ pour l'amélioration de son efficacité. Il est important de se faire accompagner. Si vous travaillez dans une entreprise, ce sera le rôle de votre manager, par contre, si vous êtes indépendant, à moins d'être un expert de la vente, je vous conseille de vous faire aider par un coach, afin d'accélérer votre montée en compétence et par-là même vos résultats.

Comment débriefer un entretien de vente ?

Méthodologie de débriefing que peut utiliser un coach ou un animateur

1. Quel est votre sentiment sur le déroulement de l'entretien ? Qu'avez-vous bien fait ?
2. Avez-vous rencontré des difficultés ? Lesquelles ?
3. Si c'était à refaire, que feriez-vous différemment ? Pourquoi ?
4. Avez-vous des difficultés pour détecter les motivations ?
5. Quelles questions avez-vous posé pour cerner le besoin du client ?
6. Pensez-vous avoir bien écouté ? Comment ?
7. Qui a mené l'entretien ?
8. Quels arguments avez-vous utilisé ? En quoi étaient-ils appropriés ?
9. Pensez-vous avoir traité efficacement les objections ?
10. Comment contournez-vous les principales objections ?
11. Avez-vous parlé de l'offre globale ? Si oui, que pouvez-vous vendre au client que vous ne vendez pas aujourd'hui ?
10. Le client vous a-t-il envoyé des « signaux » d'achat ? Lesquels ?
11. Comment avez-vous fait pour concrétiser l'entretien ? Était-il possible de verrouiller l'accord du client différemment ?
12. Comment expliquez-vous la réussite ou l'échec de l'entretien ?
13. Sur quels éléments avez-vous le sentiment d'avoir progressé ?
14. Quel sera l'objectif de votre prochain rendez-vous en clientèle ?

L'essentiel

- ▸▸ **Définir** quelle méthode de vente est adaptée à la situation : sommes-nous en B to C ou en B to B ?
- ▸▸ **Rechercher** quel est le groupe réel d'influence et de décision qui intervient dans la vente.
- ▸▸ **Évaluer** le degré de satisfaction de votre client pour connaître son potentiel de fidélisation et le caractériser.
- ▸▸ **Adapter** au besoin du client votre démarche et une méthode de vente tenant compte de son niveau d'expression.
- ▸▸ **Chercher** à conduire son entretien de vente en fonction de la situation dans laquelle vous êtes : vente ajustée ? vente persuasive ? vente par référence ?
- ▸▸ **Estimer** la concurrence et son impact possible.

Chapitre 2

Le plan de la vente ajustée

Executive summary

- **Le choix** d'un plan de vente (plan de vente ajustée, plane de vente persuasive, plane de vente pas référence) devra être déterminé par le fait que le client ait besoin ou non du produit ou service que vous proposez.
- **Utiliser** les schémas suivants : « 4 C », « 6 C » ou « PLAISIR », si le client a un besoin identifié et qu'il est demandeur.

Les fameux 4C de la vente

Il y a plus de vingt ans déjà, j'avais mis au point le schéma des « 4 C » qui déterminait les 4 étapes de cette situation de vente :

- Contact (créer un contact de qualité).
- Connaître (connaître ses besoins).
- Convaincre (argumenter et répondre aux objections).
- Conclure (inciter le client à acheter).

Ce schéma est devenu la référence et de nombreux auteurs et animateurs de formation l'ont repris. Cette méthode de vente a même été complétée par les « 6 C » avec au début Cibler et en fin Consolider ou Conforter.

Je l'utilise, maintenant, surtout comme schéma-guide dans la situation où un vendeur reçoit un client. Je remplace la troisième étape « convaincre » par « conseiller » qui donne à ce dernier verbe une nuance et une approche plus complète et plus juste du rôle du vendeur (voir le détail dans le chapitre 11, « Accueillir un client dans la surface de vente »).

Des 4C au PLAISIR, il n'y a qu'un pas

Je substitue volontiers ce schéma des 4 C (qui garde tout son intérêt) dans le cas de la vente ajustée, par l'acrostiche : « PLAISIR » :

P rendre contact.

L aisser le client exprimer son besoin.

A ller à sa découverte en clarifiant précisément ses attentes.

I ntéresser par une offre argumentée et séduisante.

S aisir les objections comme appui à votre argumentation.

I nciter à l'achat.

R assurer et saluer.

De vous à moi, se dire avant de commencer un entretien de vente, que je dois appliquer les 4 C, cela fait un peu formule de mathématique. Je préfère que chacun retienne qu'aider son client à acheter est avant tout du PLAISIR !

1re étape de la « vente plaisir » : prendre contact

Les règles du contact sont reprises et détaillées dans le chapitre 7, « Créer un climat de confiance », dans le chapitre 11 « Accueillir un client dans la surface de vente » et dans le chapitre 12 « Réussir le contact ».

Rappelons toutefois que cette première étape va conditionner le reste de l'entretien.

Les points-clés de cette étape sont :

- L'arrivée chez le client.
- L'attente du client dans la salle d'attente.
- L'arrivée du client.
- Le premier bonjour, les formules de politesse.
- La poignée de main.
- Briser la glace : déplacement jusqu'au bureau.
- L'installation dans le bureau.
- Les premiers mots, gestes : remercier, rechercher des points communs.
- Les présentations : présenter son entreprise, se présenter, écouter et creuser la présentation du client.
- Le TOP de l'entretien : Temps de l'entretien, Objectifs, Plan (ordre du jour).
- La validation du client : « Qu'en pensez-vous ? »

2e étape : laisser le client exprimer son besoin

Les règles sont reprises et détaillées dans le chapitre 6, « Faire preuve d'empathie » et dans le chapitre 13, « Découvrir les besoins du client ».

Une des erreurs les plus fréquentes faites par beaucoup de vendeurs est de vouloir convaincre, conseiller, argumenter, développer leur offre alors même que le client n'a pas encore exprimé la totalité de son besoin. Comment, dans ces conditions, savoir ce qu'il veut précisément, ce qu'il rejette, ce qui lui est nécessaire comme information pour faire son choix, si l'on n'adopte pas une réelle attitude d'accueil, d'empathie, d'écoute compréhensive et d'ouverture. Comment favoriser, par la suite, une recherche plus précise des besoins ?

« On a deux oreilles et une bouche. On devrait écouter deux fois plus qu'on ne parle. »

« Les meilleurs communicateurs sont toujours et d'abord de bons écouteurs. »

3e étape : aller à la découverte en clarifiant précisément ses attentes

Le contact a été de qualité. Votre client s'est senti à l'aise. Il a exprimé son besoin. Est-ce maintenant suffisant pour lui faire une offre ? Bien sûr que non.

Vous devez en savoir plus, comprendre dans le détail ce qu'il souhaite précisément mais aussi ses habitudes, ses *a priori*, ses freins, ses motivations réelles… C'est par la connaissance « intime » de ce qu'il est et de ce qu'il veut, avec précision, que vous pourrez lui proposer ce qui pourra le satisfaire au mieux de ses intérêts et de son désir.

Cette phase de découverte, de clarification, de compréhension sera, selon la complexité de la demande, plus ou moins longue et nécessitera, soit quelques questions, soit un échange plus élaboré pour la clarifier.[1] Le but de cette étape est, comme le fait le médecin, d'affiner le diagnostic pour pouvoir proposer le traitement adapté et personnalisé. Sinon, le client risque de vous dire (ou pire de penser, sans vous le dire) que votre service ne correspond pas exactement à ce qu'il désirait.

« Les gens achètent autant parce qu'ils sont compris que parce qu'ils ont compris. »

« Pourquoi bien écouter et faire parler ? Parce que si on sait le faire, on retrouve sur leurs lèvres ce que les gens ont sur le cœur. »

« Qui parle, sème. Qui écoute, récolte. »

4e étape : intéresser par une offre argumentée et séduisante

Vous avez détecté les attentes, les besoins et les motivations de votre client mais aussi ses contraintes, ses limites et ses rejets. Bravo ! Il faut maintenant choisir les arguments qui feront mouche. Ceux que vous allez personnaliser en regard de votre diagnostic et lui donner ainsi le sentiment que votre proposition est exactement la solution qui lui convient. Vous avez fait du « sur-mesure », le piège eut été de réciter l'ensemble des arguments, ce qui aurait pu lasser votre futur client. Mettre en valeur les quelques arguments qui feront « tilt », c'est vous donner plus de chances de réussir.

1 Les règles de cet art de poser les questions et de relancer le dialogue sont reprises dans le chapitre 13, « Découvrir les besoins du client ».

Tout l'art est de persuader votre client que ce « sur-mesure » est fait pour lui.[1]

« L'art de persuader consiste autant en celui d'agréer et d'écouter qu'en celui de convaincre. »

5e étape : saisir les objections comme appui à votre argumentation

Nous le disons plus loin : les objections sont utiles. Elles permettent de connaître les préoccupations, les besoins, les centres d'intérêt du client. Ce sont des réactions naturelles, des signes d'intérêt. Vous ne devez pas en avoir peur et, au contraire, les rechercher. L'objection n'est pas un « contre ». Considérez-la comme un « pour » puisqu'elle permet de savoir dans quel sens et sur quoi argumenter.[2]

« Saisissez la force de l'objection à votre profit. Pratiquez l'aïkido plutôt que la boxe. »

6e étape : inciter à l'achat

Pour le client, choisir n'est pas toujours un acte facile. Il a peur de se tromper. Il doit abandonner d'autres solutions déjà envisagées ou d'autres fournisseurs. Il va faire un effort financier, peut-être supérieur à ce qu'il pensait investir au départ. Bref, les raisons d'hésiter, voire de renoncer à son achat ou de le faire ailleurs, sont nombreuses. C'est à vous de l'aider à surmonter cette inquiétude et de transformer son indécision en accord. C'est parce que le client a « acheté » votre solution, qu'il est mis en confiance, qu'il sera, grâce aux avantages qu'il en retire, incité à « acheter » également votre prix.[3]

7e étape : rassurer et saluer

Cette dernière étape doit permettre de rassurer le client au sujet de sa décision et de le féliciter du choix effectué. Le vendeur peut proposer des services et capitaliser sur le futur des relations. Jusqu'à la dernière seconde, il doit donner une image positive, solide, rigoureuse et courtoise.[4]

---

1 Les techniques d'argumentation et de persuasion sont développées dans le chapitre 14, « Argumenter ».

2 Le chapitre 15 détaille les trois sortes d'objection, les quatre règles principales, les huit recommandations et les huit techniques particulières.

3 Les chapitres 16 et 17 analysent ce qu'il convient de faire dans cette phase finale de l'entretien de vente.

4 Les techniques sont développées dans le chapitre 17, « Conclure au bon moment ».

L'essentiel

▶▶ **Il convient** pour le vendeur d'appliquer une règle définie dès le départ : qu'il s'appuie sur les étapes du fil directeur 4 C, du 6 C ou de celui de PLAISIR, il lui revient de conduire sa vente et de la diriger vers sa concrétisation finale.

▶▶ **Les étapes** essentielles à retenir sont :

– La prise de contact avec votre client, la prise d'informations pour mieux connaître son besoin et rendre plus claires, pour vous et pour lui, ses attentes.

– Il vous revient ensuite de l'intéresser par une argumentation claire et congruente susceptible d'éveiller son intérêt, de répondre à toutes ses objections, voire de les susciter en invitant votre client à les formuler.

– Enfin, il importe de conduire ce dernier à prendre sa décision dès la fin de l'entretien dont l'issue souhaitable est un acte pérenne : soit la vente effective, soit la prise d'un nouveau rendez-vous en cas de nécessité pour le client d'en référer à un GRID.

– Puis, lorsque la vente est conclue, rassurer, voire féliciter le client de sa décision, et le saluer font partie des dernières étapes nécessaires à l'exécution réussie d'un acte de vente.

Chapitre 3

Le plan de la vente persuasive

Executive summary

- **L'acrostiche** PARADIS devient votre fil conducteur pour conduire l'entretien de vente jusqu'à sa conclusion finale.
- **C'est alors** que le soin mis dans la prise de contact, l'analyse de la situation et la révélation des insatisfactions et des problèmes non résolus prend tout son sens.
- **Il importe** de provoquer chez le client un désir de changement grâce à votre solution qu'il n'attendait pas au demeurant.

Atteindre le PARADIS avec son client

Nous avons utilisé un procédé mnémotechnique (comme pour la vente « PLAISIR » de la vente ajustée) qui est l'acrostiche « PARADIS » et qui permet d'identifier les sept étapes de la vente persuasive (dans laquelle le client n'est pas demandeur). Ce plan de vente illustre le cheminement que doit impérativement réaliser le commercial pour révéler un besoin dont le client n'a pas conscience. Ce dernier est satisfait de la solution qu'il utilise et il ne voit pas en quoi elle pourrait être améliorée ou changée. D'ailleurs, au début de l'entretien, il manifeste très clairement qu'il n'a pas de besoin. N'ayant pas ce désir de changement, le rôle du vendeur sera non pas de lui vendre d'entrée de jeu quelque chose, mais de l'amener à parler, dans le domaine qui l'intéresse, de son entreprise. Puis, par un maniement habile de questions, de lui faire mettre le doigt sur le fait que la situation actuelle (dont il était satisfait) n'est peut-être pas aussi parfaite qu'il le pense, que certains problèmes sont mal résolus et que d'autres solutions présentant plus d'avantages sont possibles. Pour ce faire, l'enchaînement de ces différentes étapes dans un ordre bien établi est indispensable. Ce sont :

P rendre contact.

A nalyser la situation.

R évéler les insatisfactions possibles et les problèmes mal résolus.

A ccentuer le désir de changement.

D émontrer les avantages d'une autre solution (la vôtre).

I nciter à l'adopter.

S écuriser.

1re étape : prendre contact

Après s'être présenté et avoir présenté rapidement son entreprise, le commercial doit dire qu'il a des solutions intéressantes dans le domaine qu'il représente ; avant de savoir dans quelle mesure elles peuvent intéresser le client, il doit lui demander l'autorisation de poser quelques questions.

Exemple 1

« J'ai sollicité cet entretien, et je vous remercie de me l'avoir accordé, pour que nous étudions ensemble les conditions d'une collaboration entre nos deux sociétés. Je souhaite, lors de ce premier entretien, obtenir des informations sur la manière dont vous traitez la gestion des frais de vos collaborateurs pour mesurer les économies que nous pouvons vous faire gagner. Cela vous convient-il ? » L'expérience montre que dans plus de 90 % des cas, le client est rassuré et accepte.

Exemple 2

« Nous sommes les leaders en France des machines à affranchir et à adresser. Notre rôle est de faire gagner du temps aux entreprises qui nous ont fait confiance, de réduire les coûts de traitement et de permettre à leur personnel administratif de se consacrer à des tâches plus productives. Mais avant de savoir si ces solutions peuvent vous intéresser et vous convenir, permettez-moi de vous poser quelques questions rapides. Combien de lettres expédiez-vous chaque jour… ? »

Il est important, dès les premiers instants, de mettre en avant un bénéfice possible fort pour le client afin d'éveiller sa curiosité et de susciter son intérêt.

Si le client, d'entrée de jeu, veut savoir précisément et insiste pour savoir dans le détail ce que propose le vendeur, ce dernier ne doit pas tomber dans le piège d'une argumentation alors qu'il ne croit pas avoir de besoin. Il doit dire : « Je vais le faire mais à la condition que je sois sûr, pour ne pas vous faire perdre du temps, que notre proposition peut vous intéresser. Aussi, je vous poserai auparavant quelques questions très rapides pour comprendre comment vous faites actuellement. »

2e étape : analyser la situation

Le commercial doit comprendre le contexte, la situation et les activités de son interlocuteur. Il doit recueillir toute une série d'informations sur la manière dont le client travaille dans le domaine qui intéresse le vendeur.

En reprenant l'exemple cité plus haut des machines à affranchir, on va s'apercevoir que cette recherche d'informations doit se faire au début par des questions ouvertes « Qu'est-ce qui est prioritaire… ? », « Comment on s'organise chez vous… ? », puis par des questions factuelles pour faire préciser les faits, les événements, les besoins : « Donc chaque service assure l'affranchissement de son propre courrier tandis que le soin de l'expédition est confié à la standardiste qui le regroupe pour le porter à la Poste. Cela représente combien de lettres ? Quel est le temps affecté à ces tâches par les différents services ? »

3e étape : rechercher les insatisfactions possibles, les problèmes mal résolus

Vous l'avez compris, il s'agit dans cette étape, d'orienter le client vers des problèmes possibles, vers des insatisfactions, des inconvénients inhérents au système qu'il utilise. Petit à petit, le client va devenir « demandeur » car il va prendre conscience que la ou les solutions qu'il utilise pourraient être optimisées, modifiées ou changées.

Exemple

(toujours dans le domaine de l'affranchissement)

« Donc, si je comprends bien, les douze services concernés passent entre 15 et 30 minutes tous les jours pour affranchir leur courrier. C'est bien cela, n'est-ce pas ? Ce qui fait entre 3 et 4 heures en tout, par jour. C'est comme si vous aviez engagé une personne à mi-temps pour effectuer ce travail. Êtes-vous, à ce propos, totalement satisfait de cette organisation ? » ; ou « Pensez-vous que vous puissiez réduire ce temps ? » ou « Avez-vous déjà imaginé d'autres solutions ? ».

4e étape : accentuer le désir de changement et faire formuler des pistes de progrès

Le client peut se rendre compte, après ces questions, que sa solution présente des inconvénients ou ne lui donne pas entièrement satisfaction. Pour pouvoir lui proposer autre chose, il est nécessaire que lui-même (aidé par le vendeur) se pose la question de savoir si des améliorations sont possibles, si des changements peuvent être envisagés, si d'autres solutions limiteraient ou supprimeraient les inconvénients constatés.

Le vendeur doit l'engager vers des pistes de progrès par des reformulations et des questions d'implication : « Si je comprends bien, vous êtes satisfait de... Et il faudrait améliorer... Donc, une solution qui vous permettrait de réduire le temps serait de... ? » Prenez toujours soin de souligner le positif dans le choix de votre client. Nier sa solution, c'est nier votre client.

Exemple

« Et je suppose que lorsqu'un service a du retard, l'expédition de tout le reste du courrier risque d'en pâtir ? » ou « Et que penseriez-vous de gagner trois heures par jour en automatisant par une seule personne l'ensemble de ces tâches morcelées dans les douze services ? »

Pour que la démarche soit complète, il est nécessaire, une fois qu'un besoin est révélé et devenu explicite, que des pistes de progrès apparaissent, que des solutions nouvelles soient envisagées, que le client devienne lui-même demandeur d'« autre chose ». Il est temps alors de passer à l'étape suivante.

Alternative 1 : vous proposez la solution à votre client

« Et si je vous apportais une solution qui vous permettrait d'économiser 900 euros par mois, est-ce que ce serait un élément qui favoriserait une autre approche de votre courrier ? » ou « Donc si je mets à votre disposition un système qui vous ferait économiser plus de trois heures par jour et vous permettrait d'affecter ce temps à des tâches plus productives en limitant les erreurs et les retards, seriez-vous prêt à étudier cette machine à affranchir dont je vais vous montrer le fonctionnement et les autres avantages que vous allez en retirer ? »

Si le client accepte, le vendeur n'a plus qu'à faire la démonstration concernant sa machine à affranchir, en choisissant celle qui correspond à la quantité de courrier qu'expédie quotidiennement le client.[1]

Alternative 2 : vous faites émerger la solution par le client

S'il refuse, vous êtes un peu ennuyé car cela signifie que le questionnement fermé que vous utilisiez pour obtenir un oui de sa part n'a pas été suffisant.

Vous avez manqué d'impact sur le fond ou sur la forme. C'est une des raisons pour laquelle l'idéal est de faire formuler les bénéfices de la solution par le client lui-même, il n'en sera que plus convaincu.

« Prenons un service sur les douze concernés, combien de lettres traitez-vous par jour ? »

– Il y a à peu près quatre-vingt-dix lettres à affranchir.

– En moyenne, on estime qu'une lettre à affranchir manuellement représente 20 secondes, cela ferait donc ?

– Je prends ma calculatrice, 1 800 secondes soit 30 minutes !

– À votre avis, une machine à affranchir le fait en combien de temps ?

– 3 fois moins ! ?

– 1,5 secondes par lettre ; ce qui vous va vous faire gagner combien de temps ?

– Cela fait 2 minutes 15 secondes pour tout affranchir, je gagne 28 minutes !

– Vous gagnez 28 minutes par service, cela ferait en totalité ?

1 Les techniques d'argumentation et de réponse aux objections sont détaillées dans les chapitres 14 et 15 de cet ouvrage.

– Oui, 12 fois plus ! soit 336 minutes, soit plus de 5 heures par jour.
– Qu'en pensez-vous ?
– En effet, c'est surprenant, et comment faire pour... »

5e étape : démontrer les avantages d'une autre solution (la vôtre)

Le client est maintenant à l'écoute et en attente d'une solution de remplacement. Le vendeur, en partant des avantages et des bénéfices différentiels (par rapport à la solution qu'utilise le client), va pouvoir faire son offre. Une bonne manière de faire est d'ouvrir complètement la porte que le client et le vendeur avaient entrouverte, dans l'étape précédente, par une question de recherche d'adhésion.

De cette manière le client est engagé et convaincu. Lorsque vous vendez une solution à un client, l'objectif est que cela ait de la valeur pour lui. Votre objectif est de lui en faire prendre conscience et de l'aider à comprendre quel est le bénéfice pour lui. Bien sûr pour certains produits type téléphone tactile ou une montée de version en logiciel, il peut être difficile de montrer le gain chiffré car cela répond à des motivations liées à un confort d'utilisation.

6e étape : inciter à l'action

On suppose que le vendeur fasse une démonstration brillante qui donnera envie au client d'adopter la solution proposée. Mais il peut encore hésiter, chercher des comparaisons avec des offres concurrentes, repousser la décision. Ce serait dommage d'avoir fait naître un besoin et d'en faire profiter un concurrent !

Il est donc important de tenter d'enlever rapidement la décision (sans lui forcer la main).

7e étape : sécuriser

Le client n'était pas demandeur au départ. Peut-être ne connaissait-il même pas le vendeur. La solution nouvelle adoptée est très différente de celle précédemment utilisée. Il doit « revendre » sa décision (ce changement, qui comme tout changement, est facteur de résistance) à l'intérieur de son entreprise. Il peut avoir peur, une fois la vente faite, d'être abandonné et de ne pas avoir les éléments pour la mettre en œuvre. On voit donc la nécessité absolue de cette dernière étape qui est de le rassurer sur le bien-fondé et les avantages majeurs de son choix, de se mettre à sa disposition si ce qui a été vendu demande des services (démarches, travaux, financements, services après-vente).

Les techniques sont évidemment utiles, mais c'est sur son propre comportement qu'il faut également investir à ce moment-là : tranquille affirmation de soi, sourire confiant, écoute compréhensive des questions (de réassurance), regard direct, gestes et mouvements mesurés en rejetant toute précipitation et agitation fébrile.

Il se peut aussi qu'il ne soit pas le seul décideur pour cet investissement. Dans ce cas, engagez-le par la technique suivante : « si vous étiez seul à prendre la décision, que feriez-vous ? »

L'essentiel

▶▶ **Dans la vente ajustée, le client a un besoin explicite, bien identifié. Quand il n'a pas de besoin, c'est au vendeur de lui faire prendre conscience qu'une solution plus avantageuse que celle qu'il utilise pourrait lui être utile. La bonne méthode est d'utiliser le schéma PARADIS :**

- **Prendre contact et mettre le client en confiance sans s'imposer de manière rigide.**
- **Analyser la situation de votre client.**
- **Rechercher ce qui n'est pas résolu dans la solution actuellement utilisée par le client.**
- **Accentuer l'intérêt d'un changement de solution et faire formuler les éléments de progrès.**
- **Démontrer les avantages de la solution trouvée.**
- **Sécuriser le client sur sa décision et se mettre à sa disposition pour l'appuyer dans toute démarche ultérieure, qu'il pourrait avoir à conduire au sein de son groupe d'influence décisionnel.**

Chapitre 4

Le plan de vente par référence[1]

Executive summary

- **Énoncer d'emblée** une référence en laquelle le client peut croire fait gagner un temps précieux au vendeur, car cela éveille rapidement l'intérêt du client. Le client verra dans l'annonce d'une solution éprouvée une sécurisation de nature à lui donner confiance.
- **Préparer** la vente reste néanmoins indispensable. Il convient de vérifier l'adéquation de la solution adoptée avec les besoins de votre client.
- **Inutile** de s'appuyer sur une référence qui, quelle que soit sa valeur, n'aurait aucune chance d'éveiller l'intérêt du client.

1 Ce nouveau plan de vente est aussi décrit en partie dans *La Boîte à outils du commercial*, P. Belorgez et S. Mercier, Dunod, 2009.

Avec le plan de vente par référence, gagnez la p-référence de vos clients

Cette nouvelle édition comporte un nouveau plan de vente. Cette méthode n'est pas nouvelle en soi, les bons vendeurs l'utilisent déjà, comme Monsieur Jourdain ! Ce plan de vente provient des accompagnements terrains des commerciaux. J'ai pu constater que les étapes des deux principaux plans de vente, PLAISIR et PARADIS, n'étaient pas toujours respectées par les vendeurs et que malgré cela, ils réussissaient leurs ventes avec brio et rapidité. Ils réalisaient une courte découverte avant d'énoncer, tôt dans l'entretien, des références de missions passées et réussies chez d'autres clients ; et ce – grand miracle –, que le client soit demandeur ou non.

En effet, cette méthode a l'avantage de pouvoir faire mouche quel que soit le niveau d'expression du besoin client. L'acrostiche retranscrit à merveille l'objectif que souhaitent atteindre tous les commerciaux face à leurs clients : gagner leur PRÉFÉRENCE. Et dans préférence, il y a référence…

Plan de vente P-RÉFÉRENCE

P rendre contact.

R ecueillir les informations-clés.

É nnoncer une de ses références.

F aire réagir votre client.

É couter les points communs et les éléments différents.

R eformuler la solution pressentie.

EN courager à l'action.

C onsolider la vente.

E largir la vente.

PLAISIR, PARADIS, PRÉFÉRENCE, ces acrostiches ont la particularité de mémoriser l'information et de structurer l'esprit pour le mettre en pratique. Par rapport aux 4 C ou à PLAISIR, la particularité de cette méthode réside essentiellement dans l'énonciation de vos références, rapidement dans l'entretien. Le client réagira par comparaison, vous coconstruirez la solution adaptée à sa situation.

Pourquoi ça marche ?

Dans un monde qui s'accélère, les entreprises, les clients, ne sont plus prêts à investir dans des solutions déjà éprouvées. Les sociétés qui proposent les mêmes services se multiplient. Aussi, si une solution apporte de la valeur ajoutée dans une autre entreprise que la sienne, pourquoi s'en passer ? Pourquoi réinvestir dans des travaux d'études, de recherches, puisqu'il existe une solution éprouvée ?

L'autre élément provient de certains secteurs (voir tableau 1.2 « Matrice de concentration ») où la concurrence est forte. Les clients sont tellement sur-sollicités qu'ils se protègent des vendeurs et que la méthode PLAISIR, qui consiste à les interviewer puis à proposer une solution, peut les agacer. Comme quoi, toujours le même plaisir peut lasser, même en vente !

Ainsi, vous rencontrerez certains prospects qui vous diront après quelques minutes : « Dites-moi de quoi vous êtes le plus fier parmi tous vos produits ? » ou « Je n'ai pas le temps de vous expliquer toute ma situation, dites-moi plutôt ce que vous pouvez réellement m'apporter ? ».

Comment montrer rapidement que votre entreprise et vous-même êtes crédibles et différents ? C'est la puissance de ce nouveau plan de vente.

En B to C, comme le vendeur est pris par le temps, il ne peut pas réaliser une découverte approfondie pour tous ses clients. La vente par référence est alors une aide. Et cela est bien plus efficace que de passer directement en argumentation, tel qu'on le voit trop souvent faire en boutique ou autre grande surface.

Précaution à prendre

Si cette méthode possède des avantages, elle doit être utilisée uniquement lorsque vous avez une expertise avérée et éprouvée, sinon vous perdrez votre crédibilité. ■

1re étape : prendre contact

Comme dans les autres plans de vente, PLAISIR et PARADIS, tout bon démarrage d'entretien s'amorce avec un premier contact réussi. Nous avons vu l'importance de se présenter, le respect et des exemples dans les deux précédents chapitres.

2e étape : recueillir les informations-clés

Comme dans tout entretien de vente, vous devez interviewer et écouter votre client. Mais comme vous êtes dans la démarche de lui parler d'une de vos belles références, il vous faut vérifier que la solution que vous avez mise en œuvre par ailleurs, est aussi transférable dans l'univers de votre client. Ainsi, préparez les questions-clés pour valider l'adéquation.

Exemple

En B to B

Votre entreprise commercialise des solutions informatiques et vous avez développé une nouvelle offre composée de tablettes tactiles avec des applications dédiées pour les forces commerciales (gestion de rendez-vous, CRM, compte rendu d'entretien, présentation client...).

Vous vous rendez chez un de vos grands comptes LaFast pour présenter cette nouvelle solution. Vous avez déployé 150 tablettes et un applicatif dédié, chez un grand du secteur de l'énergie XDF, pour les forces commerciales B to B.

Les résultats apportés par cette solution chez XDF sont notamment :

- 90 % des comptes rendus clients renseignés par les commerciaux contre 50 % auparavant.
- Temps de présentation de l'entreprise réduit de 40 % par rapport à une présentation sur ordinateur portable.
- Impact affectif des tablettes chez les clients de XDF. L'outil crée de la convivialité dans la relation commerciale. Les clients de XDF l'assimilent à un jouet et se mettent dans une posture « enfant ».
- Sources de motivation pour les commerciaux XDF : échange d'applications, émulation interne.
- Impact en argumentation client : possibilité de montrer des vidéos rapidement et de montrer le site Internet XDF pour des offres spécifiques.
- Taux de transformation des ventes de + 5 points sur 6 mois d'analyse.

Pour utiliser la méthode PRÉFÉRENCE avec la référence XDF face à votre client LAFAST, vous devez vérifier que cette solution possède un intérêt pour son service. Dans ce cas précis, vous devez vérifier comment font les commerciaux pour présenter leurs offres et comment ils assurent les comptes rendus et la mise à jour du CRM (*customer relationship management*).

« Nos études montrent que les commerciaux terrains remplissent peu et mal les outils de CRM. Chez vous, comment cela se passe-t-il ? »

« Est-ce que vous constatez que la présentation de votre entreprise en entretien client est bâclée, peu homogène et a peu d'impact sur vos clients ? »

Après cette courte découverte, vous allez pouvoir énoncer la belle référence XDF.

Certains commerciaux auront l'audace d'aller directement à l'énonciation de la référence lorsqu'ils possèdent une solution innovante. Attention toutefois à ne pas être hors sujet. Validez au moins la motivation de votre client à réaliser des investissements.

Exemple

En B to C

Vous pouvez aussi utiliser cette méthode en boutique face à des particuliers. Vous vendez du matériel hi-fi et des systèmes d'enceintes pour smartphone. Si un client arrive avec l'idée d'avoir un système pour écouter les mp3 et la radio tout intégré, vous pouvez soit utiliser le plan de vente ajustée, en réalisant une découverte de ses besoins et en déterminant la meilleure solution pour lui, soit poser trois questions simples :

« Vous aimez écouter la musique avec un son pur et limpide ? »

« Vous êtes prêt à investir 1 200 € ? »

« Le design est-il important pour vous ? »

Ces questions de forme volontairement fermées permettent de sélectionner le produit le plus adéquat par rapport à ce que vous vendez. Il y a tellement de produits sur le marché que l'avantage de cette méthode est d'orienter votre client vers les gammes de produits que vous proposez.

À ce stade, si les deux ou trois questions que vous posez ne vous permettent pas de sélectionner une référence, vous devez poursuivre le questionnement pour préciser le besoin de votre client (*cf.* : chapitre 13, « Découvrir les besoins du client »).

3e étape : énoncer une de ses références

Énoncer une référence n'est pas chose simple. Il ne s'agit pas de vendre une solution vendue par ailleurs, mais seulement d'exposer une solution qui fonctionne et qui pourrait potentiellement convenir avec des personnalisations. Comme toujours en vente, cela se prépare, se travaille, se répète.

Les bonnes pratiques pour énoncer une référence

- Être précis et factuel.
- Comme nous le verrons dans le chapitre 14 sur les techniques d'argumentation, les faits sont de mise pour illustrer la crédibilité d'une référence.
- Annoncer les avantages et les gains de la solution décrite. L'objectif est d'attirer l'attention du client et de le faire réagir.
- Savoir s'arrêter. Le risque est de ne plus écouter les signaux du client.
- Présenter une référence d'un de vos clients, qui l'humanise et la crédibilise, afin qu'elle ne paraisse pas éloignée des préoccupations du client à qui vous l'énoncez.
- Adopter une posture d'expert. Énoncer une référence n'est pas raconter une histoire. Le sérieux du vendeur, les chiffres, les exemples annoncés sont autant d'éléments nécessaires.
- Nommer votre référence apporte plus d'impact (si vous en avez l'autorisation). Il est essentiel de demander l'autorisation de citer un client, car celui-ci peut être appelé. Cela se fait particulièrement en B to B, mais nous pouvons voir des entreprises de rénovation du bâtiment montrer un book de leurs réalisations avec les noms des particuliers. Cela crédibilise d'un mot les propos du vendeur. Le client sait qu'il pourra vérifier les dires du vendeur.
- Ne pas donner tous les avantages de suite. Pour peu que le client montre de l'intérêt, le vendeur peut énoncer toute la solution mise en œuvre avec les avantages. Mais attention, au moment des objections, le vendeur doit garder des atouts sous le coude.
- Ne pas survaloriser ou mettre trop en avant votre référence au point que le client se sente effacé. La personne la plus importante est votre client. ■

Reprenons nos exemples précédents.

Exemple 1

« Par rapport à ce que vous m'évoquez, nous avons déployé chez un grand de l'énergie une solution qui a permis notamment de :

• Passer à 90 % des comptes rendus clients renseignés par les commerciaux, contre 50 % auparavant.

• Réduire de 40 % le temps de présentation et de doubler l'impact pour le client. »

Laissez votre client réagir pour valider sa curiosité et son intérêt, puis enchaînez :

« De tels résultats ont été obtenus par la mise en place de tablettes tactiles auprès de la force commerciale… »

Exemple 2

> « Si vous êtes audiophile et que vous souhaitez une solution intégrée, j'ai vendu, il y a deux jours, un système comparable où la cliente était ravie. Il s'agit du nouveau système SONO qui comporte comme avantages... Elle m'a même appelé pour réserver un système équivalent pour une personne de sa famille. »

Ca y est ! L'offre est annoncée, il vous faut écouter les réactions de votre client. C'est préférable qu'il réagisse sinon cela signifie que vous avez tapé à côté. Soyez rassuré, même une non-réaction de sa part sera pour vous un signe qui vous permettra de rebondir.

4e étape : faire réagir votre client

À l'annonce de la référence, votre client va pouvoir projeter cette solution dans son environnement. Il va pouvoir vite mesurer la faisabilité et l'intérêt de procéder comme vous lui suggérez. Il peut être positif ou critique, peu importe, prenez des notes, écoutez-le.

5e étape : écouter les points communs et les éléments différents

Ce qu'il vous faut écouter ce sont les points communs et les points divergents. Il est important de creuser ses différents points avec le client. Plusieurs cas de figure peuvent apparaître.

■ Cas 1 : une majorité de points communs

Le client acquiesce, il vous pose des questions de détail, il veut en savoir plus sur la référence que vous venez d'énoncer. Vous avez ciblé juste. Votre client commence à se projeter. S'il émet peu de différences, à vous de les faire exprimer :

« Si nous mettions une telle solution dans votre environnement, quels seraient les ajustements à réaliser ? »

Ainsi, vous aurez défini avec lui la solution optimum.

■ Cas 2 : égalité points communs/différences

En creusant les réponses du client, il ressortira des points communs mais aussi des différences. Pour les différences, il vous faut rassurer votre client sur votre capacité à apporter des modifications et à adapter la solution présentée. Puis, vous devez co-construire la solution.

Exemple 1

Réactions possibles du client B to B

« Ce serait intéressant pour mes commerciaux et pour les clients de présenter notre entreprise avec ces tablettes. »
« Mais qu'en disent les clients ? Cela ne fait pas trop bling-bling ? »
« Par contre, avec quel CRM travaille XDF ? Car nous on travaille sur SalesTors, la synchronisation est possible ? »

Exemple 2

Réactions possibles du client B to C

« Le son de ce système est impressionnant. »
« Le blanc des enceintes ne vieillit pas mal ? »
« Qu'est-ce que ça vaut par rapport à un système hi-fi ? »

■ Cas 3 : la solution présentée diffère en de nombreux points

Vraisemblablement, la référence présentée n'a pas de valeur pour votre client à ce stade. Soit vous jouez à quitte ou double en énonçant une autre référence, soit plus sagement vous repartez en vente ajustée. Dans ce cas, ne montrez pas à votre client votre défaillance.

Exemple 1

Rebond du vendeur

« Je vois que cette solution ne présente pas autant d'avantages dans votre contexte ; quels sont les enjeux que vous devez traiter pour vos commerciaux ? »

Exemple 2

Rebond du vendeur

« Ce système audio n'est pas à votre goût et est hors budget. Quel budget vous êtes-vous fixé ? » puis « qu'est-ce qui vous plaît dans cette autre gamme ? »

6e étape : reformuler la solution pressentie

Après avoir écouté les réactions de votre client et co-construit avec lui les adaptations nécessaires, vous reformulez sa demande pour valider la solution globale et complète.

Exemple 1

« Ce qu'il vous faut, c'est une solution de 30 tablettes tactiles qui vous permettront, comme vous le souhaitez, de motiver vos forces commerciales et ainsi d'améliorer la mise à jour des données sur votre CRM. Pour l'applicatif, notre consultant doit rencontrer votre chef de projet informatique. »

7e étape : encourager à l'action

Comme dans le plan de vente ajustée, avec le « I » de PLAISIR, il faut inciter à l'achat. C'est d'autant plus important que dans la vente par référence, l'acte de vente peut être raccourci et donner le sentiment au client, voire au vendeur, que cela va trop vite. Les deux protagonistes peuvent être tentés de discuter, d'échanger et de laisser passer les feux verts de la conclusion (*cf.* : chapitre 17 « Conclure au bon moment »).

8e étape : consolider la vente

Cette étape est identique au dernier R de PLAISIR, Rassurer, et au S de PARADIS, Sécuriser. La conclusion a eu lieu, il est nécessaire de rassurer son client sur les étapes à venir, sur son choix. C'est une étape que le vendeur peut délaisser car dans son esprit, la vente est faite. Les émotions du vendeur redescendent alors qu'elles étaient à leur paroxysme au moment de la conclusion, ou bien il est porté par l'émotion de joie (contenue) de sa réussite. Qu'en est-il du client ? Le client vient de prendre une décision, il s'interroge sur la suite, sur son choix. La pression est de son côté. L'émotion du client, elle, croît. Il importe dans cette phase d'accompagner le client, de s'engager sur les prochaines étapes.

Exemple 1

« Vos commerciaux ont de la chance, vous savez prendre des décisions rapidement et dans l'intérêt de l'entreprise. Je vais avoir plaisir à travailler avec vous. Lors de la livraison des tablettes tactiles, je serai présent. Il sera nécessaire de nommer un chef de projet pour aider au déploiement. Voilà comment nous allons procéder… »

Exemple 2

« Ce modèle B50 est le meilleur du marché, c'est un excellent choix. Lors de l'installation, pensez bien à synchroniser le Bluetooth. Je vais vous montrer comment procéder. De plus... »

9e étape : élargir la vente

Vous avez gagné la confiance de votre client. Il a fait un pas en achetant un produit/service avec vous. L'effort pour vendre un produit complémentaire ou un service sera maintenant moindre. Attention à ne pas proposer, à ce stade, des options vitales au bon fonctionnement, car cela serait mal pris par votre client. Par exemple, une coque de protection pour la tablette tactile. Ce type de produit est à proposer au moment de la reformulation des besoins. Il s'agit d'un élément important pour équiper les commerciaux de tablettes. Par contre, un lot d'applications, des systèmes de recharges portatifs, des paquets de film de protection d'écran peuvent être une bonne solution pour élargir la vente. En B to B, vous pouvez faire le choix de présenter seulement les produits car vous serez amené à revoir votre client. En B to C, il est préférable d'élargir la vente en concluant avec les services/produits additionnels.

L'essentiel

- **Préparer** votre vente de manière à énoncer une référence qui sera de nature à convaincre votre client de l'intérêt de votre proposition s'impose dans la vente par référence, comme dans les plans de vente étudiés précédemment.
- **Faire réagir** votre client à l'énoncé de la référence et vérifier l'adéquation et les points communs de la solution offerte dans ce contexte constituent le cœur de ce plan de vente.
- **Appliquer** l'acrostiche PRÉFÉRENCE constituera l'ossature de ce plan de vente.
- **À utiliser** seulement lorsque vous avez une ou des références qui apportent de la valeur au client.

Chapitre 5

Premier principe : instaurer le dialogue

Executive summary

- **La vente** est un échange au cours duquel des informations doivent circuler en permanence entre le client et le vendeur.
- **Établir** un contact interactif est la condition première pour permettre au client de ne pas subir l'entretien.
- **C'est grâce** au dialogue que le vendeur peut ajuster son offre en fonction des attentes du client.
- **Le dialogue** oblige le vendeur à abandonner le monologue et à faire participer le client.

Les principes fondamentaux de la vente

Pourquoi parler de principes fondamentaux ? Parce que quel que soit le type de vendeur et de vente, il existe un certain nombre de constantes, de principes auxquels il n'est pas possible de déroger sans compromettre fortement l'issue de la vente.

Ces principes ne sont pas toujours faciles à respecter. Ils vont parfois à l'encontre de notre caractère, de notre impulsivité, de notre spontanéité. Il est difficile d'avoir la maturité émotionnelle nécessaire pour garder tout son sang-froid alors que le client s'enferme dans ses *a priori*, qu'il accuse notre produit d'être le contraire de ce qu'il est, qu'il ment effrontément sur les propositions des concurrents pour obtenir de nous des avantages supplémentaires.

Notre conditionnement culturel et social fait que nous avons tendance à réagir avec brutalité face à l'agression, que nous sommes tentés de relever le mensonge ou de rejeter sur l'autre l'instauration d'un climat d'incompréhension ou d'opposition. Ces principes fondamentaux s'opposent à ces réactions primaires, naturelles et nous obligent à rester maîtres de la situation, à prendre du recul par rapport à la vente, à garder présent à l'esprit que l'important n'est pas d'avoir raison face à un client ou d'être appréciés de lui, même si parfois l'une ou l'autre de ces attitudes peut être utiles, mais à atteindre les objectifs de vente que l'on s'était fixés.

Ces principes fondamentaux répondent à des qualités naturelles et certains vendeurs n'ont aucun effort à faire pour les mettre en œuvre. Ceux-ci ont le potentiel pour être ces « stratèges », négociateurs de haut vol. Pour les autres qui possèdent à des degrés moindres ces qualités, ce livre sera peut-être une sensibilisation, une prise de conscience de ce qui leur faisait défaut pour mieux réussir. Et si cette prise de conscience s'accompagnait d'une volonté de modifier leur comportement… alors ceux-là aussi peuvent espérer devenir de grands vendeurs.

Les quatre principes fondamentaux :

1. Instaurer le dialogue.
2. Faire preuve d'empathie.
3. Créer un climat de confiance.
4. Commencer par les avantages.

Instaurer le dialogue

Le premier des principes fondamentaux pour le vendeur est que s'instaure entre le client et lui un dialogue actif, constructif, enrichissant pour l'un comme pour l'autre.

Trop de vendeurs, par excès de bonne volonté ou de peur de ne pas avoir le temps de passer toutes les informations sur leurs produits, noient le client sous un flot de paroles, affirment sans contrôler l'impact de leurs propos, argumentent sans connaître les réels besoins et motivations de son vis-à-vis, imposent leur discours sans vérifier que l'autre est peut-être d'un avis contraire.

Il ne peut y avoir de vente sans dialogue véritable, continuel d'un bout à l'autre de l'entretien. À tout moment, il doit y avoir échange d'informations pour rechercher la solution commune qui satisfera à la fois le client et le vendeur.

Quand le vendeur présente son produit, il le fait souvent sous forme d'argumentaire récité, monologué. Que se passe-t-il alors ?

Le client est passif ; il subit plus qu'il ne participe ; il peut penser à autre chose ; il peut avoir envie de s'exprimer et être frustré de ne pas avoir la parole, devenir agressif ; il peut ne pas avoir compris. Si le dialogue s'instaure, alors le client réagit, fait apparaître ses besoins, ses doutes, ses préoccupations, donne ses appréciations. Le dialogue permet d'identifier le problème du client et d'ajuster l'offre au besoin.

Les deux exemples suivants d'une vente pourtant toute simple montrent comment un monologue peut stériliser une vente, laisser le client indifférent et comment un dialogue peut permettre un échange au cours duquel une communication vraie va s'instaurer et où le client, en confiance, valorisé, va s'en remettre totalement au vendeur pour l'aider à faire son choix.

Exemple 1

Le client pénètre dans un magasin de vêtements et demande une chemise à manches longues avec un tour de cou de 40.

Le vendeur : « Je vais vous montrer d'abord les différents modèles, après nous verrons les coloris. Vous avez là un modèle avec un petit col et des poignées mousquetaires, très à la mode, en coton 20 % et polyester 80 %. Il existe en blanc, bleu ciel et saumon. Son prix est de 75 euros. Vous pouvez la mettre dans une machine à laver sans précaution particulière. Vous avez aussi cet autre modèle avec un col un plus long. Elle est plus habillée et... »

Le monologue continue et le client hésitant devant tous les modèles étalés devant lui, dit :

« Ce n'est pas exactement ce que je voulais. Écoutez, ça ne fait rien. Je reviendrai. »

L'issue était prévisible. Le client pénètre dans un autre magasin...

Exemple 2

Le client : Je voudrais une chemise à manches longues avec un tour de cou de 40.

Le vendeur : Je vais vous montrer cela tout de suite mais auparavant puis-je savoir si vous la préférez « sport » ou « habillée » ?

Le client : C'est une chemise pour tous les jours.

Le vendeur : Avez-vous une préférence pour une matière ? Faites-vous beaucoup de voiture ?

Le client : Oui, je fais beaucoup de voiture. Pourquoi me posez-vous la question ?

Le vendeur : Parce que si vous transpirez, les matières synthétiques sont peu recommandables.

Le client : Oui, mais comme je reste absent longtemps en dehors de mon domicile, je veux les laver moi-même et les faire sécher dans la nuit.

Le vendeur : J'ai exactement ce qu'il vous faut. Un modèle très agréable à porter, qui se lave facilement, très à la mode. Pour la couleur, aimez-vous les chemises un peu fantaisie ou votre profession vous oblige-t-elle à être strict ?

Le client : Je suis commercial et...

Voilà notre client content, sûr d'être tombé entre de bonnes mains pour le conseiller et l'aider à trouver « exactement » ce qu'il lui fallait.

Cet exemple tout simple d'une vente bien ordinaire nous montre l'importance du dialogue, car l'être humain n'agit pas seulement en fonction d'éléments logiques mais aussi en fonction de son affectivité. Le dialogue permet au client de voir que l'on se préoccupe de son problème et il se sent rassuré. Le vendeur et son produit deviennent crédibles.

Les conditions qui favorisent le dialogue

Il existe des clients bavards, volubiles, extravertis au verbe facile, exposant clairement leurs besoins, ouverts naturellement au dialogue. Pour ceux-là, pas de problème. La difficulté serait peut-être, pour certains, d'arrêter le flot de paroles, qui les conduit (et le vendeur avec) bien loin de l'objet de la vente. Mais pour tous ceux qui pour des raisons diverses ne sont pas disposés *a priori* à acheter ou ne sont pas enclins à parler, que faut-il faire pour créer, favoriser et entretenir le dialogue ? Les méthodes sont nombreuses. Nous allons passer en revue les plus efficaces.

Avoir la volonté de dialoguer dès les premières minutes

Les premiers instants d'un entretien sont souvent difficiles et les clients adoptent des attitudes parfois hostiles ou indifférentes. Que les vendeurs ne se laissent pas prendre à ce piège et ne s'enlisent pas dans un monologue d'où ils ne pourraient plus sortir ! Un bon moyen d'éviter d'être enfermé dans un bla-bla à sens unique est de préparer, avant l'entretien, les deux ou trois questions à poser après la présentation. Questions qui auront, bien sûr, le plus de chance d'obtenir une réponse et qui ne devront pas être formulées d'une manière brutale ou indiscrète pour ne pas avoir en retour une réaction de blocage ou d'agressivité. Ces questions sont celles qui, en général, sont centrées sur le client, ses préoccupations, ses problèmes supposés ou ses centres d'intérêt.

Faire parler en posant des questions de contrôle

La question de contrôle permet après chaque information de donner la parole à l'interlocuteur avant de passer à l'information suivante.

Exemple

« Ce matériel permet de soulever des charges de 1 500 kg. Qu'en pensez-vous ? » ou « Cela vous paraît-il suffisant ? » ou « Est-ce adapté à vos besoins ? »
« Cette chemise taille votre silhouette, cela vous convient ? » ou « Au niveau du col, est-ce comme vous le souhaitez ? »

Cette technique présente de nombreux avantages :

- Elle oblige le vendeur à abandonner le monologue.
- Elle permet à l'interlocuteur de donner son point de vue, son avis.
- Elle favorise la participation du client et ne le laisse pas passif.
- Elle l'engage par une prise de position.
- Elle permet au vendeur de modifier son information initiale en rajoutant des précisions ou en donnant un éclairage nouveau.
- Le vendeur peut modifier par la suite, compte tenu de la coloration et de la nature des réponses fournies par le client, la présentation de ses renseignements et de ses arguments.

Écouter

Faire parler ne suffit pas. Il faut laisser parler le client. C'est dans ses propos que le vendeur trouvera les raisons, les mobiles, les attentes qui vont lui permettre de découvrir les arguments adéquats et qui favoriseront la relance du dialogue.

■ Être tourné vers l'autre

Il n'est pas utile d'être un grand psychologue pour se rendre compte que quelqu'un est plus tourné vers lui-même que vers les autres. Si un vendeur est plus intéressé par son produit que par son client, il développera toute une série de comportements de non-communication défavorables à l'instauration et à la poursuite du dialogue.

Être tourné vers l'autre signifie que l'on met en cohérence son « non-verbal » et son « verbal ». Si je pose une question à mon interlocuteur et que mon regard se détourne de lui pour rechercher une information dans mon ordinateur, je lui donne l'impression que je ne m'intéresse pas à sa réponse. Si je lui dis que j'essaie de comprendre quel est son problème et qu'au moment où il l'exprime je manifeste mon doute, mon étonnement ou mon opposition par des mimiques des mains, du corps ou du visage, je ne mets pas en cohérence ce que je dis et ce que j'exprime.

S'il n'y a pas concordance entre ce que je dis (le verbal) et mon comportement (le non-verbal), mon interlocuteur percevra plutôt le message transmis par le non-verbal. Les cinq canaux de transmission de ces messages non verbaux sont : le regard, le sourire, le visage, le geste et le corps.

■ Le regard

N'a-t-on pas dit que le regard est le miroir de l'âme ? Plus que les paroles, il exprime les sentiments et les intentions. Un regard franc, direct, crée la sympathie, l'intérêt et permet de gagner la confiance du client. C'est du regard que se dégage la sincérité, la franchise. Il est le meilleur moyen pour obtenir et garder l'attention de l'interlocuteur. Un regard attentif, appuyé d'un silence et d'un léger hochement de tête dit à l'autre : « Ce que vous dites est en effet intéressant. Poursuivez... » ou « Vous comprenez mon point de vue ? Et vous, qu'en pensez-vous ? ».

■ Le sourire

Il adoucit le visage et le regard. Il dit à celui à qui il s'adresse : « Je ne suis pas contre vous, au contraire je suis content de vous voir. Je suis heureux de vous rendre service et je suis sûr qu'ensemble nous allons faire du bon boulot ».

Le sourire rassure, montre à notre interlocuteur que nous ne sommes pas dans un système de conflit, dans un état d'opposition mais qu'au contraire dans l'intérêt de l'un comme de l'autre, il propose de rechercher, sans arrière-pensées et dans un climat détendu, les solutions les plus convenables.

■ Le visage

Qui aurait envie de communiquer, de dialoguer face à un interlocuteur au visage fermé, tendu, les lèvres pincées, les sourcils froncés ? Un visage sympathique, détendu, reflétant une autorité calme favorise la confiance du client et l'incite naturellement à ne pas se fermer mais à dialoguer, à poser des questions, à émettre ses doutes ou ses objections.

■ Les gestes

Des gestes brusques, saccadés, nerveux, inquiètent et laissent l'interlocuteur sur la défensive. Il reste sur sa réserve, il observe et il n'est pas incité à participer. Les gestes pour favoriser l'échange doivent être vrais, naturels, spontanés mais aussi, au moment où l'on sent que le client est prêt à parler, plus calmes et plus mesurés.

■ Le corps

Si je suis replié sur moi-même, crispé, les épaules rentrées, les genoux serrés, le torse fléchi, je ne pourrai faire croire à mon interlocuteur que je suis calme, détendu, d'humeur légère. Là encore, le corps participe au plus haut point à la communication que je veux établir.

Une posture stable, une assise confortable sur mon siège, un corps droit sans être rigide, les épaules tournées vers mon interlocuteur, les bras aux mouvements fluides et détendus me donnent et donnent à mon vis-à-vis un sentiment de sécurité et de confiance.

Développez votre capacité à être dans le « dialogue » plutôt que dans le monologue.

Les bonnes questions à vous poser

- Fais-je parler le client plus que je ne parle ?
- Après mes affirmations ou mes apports d'informations, est-ce que je m'oblige à poser systématiquement une ou plusieurs questions de contrôle ?
- Est-ce que je laisse parler le client sans l'interrompre, même si j'ai la réponse ?
- Ai-je tendance à construire ma vente avec le client ou suis-je tenté de « descendre » une argumentation toute faite ?

Les points-clés à respecter

- Préparez avant d'entrer chez le client les questions qui vous permettront d'instaurer puis de poursuivre le dialogue.
- Obligez-vous à une « écoute active ». Pratiquez les silences après ses propos. Relancez par des questions ou des mimiques interrogatives si vous n'avez pas tout compris.
- Évitez de répondre trop vite, du tac au tac.
- Mettez en concordance votre « non verbal » avec votre « verbal ».
- Apprenez à détecter, chez vous, tous les comportements qui peuvent être interprétés comme des signes de fermeture, de blocage, de désintérêt.

L'essentiel

▸▸ **Poser** des questions de contrôle afin de vérifier que nous sommes en phase avec notre client.

▸▸ **Se servir** du verbe mais aussi de la gestuelle : le corps, le visage et l'ensemble de nos attitudes participent de ce dialogue dynamique.

▸▸ **Permettre** y compris dans la présentation et dans l'argumentation orale de donner une image positive et avantageuse de nos produits, dont l'image de service au client doit avant tout valoriser le dialogue de vente.

Chapitre 6

Deuxième principe : faire preuve d'empathie

Executive summary

- **Convaincre** quelqu'un, c'est avant tout comprendre les raisons pour lesquelles il pourrait être convaincu.
- **L'empathie**, c'est se centrer sur le client sans être orienté vers sa propre logique.
- **Ne pas confondre** empathie et sympathie. L'empathie, c'est se mettre à la place de l'autre, ce qui demande un effort de compréhension. La sympathie est un lien naturel qui porte les personnes de manière spontanée l'une vers l'autre. C'est partager avec l'autre.

L'empathie, qu'est-ce que c'est ?

C'est tout simplement s'intéresser à l'autre. Se mettre dans sa « peau ». Essayer de comprendre, de raisonner comme lui, de percevoir ses attentes, ses besoins, ses désirs, ses préoccupations, ses motivations.

Il n'est pas possible de convaincre quelqu'un si l'on ne connaît pas les raisons pour lesquelles il pourrait être convaincu. Chaque objet a une fonction et correspond à un besoin mais chaque client a des mobiles différents pour l'acheter. Pour que le vendeur saisisse ces mobiles, il doit faire de l'empathie, c'est-à-dire comprendre exactement ce que veut l'acheteur. Comprendre, mais aussi sentir : les états d'âme, les freins, les *a priori*, les doutes qui agitent le client pendant l'acte de vente. Comprendre, sentir mais aussi répondre aux attentes : ne pas forcer la décision alors que le client n'est pas encore prêt à acheter, répondre avec calme à l'interrogation, apaiser les craintes, montrer que la demande peut être satisfaite par l'offre, même si la solution proposée n'est pas exactement celle qui avait été initialement imaginée, revenir sur un argument mal compris, rassurer.

L'empathie, c'est être centré sur le client. C'est vouloir aider et conseiller et non pas imposer. C'est prendre en compte les problèmes, les marottes, les expériences, les exigences de l'autre. C'est découvrir quels sont les véritables besoins et motivations du client, lui en faire prendre conscience éventuellement et dans un deuxième temps essayer de lui prouver que le produit ou la solution proposée satisfait pleinement ses attentes.

Exemple

Dialogue entendu dans un cabinet médical

Le médecin : Je l'ai prescrit votre produit, depuis votre dernier passage. Ça marche pas mal.

Le visiteur médical : Ah ! vous voyez qu'il fallait me croire ! Je vous l'avais bien dit qu'il était bon mon produit !

Le médecin : Oui, oui. Qu'avez-vous d'autre à me présenter ?

On ne saura jamais pour quelle maladie ce médicament a été prescrit, à quelle dose, avec quelle association. Le visiteur médical ne pourra pas utiliser ces renseignements pour la visite suivante. Il ne pourra pas donner de techniques d'emploi à d'autres médecins qui manient encore mal le produit. Il n'aura pas donné au médecin le plaisir d'exprimer dans le détail sa manière d'utiliser le médi cament. Il aurait suffi que le vendeur fasse preuve d'un peu d'empathie, qu'il s'intéresse au client en posant simplement une question, au lieu de se décerner un *satisfecit*, pour que le dialogue soit plus satisfaisant pour les deux parties.

Quels sont les attitudes et les comportements qui s'opposent à l'empathie ?

- Imposer son point de vue à tout prix sans considération des opinions de l'autre.
- Ne pas écouter les questions posées.
- Être orienté vers sa propre logique sans essayer de comprendre celle de l'autre.
- Interrompre et couper la parole.
- Avoir des attitudes de jugement critique.
- Ne pas vouloir voir ce qui intéresse l'autre.
- Vaincre, imposer, dominer.

Manifester de l'empathie, écouter, s'intéresser à l'autre, ce n'est pas forcément renoncer à son point de vue. C'est mieux sentir la personnalité de notre interlocuteur. C'est se préparer ainsi à connaître les arguments auxquels il sera sensible et présenter notre produit sous un jour qui le séduira.

Comment faire preuve d'empathie ?

Manifester de l'empathie c'est avant tout un état d'esprit. Le client ne s'y trompe pas deux fois entre celui qui écoute pour comprendre réellement et celui qui pose des questions pour le coincer ou le manipuler.

Aussi, les conseils que nous donnerons ici ne valent que dans la mesure où celui qui les appliquera le fera dans le but d'être réellement tourné vers l'autre pour le comprendre et mieux le connaître.

Se renseigner sur le client

Plus le vendeur aura de renseignements sur le client, plus il pourra personnaliser son entretien. Pour un revendeur (B to C) : quel est son potentiel, quelle est l'importance de sa clientèle, comment est-elle composée, qui achète, quels sont les concurrents, quels produits vendent-ils et dans quelle proportion, quelles sont ses habitudes d'achat, quels sont les services auxquels il est sensible ?

Pour un industriel (B to B) : comment se font les circuits de décision, quelles machines utilise-t-il déjà, quels sont ses fournisseurs, à quel argument, sécurité ou économie, est-il le plus sensible ?

Pour un utilisateur : à quelle fin destine-t-il le produit, quelle marque utilise-t-il ordinairement, quelles sont ses motivations ?

Plus on aura d'informations sur le client et moins on aura à combattre dans le noir. Mais, attention ! Il ne s'agit pas seulement de recueillir des faits, des données, des chiffres mais aussi de percevoir ce qui constitue sa personnalité propre. La vente n'est pas le face-à-face de deux ordinateurs mais de deux individus. Elle consiste à connaître, percevoir, comprendre ce qui anime, inquiète, séduit, rebute son client, quelles sont ses réticences, ses motivations, ses interrogations, ses rejets... Elle vise à analyser ses réactions, « lire » ses mimiques, décoder sa logique et ses cheminements de pensée, être à l'affût de ses sentiments et de ses opinions et ne pas se contenter seulement de recueillir des faits.

Mais comment faire cette recherche ?

■ Se renseigner autour de lui

- Par Internet : réseaux sociaux, Google, 123 people, blogs...
- Par le relevé dans la presse spécialisée de toute information relative à l'activité de son interlocuteur et de ses concurrents.
- Par la recherche, auprès de spécialistes, d'ordres de grandeur des chiffres permettant d'aborder chaque sujet avec davantage de précision : KOMPASS, COFACE, Études XERFI...
- Par le recueil de situations analogues chez d'autres clients.
- Par l'interrogation directe de l'entourage sur les activités du client avec qui l'on veut négocier.
- Par des visites consécutives dans plusieurs entreprises du même type.
- Par l'observation « au fil de l'eau » et par demandes d'informations auprès des hommes de métier.

■ L'interroger directement

Connaître son interlocuteur, détecter ses attentes, saisir les éléments dominants de sa personnalité, préalable nécessaire au développement de l'argumentation, nécessite de la part du vendeur une parfaite maîtrise des techniques de dialogue et une attention réelle aux propos de son interlocuteur.

Mais quels que soient les moyens utilisés, il faut de la perspicacité et de la prudence pour faire parler sans importuner. Nous verrons plus loin l'art de poser les questions pour découvrir les besoins du client, mais nous pouvons d'ores et déjà avancer quelques moyens qui devraient, à condition de ne pas être énoncés de n'importe quelle manière, ni à n'importe quel moment, nous aider à recueillir l'information nécessaire.

Question alternative

Toutes les questions font parler. C'est le moyen le plus sûr. Retenons déjà la question alternative qui amorce la réponse et qui, posée au bon moment, devrait amener l'interlocuteur à s'exprimer naturellement et à donner l'information utile.

« Vous en revendez chaque mois 200 ou 250 ? » donnera plus de chances d'avoir une réponse que formulée ainsi : « Combien en vendez-vous tous les mois ? ».

Question de reprise ou écho

Une autre façon de faire est la question en reprise qui répète sur un ton interrogatif le dernier mot ou la proposition importante de l'interlocuteur.

« Jusqu'à 300 par mois ? reprend le vendeur.

– Oui, confirme son interlocuteur, mais pour en arriver là, j'ai mis un présentoir à demeure et je fais des animations dans mon magasin tous les samedis. »

La fourchette

La fourchette permet également d'avoir un chiffre alors que la question posée brutalement peut provoquer une dérobade du client.

« Pour les 50 kg vous en vendez plus de 100 par mois ?

– Oui, bien sûr.

– Moins de 200, quand même ?

– Oh, pas loin. Je dois tourner à 170-180. »

Le rapporteur

Une autre manière douce d'obtenir des renseignements est de se faire le rapporteur d'informations données par d'autres clients :

« On dit généralement que pour en vendre cette quantité, il faut une surface de stockage de plus de 1 000 m^2.

– J'ai moitié moins que cela ! Mais je ne travaille qu'avec un seul fournisseur qui me livre deux à trois fois par mois. »

Le faux pour le vrai

Enfin, prêcher le faux pour savoir le vrai peut être un bon moyen d'obtenir le renseignement utile que le client ne dit pas.

« Vous m'aviez bien dit la dernière fois que vous en consommiez deux tonnes tous les mois ?

– Deux tonnes ! Vous plaisantez. Je n'ai jamais dit cela. Deux tonnes ! J'aimerais bien. Si j'en consomme une, c'est bien le maximum. »

■ Observer

Regarder est une opération physique. Observer est une opération mentale. Observer veut dire que le regard du vendeur ne va pas être neutre mais qu'il devra chercher les informations qui vont le renseigner sur l'activité de son client ou sur le client lui-même, qui vont le rendre plus familier, qui vont lui permettre de mieux comprendre ce dont il a besoin.

Observer son environnement : ses ateliers, son bureau, son magasin

Un commercial disait un jour : « Je ne veux négocier que dans le bureau de mon client. Un coup d'œil sur son bureau m'en dit plus que de longs discours. Une moquette épaisse, une ambiance feutrée, pas un papier sur sa table, des étagères bien rangées... Je sais alors que je dois être clair, précis, avoir une argumentation structurée, donner des preuves fortes, refréner mon enthousiasme parfois un peu débordant. Par contre, si la table est encombrée de dossiers, si sur les murs sont épinglés de multiples schémas et dessins, si la pièce est ouverte à tous vents et que chacun peut y entrer ou sortir à son aise, alors ma présentation sera différente, probablement plus créative, plus spontanée et peut-être aussi plus technique. »

Le propos de ce commercial était peut-être excessif. Il est difficile de tirer des conclusions définitives sur la seule vue d'un bureau ou d'un client. À l'inverse, combien de vendeurs se sont mordus les doigts pour ne pas avoir su observer et utiliser dans leur argumentation des informations qui les auraient aidés à conclure efficacement ?

Observer le non-verbal du visage

Observer ses mimiques et contrôler le visage du client que l'on a en face : fronce-t-il les sourcils ? Peut-être n'est-il pas d'accord ou n'a-t-il pas compris ? Il semble tout d'un coup pensif. Fait-il mentalement un calcul ou a-t-il décroché ? Il pianote la table de ses doigts. Le voilà impatient ou agacé.

Le client émet des signaux en permanence. Tout ce qui l'entoure, tout ce qu'il fait, tout ce qu'il dit n'est pas gratuit. C'est au vendeur d'observer, de noter, d'engranger ces signaux, ces informations pour mieux saisir et comprendre son client.

■ Lui parler de lui

Tout homme aime à parler de ce qui lui est propre. Marcel Pagnol disait : « Il y a les raseurs qui parlent d'eux ; les bavards qui parlent des autres ; et les intelligents qui vous parlent de vous ».

Imaginez que vous êtes acheteur et qu'en face de vous, vous avez un vendeur qui parle, qui parle, qui parle de lui, de son produit, de ses caractéristiques techniques exceptionnelles mais qui, à aucun moment ne s'est tourné vers vous, vers votre problème, vers vos attentes. Vous aurez probablement le sentiment d'avoir affaire à quelqu'un plus préoccupé de vendre que de vous voir acheter. Le vendeur ne peut oublier qu'à vouloir trop vendre, on risque fort d'empêcher d'acheter et que l'objectif n'est pas de vendre mais de faire acheter, d'aider le client à prendre une décision. Si vendre et acheter sont des termes désignant la même opération commerciale, il n'en est pas moins vrai qu'ils en présentent deux faces différentes.

Et quelle est la meilleure manière d'être tourné vers l'autre que de s'intéresser à lui, de lui parler de lui ?

Une méthode bien simple : remplacez-le « je » par le « vous » chaque fois que cela est possible – et cela est possible beaucoup plus souvent qu'on ne le pense.

Exemple

« Comment trouvez-vous ce modèle ? Ne pensez-vous pas qu'il plaira sûrement à votre clientèle jeune ? » vaut mieux que « Personnellement ce modèle me plaît beaucoup. Il a été conçu spécialement pour la clientèle jeune ».

« Vous savez certainement qu'à 1 200 tours/minute, un fort échauffement commence à se produire et… » est plus valorisant pour le client que « Je vous rappelle qu'à 1 200 tours/minute… ».
« Je vous signale que sa rapidité d'action est exceptionnelle puisqu'il agit au bout d'une heure seulement » n'a pas la même valeur que de dire au client « Je suis persuadé que vous êtes sensible à la rapidité d'action d'un tel type de produit, or celle-ci est exceptionnelle puisqu'elle agit au bout d'une heure seulement ».

Habituez-vous à dire :

« Vous vous demandez comment cela fonctionne ? » ou mieux « Vous savez sûrement comment cela fonctionne, permettez-moi de vous le rappeler… » ; plutôt que : « Je vais vous montrer comment cela fonctionne ».

« Qu'en pensez-vous ? » plutôt que « À mon avis ».

« Vous serez sûrement intéressé par cette modification qui vous touche au plus haut point puisque… » ; plutôt que « Nous avons fait une modification qui est au plus haut point intéressante puisque… ».

Nous pourrions multiplier les exemples à l'infini. Rappelez-vous votre dernière vente. Combien de fois avez-vous dit « je » ? Combien de fois avez-vous dit « vous » ? N'était-il pas possible quelquefois de remplacer le « je » par le « vous » ?

■ Pratiquer l'inversion des rôles

Exemple

Un exemple de ce qu'il ne faut pas faire

Le responsable de maintenance d'un site industriel : « J'ai utilisé votre produit pour le nettoyage de mes cuves, il n'y a pas plus de vingt jours. »
L'ingénieur commercial (B to B) (qui ne sait pas s'il continue à l'utiliser ou s'il l'a abandonné et pour quelles raisons) : « Ah bien ! vous savez donc qu'il contient un tiers de tensio-actifs anioniques, vingt pour cent de silicates, trente-cinq pour cent de phosphates et… »
Le responsable de maintenance : « Oui, oui, oui, je sais tout cela. Mais si c'est pour une commande adressez-vous plutôt au responsable d'atelier… »
Si notre ingénieur commercial avait connu le principe d'inversion des rôles, il aurait pu faire faire l'argumentation par le responsable de maintenance (plutôt que de stopper la discussion sur le produit) par des questions de ce type :

« Ah ! vraiment c'est très intéressant. Pouvez-vous me dire alors dans quel cas vous l'avez trouvé le plus efficace, lors du rinçage ou dès le premier lavage ? »
« À quel dosage l'avez-vous dilué ? »
« Que me conseillez-vous pour le faire utiliser par d'autres qui le manient encore mal ? »

Vous avez compris, le principe d'inversion des rôles est de faire faire l'argumentation par notre interlocuteur chaque fois que c'est possible. Les arguments énoncés par le client ont plus de poids que ceux énoncés par le vendeur. En l'énonçant, le client donne plus de force à l'idée que le vendeur voulait suggérer.

Quand pratiquer l'inversion des rôles ?

- Chaque fois que l'expérience du client peut être un élément favorable à l'argumentation du vendeur.

Dans l'exemple suivant le vendeur fait relater des expériences malheureuses pour démontrer que sa solution ne comporte pas de tels ennuis.

Exemple

Le vendeur : Vous est-il arrivé de monter vous-même une installation de ce type ?
Le client : Ne m'en parlez pas !
Le vendeur : Que s'est-il passé ?
Le client : Je préfère ne plus en parler. Une vraie catastrophe. J'y ai passé deux jours et le résultat n'était pas beau à voir.
Le vendeur : C'est justement pour vous éviter ces ennuis que nous nous chargeons de tout le montage et de l'installation.

- Chaque fois que l'on veut valoriser le client et en faire un spécialiste de la question.

Exemple

Le vendeur : Savez-vous pourquoi il faut agir sur cette tirette et quelles sont les raisons de ces graduations ?
Le client : En agissant sur la tirette on va introduire du mélange dans le circuit et les graduations vont permettre de connaître la quantité d'air nécessaire. C'est bien cela ?

Le vendeur : Absolument. Et que pensez-vous de ce système, tout compte fait assez simple, pour régler la quantité d'air à injecter ?
Le client : C'est une excellente idée et ce procédé n'existe pas chez vos concurrents, je crois.
Le client a été valorisé et le vendeur a eu l'habileté de lui laisser faire l'argumentation. Elle n'en a eu que plus de poids.

- Chaque fois que l'on veut donner de la force à un argument qui n'est pas majeur. Si c'est le vendeur qui l'avance, le client a tendance à le minimiser ou à ne pas en tenir compte, par contre s'il est dit par le client lui-même, il prend alors une force bien supérieure à sa valeur réelle.

Exemple

Ainsi, si le vendeur dit : « Et je vous signale en plus qu'elle a un séchage exceptionnel puisqu'elle agit en 20 minutes seulement. » Le client risque d'être moyennement intéressé. Il ne se rend pas bien compte des avantages que peut lui procurer un séchage de cette durée. On lui aurait dit 15 minutes ou 40 minutes qu'il n'aurait pas fait la différence. En revanche, si le vendeur dit :
« Est-ce que le séchage est un élément important pour vous, Monsieur ?
– Bien sûr ! Très important !
– Et pourquoi donc ?
– Eh bien, parce que... »
Et le client énonce tous les avantages qu'il voit à un séchage rapide. Ce faisant, il en prend lui-même conscience et se convainc peu à peu que la rapidité de séchage est une qualité primordiale. Le vendeur n'a plus qu'à ajouter :
« Vous savez qu'en général le temps de séchage est voisin de 45 minutes. Nous avons réussi à le descendre à 20 minutes. Qu'en pensez-vous ? »

- En fin d'entretien sous forme de synthèse pour que le client s'imprègne lui-même une dernière fois des points forts ou des avantages de l'offre.

Exemple

Le vendeur : Vous venez de voir comment fonctionne cette tablette tactile. Voulez-vous que nous récapitulions ensemble les avantages qui vous paraissent les plus intéressants ? Silence du vendeur pour inciter le client à faire lui-même cette énumération.

Le client : C'est léger. C'est pour moi une qualité importante car j'ai souvent à me déplacer et je n'aime pas avoir un sac trop lourd. Ensuite il est simple, ce qui *a priori* me fait penser qu'il ne tombera pas souvent en panne. Et puis il…

Tout en parlant, le client personnalise les arguments, les projette dans sa pratique quotidienne, se les vend à lui-même et renforce ainsi sa conviction.

Ou le vendeur après la vente de son véhicule : « De quelles options pensez-vous le plus profiter ? »

Le client : Toutes ! Je suis content d'avoir un système hi-fi de qualité et les sièges chauffants car le matin quand je fais de la route, c'est agréable et je souffre moins au dos.

■ Donnez de l'impact à vos arguments

L'inversion des rôles est un moyen pratique de donner du poids à nos arguments en les faisant énoncer par les autres. Rappelez-vous ce que disait Joubert : « On peut essayer de convaincre les hommes par ses propres raisons, on ne les persuade que par les leurs. »

Plus nous personnaliserons nos entretiens, plus le client sera au centre de la vente, plus nos arguments viendront en réponse à ses attentes, et plus nous aurons de chance d'être crédibles à ses yeux. Il aura le sentiment d'acheter ce qu'il désirait réellement et non pas ce que nous voulions vendre à tout prix. Et quand on sait que tout est dans la nuance…

Développez votre capacité à faire de l'empathie

Les bonnes questions à vous poser

- Suis-je sûr de m'intéresser totalement à ce que me dit mon client sans être déjà, alors qu'il parle, en train de préparer ce que je vais lui répondre ?
- Est-ce que j'essaye réellement de me mettre à sa place quand il exprime une difficulté, une réticence, une inquiétude, de comprendre son point de vue, son objection, sans émettre de jugement de valeur, sans filtrer ce qu'il dit à travers mon propre vécu, sans adopter le réflexe de la contradiction ?
- Est-ce que je présente mes arguments de telle sorte qu'ils soient de réelles réponses à ses attentes ?
- Fais-je régulièrement pour chaque client (d'importance) l'inventaire de ce que je sais sur lui et sur ce qu'il serait souhaitable de recueillir comme informations ?
- Suis-je autant à la recherche d'informations portant sur des faits que sur celles concernant ses sentiments et ses opinions ?
- Suis-je attentif à son mode de fonctionnement ? Il s'exprime par des faits, des ressentis, des opinions ?

Les points-clés à respecter

- N'essayez pas d'imposer votre point de vue alors que le client n'est pas encore prêt à être convaincu.
- Sachez accepter ses opinions alors même qu'elles sont contraires aux vôtres. (ce qui ne veut pas dire que vous renoncez à votre point de vue).
- Remplacez le plus possible le « je » par le « vous ».
- Faites-lui énoncer, chaque fois que c'est possible, les avantages et les arguments en faveur de votre propre produit ou service plutôt que de le faire vous-même.

L'essentiel

▶▶ **S'intéresser à l'autre véritablement sans arrières pensées, observer sans filtrer, se renseigner sur son client, « être orienté client », constituent les bases de l'empathie.**

▶▶ **Faire abstraction de soi pour laisser toute la place et tout l'espace à votre client doit vous guider pendant l'entretien et particulièrement dans les étapes de contact et de découverte.**

▶▶ **L'inversion des rôles aide le vendeur à valoriser son client, tout en le laissant raconter son expérience. Les arguments ont toujours plus d'impact pour celui qui les dit que pour celui qui les reçoit.**

Chapitre 7

Troisième principe : créer un climat de confiance

Executive summary

▶▶ **Participer** par son comportement, ses gestes et son attitude générale à inspirer confiance au client est un des éléments fondamentaux de la réussite d'une vente.

▶▶ **Créer** un climat de confiance s'obtient par un ensemble d'éléments travaillés au préalable par le vendeur et l'entreprise qu'il représente.

▶▶ **Faire preuve** d'abord de confiance et d'estime de soi, en ses produits, dans le service que l'entreprise fournira, sont seuls de nature à inspirer au client la certitude que son achat ne lui créera aucun problème.

▶▶ **Inspirer** confiance est loin d'être une attitude manipulatoire consistant à jouer les bénits oui-oui à toute observation du client, objection ou autre. Bien au contraire !

▶▶ **Être capable** d'engagement ferme et tenir sa parole sont les conditions qui montreront au client que la confiance qu'il a donnée est payée de retour.

Un climat de confiance, pour quoi faire ?

Combien de fois en tant qu'acheteur avez-vous regretté de ne pas avoir effectué l'achat dont vous aviez envie ? Le produit était là, séduisant, tel que vous l'aviez désiré. Vous avez réfléchi, hésité et puis vous vous êtes dit que rien ne vous pressait ou que, peut-être, vous trouverez mieux ailleurs. Alors vous êtes parti... regrettant presque aussitôt de ne pas l'avoir acheté.

À l'inverse, combien de fois avez-vous acheté alors que rien ne vous préparait à cet achat et que vous deveniez, en deux temps et trois mouvements, propriétaire de quelque chose dont vous n'aviez pas besoin. N'imaginez pas qu'il ne s'agit que de gadgets. Les vendeurs immobiliers vous diront combien de personnes se sont trouvées propriétaires (et parfois endettées) pour avoir accompagné l'ami qui voulait acheter... et qui n'a pas acheté.

Dans un cas comme dans l'autre, que s'est-il passé ? Un climat. Une ambiance. Un contact. Un vendeur sympathique, compétent, ouvert, enthousiaste... et vous voilà mis en confiance : la décision est prise, autant acheter chez lui.

Là, le vendeur ergote, discute. Il emploie des adverbes ampoulés, des superlatifs. Il dénigre les concurrents. Non, décidément, la décision n'est pas pour aujourd'hui. La réflexion s'impose.

Depuis longtemps on sait que les arguments rationnels ne sont pas les seuls mobiles de l'achat. Comment se fait-il, dans ces conditions, que tant de vendeurs négligent cet aspect psychologique de la vente et font beaucoup d'efforts pour maîtriser les connaissances techniques du produit et si peu pour se préoccuper de la forme ?

Avis d'expert

Laurence Chabry, manager d'offre et d'expertise relation client, Cegos

Que nous apprend la recherche sur la confiance ?
Si la confiance intéresse tant les chercheurs, c'est qu'il est établi qu'elle favorise l'engagement dans une relation durable avec un fournisseur ou une marque, qu'elle augmente la résistance à des alternatives attractives, qu'elle développe la tendance du client à promouvoir le fournisseur ou la marque auprès de son entourage.
Les chercheurs définissent ainsi la confiance : croire que l'autre pourra et voudra agir de façon positive. Soit principalement, l'attribution de trois qualités spécifiques au partenaire : la crédibilité, la bienveillance, l'intégrité. Pour partie, la »

» confiance résulte du traitement des informations disponibles et de l'expérience vécue : c'est un mécanisme d'évaluation à partir de preuves du passé et/ou d'indices dans l'instant. Mais la confiance est aussi un mécanisme affectif. En s'engageant, le client « qui fait confiance » se rassure et diminue l'incertitude liée à toute décision d'achat.

Dès lors que l'achat fait l'objet d'un échange avec un vendeur, la relation entre le client et le vendeur fournit un support à la construction de la confiance.

Les études qualitatives indiquent que le consommateur fait confiance au vendeur s'il estime que :

- Le vendeur connaît ses produits et fournit des informations techniques (crédibilité).
- Le vendeur valide que la qualité du produit/service est conforme aux attentes du client. Il fait ce qu'il a promis (intégrité).
- L'échange est agréable et constructif. Le vendeur est « centré client », il privilégie l'intérêt du client (compréhension et bienveillance).

En B to B, les clients ont mis en place des processus pour rationaliser leurs décisions, avec remise en compétition régulière des fournisseurs. Plusieurs personnes participent à la décision. Pour autant, la confiance reste un prérequis à la signature des affaires.

Aucune vente ne pourra se réaliser s'il n'existe pas entre l'acheteur et le vendeur une certaine complicité, un climat de confiance et de crédibilité. Cette ambiance, ce contact, cette relation sont le fait du vendeur, et de lui seul. C'est à lui de transformer la méfiance naturelle du client en une confiance basée sur des qualités reconnues d'expert, de spécialiste et de conseiller. Ce phénomène est d'autant plus important qu'il s'est intensifié avec l'accès à l'information *via* Internet. Le client peut tellement comparer, recueillir des informations et même commander sur le net que lorsqu'il décide de venir en point de vente (B to C) ou de rencontrer un commercial (B to B), son attente est forte sur la relation. Bien sûr, la bonne mine du vendeur ne suffit pas à créer ce climat de confiance. Il lui faut respecter quelques règles précises dont on trouvera la liste ci-après.

Comment créer un climat de confiance ?

Le climat de confiance, préalable indispensable à toute transaction et à toute relation durable, n'est pas un état spontané, né du hasard. Il se gagne et s'enrichit tout au long de la vente. Le client bien souvent échaudé est en droit de douter des affirmations parfois mirobolantes des vendeurs, de craindre les promesses si peu souvent tenues, de se méfier de sa propre subjectivité.

Tout achat est source d'angoisse et d'inquiétude. C'est au vendeur d'instaurer ce climat de confiance et de rassurer le client.

Voyons ensemble les quelques conditions qui vont créer et développer ce climat de confiance sans lequel aucune vente n'est possible.

Avoir confiance en soi, en son entreprise, en ses produits

■ La confiance en soi

Comment voulez-vous qu'un vendeur enlève la conviction de son client si lui-même est hésitant, inquiet, peu sûr de lui ? Comment peut-il décrocher une affaire si tout au long de la vente il a le sentiment qu'il va échouer ? Un commercial, pour réussir, doit croire en ses capacités. La confiance en soi vient des succès réalisés.

Tiédeur, indifférence, manque de conviction personnelle dans un métier où l'on doit lever les doutes et peser de tout son poids pour faire tomber les dernières hésitations sont sûrement des comportements à bannir si l'on veut avoir une quelconque chance d'obtenir une affaire. Dites-vous bien que la plupart des clients ne s'intéressent nullement à votre offre. Votre travail ne consiste pas seulement à les informer, mais à les intéresser. Il est normal dans ces conditions qu'ils résistent à ce que vous leur proposez, qu'ils déclarent que votre offre ne les intéresse pas ou qu'elle ne correspond pas à ce qu'ils en attendent.

Vendre signifie faire naître un besoin qui n'existait pas, en développer un qui n'était pas suffisamment exprimé, ou seulement éveiller l'intérêt, puis il s'agit d'aider son client à décider dans son intérêt (B to C) ou celui de son entreprise (B to B). Ceci exige de la part du vendeur un réel enthousiasme et une grande confiance en soi pour pouvoir influencer quelqu'un qui au départ est prudent ou tout simplement indifférent. Le vendeur doit être persuadé qu'il n'est pas un solliciteur.

■ La confiance en son entreprise et en ses produits

Bien sûr, les produits de la concurrence sont toujours les meilleurs et surtout les moins chers. Du moins à en croire les clients. Et il faut une bonne dose de résistance et d'incrédulité (fort heureusement) de la part des vendeurs pour ne pas subir les effets de cette entreprise de démolition qui s'appelle la clientèle.

Savoir défendre ses produits ou son entreprise coûte que coûte, est perçu très favorablement par le client. Quelle estime voulez-vous avoir pour le vendeur qui dirait : « Je ne sais pas ce qu'ils font actuellement à l'usine, ils ne sortent que de la camelote. Et quand ils envoient une pièce correcte, la plupart du temps ils se trompent de référence » ? Si le vendeur veut être le partenaire respecté par le client, il doit se conduire comme un professionnel confiant, sûr de lui et de la société qu'il représente.

Être ferme en négociation

Dans la partie III de l'ouvrage, vous découvrirez les techniques de négociation que l'on distingue de la vente, car lorsque votre client négocie, cela signifie qu'il a déjà accepté la solution mais pas aux conditions annoncées. Pour conserver la confiance en négociation, il faut montrer de la fermeté afin de rester dans une position gagnant/gagnant. Une concession trop rapidement faite inquiète le client. Une remise de prix exceptionnelle peut engendrer sa méfiance. « Si j'avais été plus dur la dernière fois, j'aurais déjà pu bénéficier de cet avantage. Et peut-être fait-il des remises plus importantes encore à d'autres clients », se dit-il.

La fermeté n'est pas un acte anti-commercial. Bien au contraire, il est rassurant pour un client de savoir qu'il n'y a pas de passe-droits, de combines, de mesures spéciales bénéficiant à certains et pas aux autres.

La permissivité, le « soyons commercial », l'indulgence vis-à-vis de ce « bon vieux cher client avec qui on travaille depuis tant d'années » est davantage préjudiciable au vendeur et à l'entreprise qu'une certaine fermeté courtoise.

- L'escalade à la remise ou à la petite attention spéciale est toujours dangereuse. À la longue, elle devient un dû. Elle doit croître sans arrêt et le jour où pour une raison quelconque il faut cesser, elle est alors le motif de la rupture.
- Les remises trop facilement accordées sous la pression du chantage dégradent les marges et les petites attentions spéciales (comme un échantillonnage gratuit dans un colis standard), désorganisent les services de distribution en nécessitant une opération particulière.
- Psychologiquement, la fermeté est payante. Il est évident qu'une intransigeance de mauvais aloi risquerait d'être contre-productive.

Certaines concessions peuvent se faire parfois, pour un client qui ferait un effort spécial au moment d'une promotion, mais ne doivent porter que sur les conditions de paiement tout en appréciant leur incidence sur la trésorerie de l'entreprise.

Vous allez me dire : « C'est une attitude un peu rigide. Il y a tous les cas particuliers où une concession s'impose ». Soit ! Considérons-les alors comme des cas particuliers et soyons d'accord sur la règle générale : une fois que tout a été défini, que l'accord a été pris, n'en démordons pas. Soyons fermes. Et croyez bien que ce n'est pas parce que vous avez cédé cette fois-ci que le client vous en sera reconnaissant et qu'il vous accordera l'affaire suivante.

Cette fermeté peut se justifier ainsi :

« D'une part, nos prix sont calculés au plus juste et vous permettent de bénéficier d'une qualité maximale. Vous faire une concession voudrait dire que nos offres sont faites à la tête du client, ce qui serait profondément injuste et anticommercial. Chez nous, il n'y a pas deux poids, deux mesures. Vous avez la garantie de ne jamais être lésé. D'autre part, si nous vous accordions une concession tout à fait spéciale, vous seriez en quelque sorte notre débiteur et vous ne seriez plus libre pour contester et réclamer si par hasard un jour vous aviez des griefs à nous faire. N'est-il pas mieux qu'il en soit ainsi ? » Retenez l'importance d'être ferme en négociation et n'oubliez pas de faire preuve d'empathie en vente.

■ Savoir dire non

Le client peut avoir les yeux plus gros que le ventre et vouloir, s'il est revendeur, des produits qu'il ne pourrait revendre ou s'il est industriel, une installation supérieure à ses besoins. Le vendeur doit avoir le courage de refuser et d'expliquer au client, sans l'offusquer, l'erreur qu'il allait commettre. Le client sera reconnaissant, à jamais, à celui qui aura su ne pas être seulement un « vendeur » mais aussi un « conseiller ». La difficulté réside dans le fait que cette attitude honnête risque d'être une arme à double tranchant. D'un côté il saura gré au vendeur de ne pas lui avoir vendu au-dessus de ses possibilités, d'un autre côté il pourra être vexé d'être considéré comme un « gourmand » ou pire comme un incompétent.

Les exemples suivants prouvent avec quelle prudence il est nécessaire de manier le refus.

Exemple 1

Le client : Cette promotion m'intéresse. De plus, je veux développer ce rayon « soin de la peau ». Mettez-moi 500 tubes de ce lait solaire et 1 000 crèmes bronzantes.
Le vendeur : Bravo pour votre sens des affaires. C'est effectivement un marché qui se développe très fortement et nous sommes actuellement en pleine saison. Cela devrait partir comme des petits pains, d'autant plus que vous avez une clientèle qui vous suit et que vous pouvez conseiller. Ce qui m'ennuie un petit peu c'est que nous sommes fin juin et qu'une bonne partie des achats a déjà été faite. Le mieux est que je maintienne votre commande mais que je ne vous livre que 150 tubes de lait et 300 crèmes bronzantes. Je vous appellerai dans quinze jours pour que l'on voie les sorties. Si le temps n'a pas été favorable et que vos ventes ne sont pas à la mesure de vos espoirs malgré vos efforts, nous en resterons là. Si par contre vous sentez que cela part selon vos prévisions, je vous ferai livrer le complément. N'est-ce pas mieux ainsi ?
Si le vendeur, fier de sa commande, avait livré la totalité, il y aurait eu fort à parier que le client se serait trouvé à la fin de l'été avec la presque totalité de son stock. Et qui croyez-vous que le client aurait accusé de ce stock d'invendus : lui-même ou le vendeur ?

Exemple 2

Le client : Compte tenu de mon développement, je risque d'être rapidement à court avec votre TXR2. Ce qu'il me faut c'est la TXR3-20 000. En passant l'ordre maintenant, dans combien de temps peut-elle être installée ?
Le vendeur : Le temps de la commander nous-mêmes en Angleterre et de la faire venir. Cela ne devrait pas dépasser trois mois. Vous me parliez tout à l'heure de votre développement commercial. Quelles sont vos prévisions annuelles ?
Le client : 18 % par an en moyenne.
Le vendeur : Vous allez doubler votre production dans les cinq ans qui viennent. Donc la TXR2 pourrait être suffisante en gardant l'ancienne machine pour les à-coups de production. Dans cinq ans, elle sera amortie et vous pourrez alors prendre quelque chose de supérieur à la TXR3-20 000. De plus, les technologies auront évolué et vous aurez un matériel plus adapté aux nécessités futures. J'ai peur qu'avec une TXR3-20 000 qui ne serait utilisée qu'à temps partiel pendant tant d'années vous n'augmentiez considérablement les coûts de production. Croyez-moi la TXR2 est amplement suffisante pour les quatre à cinq années à venir. Voulez-vous malgré tout que nous fassions une étude sérieuse de faisabilité ? Cela vous aidera à faire le « bon choix » !

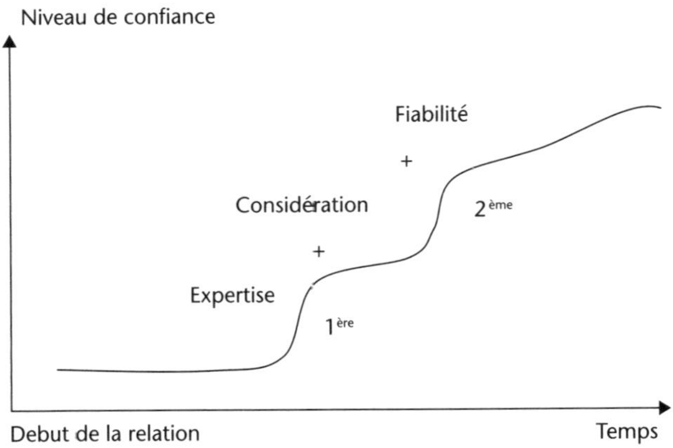

Figure 7.1 – Créer la confiance chez son client

Respecter la parole donnée

Les bonnes réputations mettent des années à s'établir. On s'étonne souvent de voir ces sociétés « créées en 1880 » continuer à vendre avec des pratiques commerciales archaïques et rigides. Qu'ont-elles comme vertu pour séduire tant de clients ? Le respect de la parole donnée. La crédibilité d'un vendeur passe par la tenue de ses engagements. Quoi de plus désagréable pour un client que de voir des délais de livraison non respectés qui bouleversent tout son planning de fabrication, de ne pas recevoir le document promis qui devait arriver avant la réunion technique ou de s'apercevoir sur la facture que la remise avancée par le commercial n'a pas été effectuée ?

■ Effet contagieux d'un engagement non-tenu

Un entrepreneur me disait un jour :

« Vous voyez ce commercial qui sort de mon bureau. Il me propose des baignoires en acier émaillées techniquement très au point et parfaites du point de vue qualité. Elles valent 15 % moins cher que celles que je paie ordinairement. Je dois équiper 80 logements. Eh bien, je viens de refuser son offre.

– Quelles raisons vous poussent à refuser une offre si alléchante ?

– Mes coûts de main-d'œuvre sont ce qu'il y a de plus important dans mes prix de revient. Or, si je fais livrer cinquante baignoires à telle date, il faut que les cinquante baignoires soient sur le chantier le jour voulu. Car j'ai convoqué les plombiers pour les installer, mais aussi les carreleurs et les plâtriers qui ne peuvent recouvrir les murs des salles de bain qu'une fois les baignoires installées. Chaque jour de retard m'oblige à payer pour rien des sommes considérables.

– C'est le risque avec tout fournisseur. Pourquoi ne pas croire ce commercial s'il dit qu'il tiendra les délais de livraison ?

– Il m'avait promis une brochure par mail. Je l'ai eu quinze jours après, à la suite de trois relances de ma part. Aujourd'hui, il devait m'apporter un schéma de montage. Il ne l'avait pas sur lui. Il me l'enverra, dit-il. Croyez-vous que je puisse faire confiance à quelqu'un qui avant la commande tient si peu ses promesses ? Qu'en sera-t-il le jour où il aura la commande ? Je garde mon vieux fournisseur. Il n'est pas souple. Il n'est pas agréable. Ses prix sont élevés mais il est solide et sérieux et il a toujours respecté sa parole. »

■ Vendez votre crédibilité avant votre produit

On est stupéfié de constater comme certains vendeurs sont parfois irréalistes ou candides. « Comment, disent-ils, j'ai un produit exceptionnel, à des prix défiant toute concurrence et les clients hésitent, rechignent, ergotent. » Eh oui, Messieurs. C'est peut-être oublier qu'avant de vendre son produit, il faut vendre sa crédibilité et celle de son entreprise.

Exemple

Un bon commercial disait : « Je sais qu'avant de faire des affaires avec un nouveau client, il faut que je vende mon sérieux et pour cela, il faut que le client me teste. Aussi, je multiplie les occasions de prouver que je tiens mes promesses. Au cours des entretiens préalables, je promets d'envoyer des brochures, des échantillons, des preuves d'essai, des articles de presse technique et je tiens mes promesses. Ça ne me permet pas d'enlever, bien sûr, toutes les affaires. Ça me permet de gagner des points. »

Connaître le langage client

Avez-vous déjà essayé d'acheter une chaîne hi-fi sans en être un spécialiste ? Ou un appareil photographique numérique dernier cri ? Avez-vous compris quelque chose aux paroles du vendeur ? Bravo ! Soit vous êtes un professionnel, soit vous êtes probablement tombé sur le seul qui ne se gargarisait pas « d'impédance, de Dolby et de Raw ».

La chose eut été différente si vous aviez été un spécialiste. Et c'est cela qui importe : parler le langage de son client.

Si votre client ne connaît pas votre jargon, vous ne ferez que compliquer votre offre par un langage ésotérique dont il se sentira exclu. Au lieu de créer cette fameuse communication qui devrait vous rapprocher, vous ne ferez que l'éloigner et compromettre une vente qui aurait été probablement facile à réaliser si les mots et les explications avaient été à sa portée.

Il est vrai que c'est un élément constant de notre époque que de vouloir compliquer ce qui est simple. Compliquer fait peut-être bon chic bon genre. Pas dans la vente... sauf peut-être, et à cette seule condition, entre spécialistes maîtrisant un langage qui leur est propre. On verrait mal un visiteur médical expliquant l'action anti-athéromateuse de son produit à un médecin et disant : « Il agit sur les petits paquets de graisse qui obstruent les artères... » ; ou l'ingénieur technico-commercial s'adressant à un chef de fabrication : « Cette huile est étudiée pour faire en sorte que cette espèce de bâton métallique qui monte et qui descend dans son logement ne frotte pas et... ». Bien sûr, cela est caricatural. Personne n'oserait parler ainsi face à un spécialiste.

Connaître le langage du client veut donc dire qu'il faut adapter ses propos en fonction du niveau de compréhension de son interlocuteur. Ce n'est pas chose aisée. Autant il n'est pas toujours facile d'expliquer simplement ce qui est ardu et compliqué, autant il est parfois difficile de se faire reconnaître comme compétent par le spécialiste d'une branche d'industrie.

Dans ce dernier cas, il est important que le technico-commercial se constitue le stock des trente à cinquante mots et chiffres propres à son activité, de dix à vingt noms de constructeurs et types de matériel les plus couramment en service. C'est sur des exemples précis, des résultats d'application chiffrés, semblables aux problèmes soulevés par son interlocuteur ou comparables, que le technico-commercial en les lui présentant, en les lui commentant, devient crédible aux yeux de son interlocuteur. Cette reconnaissance progressive de sa compétence ne se travaille pas dans le flou à partir de vagues opinions, mais sur du concret, sur des faits, des chiffres, des mots dans le langage du client. C'est ainsi qu'il se fera reconnaître, lui-même, comme un expert et un conseiller.

Trois aphorismes qui en disent plus sur ce sujet que de longs discours :

- « C'est pour se faire entendre de son interlocuteur que l'on parle, non pour se faire plaisir à soi-même. » (P. Lavaud)
- « L'important n'est pas ce que je dis mais ce que tu retiens. »
- « On entend ce que l'on attend. » (J. Fourastier)

Ces expressions qui détruisent la confiance

Esope disait que « la langue est la meilleure et la pire des choses ». Elle nous permet, comme nous l'avons vu dans le chapitre précédent, de savoir nous montrer crédibles. Elle nous joue aussi parfois de sacrés tours. Et puisque nous avons commencé ce paragraphe par une référence à l'Antiquité, restons-y avec Mercure qui, dit-on, était le dieu des voleurs... et des commerçants. Voilà le drame et l'indigne suspicion : qui dit vendeur dit voleur et menteur. Et dès que vous vous présentez face à un client, ne pense-t-il pas aussitôt : « Ce conseil qu'il me donne, va-t-il dans le sens de mon intérêt bien compris ou n'est-ce pour lui qu'un moyen parmi d'autres de faire du chiffre, de prendre une commande ? »

Soyons vigilants dans nos paroles et méfions-nous de ces mots qui, s'ils ne sont pas analysés, disséqués rationnellement par le client, sont pourtant ressentis négativement et finissent à la longue par détruire notre crédibilité et ce fameux climat de confiance.

Quels sont alors ces mots « destructifs » ?

Les mots qui engendrent la méfiance

Ceux qui soulignent et renforcent l'aspect commercial de notre démarche :

- Les quotas qui nous sont imposés, à nous commerciaux.
- Vous savez, moi, je ne suis pas technicien, je ne suis qu'un commercial.
- En faisant ma tournée j'ai constaté que vous n'étiez pas sur mon fichier.
- Nous venons de faire nos offres de service et nous voulons voir si vous n'avez besoin de rien.
- Je peux vous faire un prix.
- J'aimerais bien vous faire cette remise et ne pas louper une vente, mais franchement je ne peux pas.

Les opinions vagues en termes flous qui dévalorisent notre action :

- Monsieur Untel nous a récemment exprimé sa totale satisfaction. Il utilise nos produits depuis un certain temps déjà sans avoir jamais eu le moindre ennui.
- Les économies qu'il a réalisées ne sont pas négligeables.
- Il a noté une sensible amélioration.
- Le coût relativement peu élevé de ce matériel permet un investissement dans un temps plutôt court et vous réaliserez par la suite de substantielles économies.

- Le produit se révèle fiable : c'est ce qu'en disent la plupart de nos clients.

Ces appels à la confiance qui vont à l'encontre du but recherché ; ils sont très utilisés en politique mais vous discréditeront :

- Croyez-moi, vous ne regretterez pas cette décision.
- Honnêtement, je vous l'assure, vous faites une affaire.
- Faites-moi confiance.
- Sincèrement, madame Fontaine, cette proposition est très honnête.

Les mots qui font naître le doute

Ce sont tous ceux à charge négative (leur préférer ceux à charge positive), les conditionnels (parler au présent), les adverbes (présenter plutôt des faits, des chiffres), les termes d'intention (leur préférer les termes d'action), les interro-négatives (qui appellent des réactions négatives).

Ne dites pas	Dites plutôt
Pas de problème particulier au sujet de notre dernière proposition ?	Vous avez reçu notre proposition. Quel est le point qui a plus particulièrement retenu votre attention ?
Je vois que je vous dérange, pourriez-vous me consacrer quelques instants ?	Voici en quelques mots l'objet de ma visite…

Ne dites pas	Dites plutôt
Nous avons souhaité vous rencontrer au sujet du problème évoqué lors de notre dernier entretien.	C'est pour rechercher ensemble une solution au cas que vous nous avez soumis il y a dix jours.
C'est pour vous une dépense peu importante.	Vous récupérerez cet investissement en moins de trois mois.
Vous ne courrez aucun risque.	Il fonctionne en toute sécurité.
Ne pensez-vous pas pouvoir envisager une première application dans les mois qui viennent ?	C'est en cette période d'hiver que vous allez juger de l'efficacité de notre produit.
Vous semblez inquiet ! Qu'est-ce qui vous paraît obscur dans les points que nous venons d'évoquer ?	Vous ne semblez pas tout à fait convaincu. Sur quel point précis souhaitez-vous que nous revenions ?
Il est bien normal que vous preniez le temps de la réflexion.	Vous avez maintenant en mains tous les éléments pour prendre une décision.

Votre objection mérite d'être prise en considération.	C'est un point important sur lequel il faut s'arrêter.
Qu'est-ce qui vous empêche de prendre cette décision ?	Sur quel point de détail souhaitez-vous que nous revenions avant de prendre votre décision ?
C'est un produit connu.	Ce produit a fait ses preuves.
Faites-en l'expérience : vous ne courrez aucun risque.	Mettez-les en application : c'est en toute sécurité que…

Les mots qui font naître l'agressivité

Ce sont tous ceux qui mettent maladroitement en doute la parole de l'autre, qui attaquent de front et sans ménagement ce qu'il vient d'exprimer, qui ironisent sur ses faiblesses ou ses méconnaissances et qui le dévalorisent. Ils font naître en lui, par réaction, un réflexe d'agressivité, le besoin de se justifier ou de riposter avec violence ou décision.

Ne dites pas	**Dites plutôt**
Mise en doute de la parole de l'autre	
D'après ce que vous me dites ou si ce que vous me dites est vrai.	Dans ce que vous me dites il est un point qui retient plus particulièrement mon attention.
Ce que vous m'avez dit la dernière fois était très différent de ce que vous me dites aujourd'hui.	La dernière fois vous m'avez dit : « … » Quelles sont les raisons qui vous ont amené à évoluer dans ce sens, à modifier votre point de vue ?
Croyez-vous vraiment que nos concurrents puissent vous consentir 10 % de mieux ?	Est-ce vraiment à performance égale que ce prix vous est garanti ?
Mais non ! Vous faites erreur. Il est évident que ce n'est pas ce matériel qu'il vous faut mais celui-là.	On pourrait effectivement penser que c'est ce matériel qui est le mieux adapté mais en y réfléchissant bien et pour ces deux raisons « … » il me paraît que celui-ci est le plus conforme à vos besoins.

Ce que vous dites n'a aucun sens.	Je comprends très bien votre point de vue mais on pourrait voir les choses autrement…
Je ne vous suis pas du tout.	Sur ce point mon opinion diverge légèrement de la vôtre.
Vous êtes marrants, vous dites tous la même chose !	C'est une idée communément admise, effectivement ! Mais des preuves récentes semblent indiquer…
Dévalorisation	
Si vous aviez lu attentivement les indications du constructeur vous sauriez que…	Dans la documentation le constructeur attire tout particulièrement l'attention de l'interlocuteur sur ce point… Voulez-vous que nous y jetions un coup d'œil ?
Je tiens à vous faire observer que…	On me fait observer fréquemment.
Vous êtes équipé essentiellement de petits véhicules.	La puissance de vos véhicules est adaptée aux exigences du trafic.
Je ne sais pas si je me fais bien comprendre (sous-entendu vous ne comprenez rien).	Sur quel point de détail souhaitez-vous que nous revenions ?

Mais que faire alors avec un client agressif, irrité ou de mauvaise foi, me direz-vous ? Perdre son sang-froid ? Crier plus fort que lui ? Lui faire sentir que c'est un menteur ? Dans bien des cas, ce n'est pas la meilleure formule pour le calmer, pour restaurer ce climat de confiance naturelle… et continuer à faire des affaires.

Il crie. Répondez avec calme. Pour se battre, il faut être deux. Si vous refusez le combat, il s'apaisera rapidement.

Il ment. Il exagère. Ne le contredisez pas. Inutile de se quereller, de discuter. Il n'est pas en état d'accepter ce que vous direz. Votre agressivité renforcera la sienne ou le fera battre en retraite, si effectivement vous avez réussi à lui faire prendre conscience du peu de fondement de son irritation ou de son erreur. Mais alors ? Croyez-vous que le client ne vous fera pas payer un jour le fait que vous lui ayez fait perdre la face ?

Toute contre-attaque ne fait que l'exaspérer et les aspects subjectifs l'emportent sur tous les éléments objectifs et rationnels. Gardez votre calme, soyez maître de vous et évitez tout ce qui pourrait renforcer et aviver sa mauvaise humeur ou sa mauvaise foi.

Les vendeurs ne sont pas des redresseurs de torts, ce qui leur importe c'est de faire de bonnes affaires, avec les clients qu'ils ont, tels qu'ils sont.

Et si parfois certains ne sont pas comme nous souhaiterions qu'ils soient, est-ce bien au vendeur de vouloir les changer ?

L'affirmation de soi

Certains pourront dire que la maîtrise de soi peut enlever toute spontanéité au vendeur. À trop se regarder, s'étudier, se mettre en retrait, on perd de son enthousiasme et de son naturel. C'est vrai. Tout comportement préfabriqué serait reçu négativement par le client. Notre conviction est que la relation doit rester vraie, authentique, en évitant toutefois de se laisser submerger par les émotions.

Il ne s'agit pas de camoufler ou de jouer les Tartuffe. Il s'agit de dire ce que l'on a à dire mais en trouvant les mots, les expressions qui préservent la qualité de la relation.

Se taire alors que nous sommes en désaccord serait une erreur. Dire ce que l'on a à dire d'une manière brutale ou péremptoire, serait une autre erreur. La difficulté est d'exprimer ce que l'on sait et ce que l'on ressent en utilisant une forme qui respecte nos droits, nos positions, tout en respectant ceux du client.

Les Américains nomment ce comportement *assertiveness*, terme que nous pouvons traduire par « assertivité » ou « affirmation de soi ». Comment peut-on le définir ? C'est le comportement généralement le mieux adapté à la réussite d'un objectif clair et qui assure des relations saines avec les autres.

L'*assertiveness* c'est aussi :

- adopter un comportement constructif et positif pour maintenir une bonne communication avec le client ;
- exprimer clairement et simplement sa position ;
- formuler un refus sans agresser ;
- répondre aux objections sans verser dans la polémique ;
- savoir refuser sans se sentir coupable ;
- insister ;
- oser et demander sans complexe ni gêne ;

– tout faire pour désamorcer les situations conflictuelles ;
– refuser de se dévaloriser ;
– garder son sang-froid ;
– exprimer ses sentiments ;
– éviter les opinions à l'emporte-pièce, les jugements critiques.

Ce comportement d'affirmation de soi s'oppose à trois comportements malheureusement trop fréquents dans les relations professionnelles et qui sont les pires acides pour dégrader un climat.

5. La passivité : le vendeur ne fait pas face aux situations présentées par le client. Il a peur de contredire. Il « s'écrase », il cède. Son angoisse est l'affrontement ou tout simplement le désaccord.
6. L'agressivité : là, le vendeur réagit d'une manière brutale. Il s'oppose sans nuance, sans s'interroger sur la manière dont le client encaisse ses réactions. Ce comportement l'incite à dominer le client, à avoir toujours raison, à ne pas céder d'un pouce.
7. La manipulation : le vendeur ruse, fait semblant de prendre en compte les intérêts du client, mais il ne se préoccupe, en réalité, que des siens. Fausses promesses, mensonges ou double langage sont ses armes.

Avis d'expert

Ricardo Croati, coach et expert en neuroscience cognitive et comportementale. Dirigeant de France Training

De combien de partie est composé le cerveau et quelles sont leurs fonctions ?
Le cerveau est un organe très complexe, composé de deux modes mentaux de fonctionnement qui cohabitent et interagissent ensemble depuis des dizaines de milliers d'années, et qui nous permettent aujourd'hui de comprendre les mécanismes du stress humain.
Le mode mental automatique (MMA) : partie du cerveau qui renferme notre conscience spontanée. Ce mode mental est basique et binaire. Il pense et agit selon des règles simples : bien/mal ; bon/mauvais ; vrai/faux. Lorsque nous ressentons du stress, notre mode de perceptions des choses se fait par le regard de la routine (habitudes), de la persistance (rigidité), de la simplification (vision tranchée), des certitudes (sentiment de réalité), de l'empirisme (recherche du seul résultat) et de l'image sociale (besoin du regard des autres).
Le mode mental préfrontal ou adaptatif (MMP) : partie du cerveau qui se situe juste derrière le front et renferme tout ce que le MMA ne sait pas faire. Il est nuancé et multitâche, capable de gérer les situations inconnues ou complexes. Il a également le pouvoir d'accroître à l'infini notre conscience. Mais au contraire de notre mode mental automatique, nous avons besoin de notre volonté pour le mobiliser.

»

» **Quelle partie du cerveau commande nos comportements refuges ?**
Les comportements de fuite, de lutte et d'inhibition d'action sont logés dans la partie reptilienne alors que l'assertivité, pour s'exercer, doit être générée par la partie préfrontale, là où se loge l'intelligence adaptative.
Comment pouvons-nous mobiliser nos ressources pour être assertif face à une situation difficile ?
Pour être efficace et calme face à une situation stressante, difficile ou complexe, il est nécessaire de regarder le problème avec un autre regard et sous six aspects propres au cerveau préfrontal.

- La curiosité consiste à regarder le sujet qui stresse (situation ou personne) avec un regard totalement neuf, sans préjugés.
- L'acceptation est probablement le facteur d'assertivité le plus puissant, associé aux autres. Elle permet de s'ouvrir émotionnellement en intégrant l'échec ou la souffrance ou encore le désaccord de notre interlocuteur, et ainsi de se donner la possibilité d'apprendre, d'avancer.
- La nuance c'est l'opposé de la conception dichotomique d'un problème. Les choses ne sont jamais blanches ou noires, bien ou mal. En nuançant on s'autorise à voir les liens entre les choses, et leur complexité.
- La relativité, c'est avoir conscience que notre point de vue de la situation nous est très personnel, et qu'il existe une réalité plus large, plus subtile qui nous permet de sortir de l'enfermement de nos certitudes sclérosantes.
- La réflexion logique est indispensable pour comprendre la complexité du problème ou de la personne qui nous stresse. Comprendre les mécanismes cachés derrière ce qui paraît simple.
- Et pour terminer, l'opinion personnelle étant l'inverse de l'image sociale, celle-là même qui a un pouvoir stressant très puissant, puisque nous subissons sans le vouloir le diktat du jugement des autres. En nous libérant de cela, nous pouvons penser et agir avec un prisme libéré de contraintes extérieures tout en les intégrant.

Exemple[1]

Mon responsable hiérarchique vient me voir pour me parler d'un changement de bureau que je n'ai pas demandé ni même envisagé.

Tableau 7.1 – Les « 6 lunettes » pour voir et agir en mode mental adaptatif

	Mode mental automatique	Mode mental adaptatif	
Routine	« Je n'ai pas envie d'écouter ce qu'il me dit, ça m'énerve ce changement, je ne comprends pas bien d'ailleurs quelles peuvent être ses motivations, et je ne veux pas chercher à le savoir ! »	« Tiens, voyons voir ce qu'il me dit. Je vais examiner ses arguments, qu'est-ce que ça me coûte pour l'instant ? »	**Curiosité**
Rigidité	« Je ferai tout pour ne pas changer de bureau, il y a sûrement un moyen d'échapper à cette contrainte, je me ferai fort de lui montrer la stupidité de cette idée. »	« J'accepte cette situation car elle existe. Je m'adapte. Changer de bureau peut être une très bonne chose pour moi. »	**Acceptation**
	« Je ne vais pas me laisser faire. »	« Tout est possible, après tout. Changer de bureau ne va pas m'empêcher de continuer à faire mon boulot comme je l'entends. »	
Simplification	« C'est toujours la même chose. »	« Quels sont les avantages de cette situation, en quoi changer de bureau va m'apporter autant de satisfaction que le précédent, voire plus encore ? »	**Nuance**
	« C'est nul ! Ça fait bien de changer, alors on change ! Comme ça, on se donne bonne conscience. Il veut juste montrer que c'est lui le chef, le champion du monde de l'innovation, et puis c'est tout ! Tu parles ! »	« Les choses ne se réduisent pas seulement à mon changement de bureau. C'est sûrement plus complexe que ma simple situation. Et puis quand bien même cela me paraîtrait simple, ce qui est simple, pour les uns, ne l'est pas forcément pour les autres. »	

»

1 Cet exemple est proposé par Ricardo Croati.

»

	Mode mental automatique	Mode mental adaptatif	
Certitudes	« De toute façon quoique je fasse ils refuseront d'entendre ce que j'ai à dire. » « Je suis très bien comme je suis, moi, dans ce bureau. C'est quoi le problème ? Je ne vois vraiment pas ce que ça va changer ! »	« Qu'y a-t-il derrière cela de plus important ? Ce n'est qu'un changement de bureau. L'essentiel est ailleurs. » « Si je me mets vraiment à la place de mon responsable, je pourrais peut-être mieux comprendre les raisons de ce changement. Je ne suis pas tout seul en ce bas monde, après tout ! »	**Relativité**
Empirisme	« S'il suffisait de changer de bureau pour être plus efficace, ça se saurait. Et puis je fais du bon boulot, après tout ! On ne change pas une équipe qui gagne ! »	« Si ce changement peut servir à quelque chose, même si je ne suis pas directement concerné et même si ça n'est que symbolique, pourquoi pas ? »	**Réflexion logique**
Image sociale	« Je ne vais pas me laisser faire. Si je lâche là-dessus, c'est foutu, on va penser que c'est un aveu de faiblesse, qu'on peut me demander tout et n'importe quoi ! » « Que vont penser les collègues ? »	« J'assumerai ce changement, quoi qu'il arrive, et si je pense que cela peut nuire à mon travail, d'une manière ou d'une autre, j'en parlerai à mon responsable. » « J'expliquerai calmement ce que je pense. »	**Opinion personnelle**

Pour conclure, en MMA, ça passe ou ça casse (stress). En MMP on s'adapte, on envisage toutes les solutions, on rebondit (calme).

Face à ces trois comportements, celui de l'affirmation de soi est, à l'évidence, celui qui permet de maintenir, sur la durée, un climat de confiance. Ce comportement assertif est facile à mettre en œuvre quand le client lui-même adopte un comportement de ce type. Il est plus problématique quand le vendeur doit le garder en permanence, avec des clients brutaux, méprisants, dissimulateurs ou fuyants. Mais cela se cultive, s'entretient. Apprenons, petit à petit, à maîtriser cette maturité émotionnelle qui permettra au bon climat créé de se prolonger affaire après affaire.

Exemple

Voici comment un commercial grand compte a fait preuve d'assertivité face à un directeur financier d'une grande entreprise – La Générale – lorsqu'il présenta son offre de location de voiture longue durée pour les collaborateurs de l'entreprise. Après 15 minutes d'entretien, le client reste silencieux, il répond peu aux questions du commercial, ses réponses sont courtes (soit une attitude de passivité ou de manipulation). Il est difficile dans ces conditions pour notre commercial grand compte de réaliser une vente ou au moins d'avoir la chance de faire une proposition commerciale.

- Un vendeur peu expérimenté aurait tendance à continuer à dérouler son plan de vente sans interpeller son prospect. Mais il n'en penserait pas moins. Et de retour au bureau il dirait à son directeur commercial, à quel point il est inutile de travailler avec La Générale.
- Un vendeur expérimenté pourrait avoir tendance à manipuler. Il se dirait à lui-même : « Toi, mon ami, tu ne sais pas ce que tu perds, je passerai voir ton DG ». Ou bien il attaquerait, le ton pourrait monter : « Je n'ai pas l'impression de vous intéresser » ; pensant que s'il perdait cette vente, « ce n'est pas bien grave, des prospects il y en a partout et bien plus accueillant, inutile de perdre son temps ».

L'attitude la plus efficace a été pour ce commercial d'être assertif. L'objectif est d'aboutir à un échange constructif. Il a exprimé à haute voix ce qu'il percevait et ressentait.

- Il exprime les faits : « Cela fait 20 minutes que nous avons débuté cet entretien, je vous ai posé 5 questions auxquelles vous avez répondu avec peu de mots ». Pour être assertif, le plus dur est de ne jamais exprimer une opinion car celle-ci peut être contestée et faire l'objet d'un débat.
- Après avoir donné les faits, il exprime son sentiment : « Je suis gêné de cette situation ». La force de l'assertivité réside dans l'expression de son sentiment authentique. Il s'agit d'exprimer le plus sincèrement son émotion, d'utiliser le « je suis » avec son ressenti.

Je suis surpris, je suis ennuyé, je me sens agressé...

L'intérêt de cette technique est que le client prend conscience de l'impact qu'il a sur vous. Et si ses intentions ne sont pas saines, cela permet de crever l'abcès. Si c'est un manipulateur, il sera lui-même gêné car démasqué. Si c'est de la passivité de sa part, il prendra conscience de son comportement et pourra en changer.

Après l'expression de votre ressenti, vous enchaînez sur une question pour proposer une alternative à ce démarrage d'entretien : « Comment continuons-nous cet entretien ? ensemble ? », puis faire silence.

Dans cette dernière étape, il s'agit de rechercher une solution ensemble. Les mots « nous » et « ensemble » sont importants, ils impliquent notre client. En procédant ainsi, le directeur financier avoue : « J'ai rien contre vous. Simplement aujourd'hui l'offre que j'ai me convient et je ne vois pas bien ce que vous allez m'apporter ».

De ce fait, le commercial a pu se repositionner dans l'entretien et montrer ses différences par rapport à la concurrence (en utilisant le plan de vente persuasif PARADIS).

Le DESC, outil mnémotechnique pour être assertif

D'après *Sharon A. et Gordon H. Bower*

D écrire les faits. Expliquer des faits concrets, observables qui sont incontestables et vérifiables.

E xprimer son ressenti. Communiquez l'émotion authentique que vous ressentez (angoisse, peur, surprise, ennui, joie). Le plus difficile est de verbaliser son émotion et de le dire avec « je suis ».

S uggérer des solutions. Il s'agit d'indiquer les solutions possibles ou de les co-construire avec l'autre.

C onclure sur les conséquences positives. Il s'agit de projeter l'autre sur les conséquences positives de leur choix commun ; et inversement les conséquences négatives s'ils persistaient sur leurs positions.

Précautions à prendre

- Agissez rapidement mais au bon moment, ne laissez pas la situation se détériorer.
- Bannir les opinions de votre discours : je pense que, je crois que…
- Rechercher des faits probants.

Développez votre capacité à créer un climat de confiance

Les bonnes questions à vous poser

- Suis-je, en permanence, vigilant à la manière dont je conduis mes entretiens de vente et suis-je autant centré sur la qualité de la relation que sur les connaissances techniques que je dois apporter à mon client ?
- Ai-je confiance en ce que je vends et suis-je capable d'en parler avec enthousiasme (bien sûr, sans exagération et sans lui « dorer la pilule ») ?
- Fais-je en sorte que le client n'ait pas le sentiment que j'offre à d'autres des avantages ou des faveurs qu'il n'aurait pas ? La fermeté que je déploie est-elle considérée comme une égalité de traitement quel que soit le client ?

• Suis-je gêné quand je dis « non » à un client ou suis-je capable de formuler mon refus avec tranquillité et sans complexe ?
• Est-ce que je me fixe comme ligne de conduite de respecter toujours mes engagements ?
• Est-ce que je me force à adopter un langage compréhensible par mon interlocuteur ?

Les points-clés à respecter

• Ne concédez pas trop facilement. Restez ferme sans être rigide. Le « geste commercial » trop facilement accordé peut être vécu comme un dû ou comme une incitation à demander plus.
• Osez refuser ce qui n'est pas acceptable. Faites-le avec gentillesse et compréhension.
• Sachez, en toute occasion, respecter la parole donnée.
• Ne vous faites pas plaisir et ne vous donnez pas des allures d'expert en employant des mots ou des jargons techniques qui risquent de ne pas être compris par lui.
• Gardez en toute occasion votre calme et votre sang-froid quelle que soit l'attitude du client.
• Apprenez à maîtriser ce qu'on appelle « la maturité émotionnelle » et à développer votre self-control.
• Refusez la polémique.

L'essentiel

▸▸ Inspirer confiance est un des points essentiels de la vente. Elle ne peut être que contagieuse et le fruit d'une estime de soi, de son produit et de l'entreprise que l'on représente.

▸▸ La confiance se décline par la capacité à créer vis-à-vis du client un climat d'empathie, un vocabulaire adapté, une attitude congruente avec soi-même et le client ; le climat général de l'entretien doit être à la fois une ouverture vers l'autre et une fermeté bien posée.

▸▸ L'équation de la confiance pourrait être : expertise + considération + fiabilité.

▸▸ L'affirmation de soi et le DESC sont des techniques qui peuvent aider les vendeurs dans toutes les situations difficiles.

Chapitre 8

Quatrième principe : commencer par les avantages

Executive summary

- **Décliner** les caractéristiques n'est pas suffisant pour donner envie au client de saisir l'offre qui lui est proposée.
- **Faire comprendre** ce que l'offre lui apportera nécessite qu'il adhère d'abord aux avantages de cette offre.
- **Pour savoir** à quels avantages il sera sensible, il faut auparavant avoir exactement identifié ce qu'il attend.

Un produit, un service, ce sont des caractéristiques et des avantages

Un produit n'est pas une fin en soi. Ce qui compte, c'est le besoin qu'il va satisfaire. Il arrive fréquemment que des vendeurs « techniciens » ne présentent au client que les caractéristiques techniques du produit. Si le client a peu d'imagination, il ne verra pas ce que ces caractéristiques pourront lui apporter.

Si le commercial dit : « Mon produit contient en plus x % de silicates... », le client sera peut-être très content de l'apprendre, mais ce qui l'intéresse vraiment, c'est de savoir que ces silicates ont été mis là pour empêcher la corrosion, ce qui garantit une meilleure longévité des cuves et donc une économie. Les caractéristiques techniques indiquent ce qu'est le produit et de quoi il est fait. Ce n'est pas suffisant. Le client cherche à savoir ce que le produit va lui apporter : **à quoi il sert**.

La première grande règle de ce principe est de ne jamais avancer une caractéristique technique sans y ajouter l'avantage que le client va en retirer.

Exemple

« Cet appareil a un obturateur à focale variable qui va de 1,8 à 22, ce qui vous permet, en agissant sur cette bague, de prendre des photos aussi bien dans des endroits très sombres, comme l'intérieur d'un appartement, qu'en plein soleil, en été, à la plage, par exemple. »

« Ce nouvel emballage a un couvercle où on a remplacé le grillage métallique par de fines tubulures en plastique rigide, ce qui vous permet d'empiler beaucoup plus haut les caisses les unes sur les autres, sans risque de les voir s'écrouler. Cela vous fera gagner une place considérable au sol. »

« L'argumentaire sera mis au point en groupe d'une manière participative, ce qui favorisera un échange constructif entre les participants. En s'impliquant dans cette œuvre collective, ils seront mieux armés et plus enthousiastes à la défendre en clientèle. »

Les caractéristiques techniques : « C'est fait de... »

Les avantages : « C'est fait pour... »

Les premiers situent le produit dans l'optique du fabricant et intéressent peu le client. Les seconds le situent dans une optique d'utilisateur.

Mais, me direz-vous, chaque produit satisfait un nombre de besoins différents qui varient d'un client à l'autre. Pour une même marchandise, tel client sera plus sensible à l'aspect « économique » et tel autre à l'aspect « prestige ». Très juste. Vous avez totalement raison et c'est là que réside la difficulté. Il y a autant d'idées par produit qu'il y a de clients et les mobiles d'achat sont multiples.

Ainsi, dans le premier exemple, les motivations d'achat de l'acheteur de l'appareil photo pouvaient être : posséder par orgueil un appareil sophistiqué (« Je vais épater la galerie et surtout mon cousin qui se targue d'avoir tous les appareils dernier cri »), par sécurité (« Je suis sûr, où que je sois, de ne pas louper de photos »), par économie (« Un bon appareil, ça coûte moins cher à l'usage que ces appareils de quatre sous qu'il faut toujours réparer »).

Ce qui veut dire qu'énoncer un avantage avec une caractéristique technique c'est bien, mais pas suffisant. Il faut savoir si un avantage correspond bien à une attente ou un besoin du client avant de l'avancer.

Tout l'art de la vente est, avant de convaincre, de déceler les besoins, les motivations du client. C'est en ce sens que la vente se différencie de l'information qui est neutre et qui peut être récitée, sans prendre en compte les attentes de celui qui se trouve en face. Toute vente bien conduite passe par la détection des attentes du client. Lorsqu'elles sont confuses, lorsqu'elles ne sont pas clairement définies, c'est au vendeur qu'il appartient d'aider son client à les préciser et à les exprimer.

Ces attentes se situent sur des plans différents.

Déceler les attentes, les motivations d'achat de vos clients

Dans le deuxième exemple cité plus haut, sur les nouveaux emballages, les mobiles d'achat concernant l'amélioration des couvercles auraient pu être :

- « J'équipe mes magasins avec du matériel moderne. » (Orgueil ou sécurité pour mes employés.)
- « Je rends le rangement et le travail plus faciles. » (Meilleure performance par rapport aux méthodes précédentes.)

- « J'améliore la rentabilité au mètre carré. » (Meilleure utilisation de l'aire de stockage.)

Les 3 niveaux d'attentes client

Les trois niveaux où se situent les attentes sont :

- d'ordre psychologique. Elles correspondent à nos motivations, orgueil, sécurité, confort, pouvoir, intérêt pour autrui, nouveauté, développement durable ;
- d'ordre fonctionnel basé sur l'utilisation plus facile, plus commode, plus durable, plus adaptée ;
- d'ordre rationnel : meilleur prix ou meilleure performance à prix identique.

Vous trouverez des acrostiches qui répertorient les motivations : SPICIES, SONCAS (sympathie, orgueil, confort, argent, sécurité)...

Il est indispensable de connaître son client avant d'avancer un avantage et d'avoir au préalable décelé ses goûts, ses préoccupations, ses désirs.

La séquence efficace est donc :

1. Déceler les attentes du client.
2. Choisir une caractéristique technique.
3. Ajouter un avantage.

Mais il existe une règle encore plus efficace qui est de commencer non pas par les caractéristiques techniques mais par les avantages.

Caractéristique technique + avantage : c'est bien.

Avantage + caractéristique technique : c'est efficace.

Exemple

Prenons un exemple pour illustrer cette règle et commençons par ce que ne devrait pas faire ce visiteur médical :

« Docteur, ce nouveau produit, le Nidryl, est un anti-inflammatoire et un antibactérien d'action locale dans le traitement des infections des voies respiratoires. Son principe actif est l'Idryline extraite du Linium Atérinium. À chaque diffusion de cet aérosol, sont émises 100 millions de particules et chacune a un diamètre de 5 microns environ... »

Croyez-vous que cela puisse éveiller l'intérêt du médecin ? Ce qu'il attend c'est de savoir ce que le produit va faire, ses effets positifs. Ce qui l'intéresse c'est son action sur la rapidité de la guérison, la diminution des signes cliniques, la disparition de la douleur.

Mais continuons à écouter notre visiteur médical…

« L'action anti-inflammatoire du Nidryl, parce qu'il agit localement, permet de fluidifier les sécrétions et de réduire l'œdème de la loge amygdalienne… » Si le médecin a eu le courage d'écouter attentivement, il comprend déjà mieux l'action du produit et voit ce que cette caractéristique technique permet. L'argumentation du visiteur médical, sur ce point, est-elle terminée ? Non, il y manque les avantages. Écoutons-le…

« Il procure ainsi un soulagement extrêmement rapide de tous les symptômes gênants : douleur, aphonie, quintes de toux. » Ouf ! Il a fallu trois bonnes minutes de patiente écoute au médecin pour comprendre les effets du produit sur le malade.

Nous avions affaire-là à un médecin patient, bien disposé, mais la plupart des clients ne sont pas prêts à suivre les vendeurs dans leur galimatias ésotérique qui ne fait que satisfaire leur suffisance égoïste.

« De quoi c'est fait » m'intéresse, après avoir compris « à quoi cela sert et ce que cela va m'apporter ». Avant cela m'endort, m'irrite, me donne le sentiment de perdre mon temps.

Notre visiteur médical a compris. Il va refaire son argumentation en commençant par les avantages. Écoutons-le…

Exemple

« Supposons, Docteur, qu'un malade vienne vous voir avec une bronchite chronique, une gêne respiratoire importante, une forte oppression thoracique et une toux grasse. Ce produit, le Nidryl, procure un soulagement extrêmement rapide de tous les symptômes inflammatoires gênants : douleur, aphonie, quintes de toux… »

Le médecin visualise le malade et comprend ce que le produit va faire. Le médecin n'a fait aucun effort pour suivre. Le visiteur médical a fait revivre des problèmes qui sont la pratique quotidienne de ce médecin ; problèmes que le médecin doit résoudre et que le Nidryl, dans ce cas-là, semble résoudre. Il est donc intéressé, beaucoup plus que si l'on avait commencé par étaler toutes les caractéristiques techniques.

Mais ce que dit notre visiteur peut être gratuit. Après les avantages, il faut apporter des preuves, des explications. C'est ce qu'il va faire :

Exemple

« Cela est possible parce que le Nidryl agissant localement fluidifie les sécrétions en modifiant l'expectoration et réduit ainsi l'œdème de la loge amygdalienne... » Le médecin a compris comment le produit agissait. Il demande à savoir pourquoi. « À chaque aérosolisation, l'appareil émet 100 millions de particules d'Idryline, le principe actif du Nidryl. Chacune de ces particules a un diamètre de l'ordre de 5 microns, ce qui assure sa pénétration jusque dans les coins les plus inaccessibles des voies respiratoires. »

Les avantages doivent donner au client l'envie de posséder le produit. Ce n'est qu'ensuite qu'il faudra prouver que tout ce qui a été dit n'est pas gratuit et que si tel avantage existe, c'est bien parce qu'une caractéristique technique le permet.

Distinguer les avantages portant sur l'utilité, de ceux portant sur les qualités

Il faut également distinguer deux sortes d'avantages :
- les avantages portant sur l'utilité ;
- les avantages portant sur les qualités.

Les premiers à présenter sont ceux portant sur l'utilité. À quoi cela servirait-il de développer toutes les qualités du produit ou de l'offre si l'on n'a pas, au préalable, fait ressentir la nécessité de le posséder ?

Ce n'est qu'une fois l'utilité reconnue comme telle par le client qu'il faudra « vendre » les qualités. Plus l'utilité sera ressentie comme urgente ou importante, plus la vente aura une chance d'être effectuée. Ce n'est qu'après qu'il faudra la verrouiller par l'énoncé des qualités, en prouvant que l'offre qui est faite est soit la meilleure possible, soit celle qui correspond en tout point aux attentes du client.

Exemple

« L'avantage majeur de ce vidéo projecteur est qu'il est portable et très peu encombrant. Il est à peine plus grand qu'un attaché-case, ce qui vous permet de le transporter sans fatigue ou de le loger avec vous dans la cabine de l'avion sans avoir à le faire enregistrer… » Le vendeur avance des avantages portant sur l'utilité.

« Ceci est possible par le faible encombrement de la lentille de Fresnel qui n'est pas plus épaisse avec le socle qu'un centimètre et demi et en plus le bras, au bout duquel se trouve la lampe, est pliable… » Le vendeur, après l'avantage, énonce les caractéristiques techniques. Il lui faudra maintenant présenter les qualités propres à ce vidéo projecteur pour que le client, convaincu, n'aille pas acheter ailleurs.

« Encore faut-il que cet appareil qui va être bringuebalé dans tous les sens soit solide. Ce modèle est à la fois résistant et léger grâce à cet alliage de métal qui a été utilisé par la NASA… » Notre vendeur a fait la boucle complète. Il ne lui reste plus qu'à prouver ce qu'il avance au sujet de la solidité en tapant par exemple (ou en faisant taper le client, ce qui est encore mieux) sur un échantillon de métal.

L'équation des avantages

Avantages + caractéristiques techniques portant sur l'utilité + avantages + caractéristiques techniques portant sur les qualités. ■

Vendez vos différences

Dernière règle enfin, concernant ce quatrième principe fondamental, c'est qu'on ne vend pas la qualité pour la qualité, la fonction pour la fonction, l'avantage pour l'avantage. Ce qu'il faut « vendre » c'est ce que le produit apporte de plus, ou de différent des autres. Si vous vendez une qualité ou un avantage que tous les autres concurrents possèdent ou qui est la fonction même du produit, pourquoi voulez-vous que votre client vous achète, à vous, votre produit ? On n'achète pas une fourchette parce qu'elle a des dents ni un couteau parce qu'il coupe. Ce que l'on achètera, c'est ce qu'ils auront de plus que les autres ou de différent.

Les Américains disent « Quelle est votre promesse ? ». Qu'est-ce que votre produit ou votre offre me promet que les autres n'ont pas ? Dans la centrale d'achats d'une grande chaîne d'hypermarchés américains, un acheteur professionnel a épinglé sur sa porte une pancarte à l'usage des commerciaux, sur laquelle il a inscrit :

« Avant d'entrer réfléchissez à ces deux questions :

- Contre quel concurrent vous positionnez-vous ?
- Qu'apportez-vous de plus ?

Si vous ne pouvez répondre et apporter des preuves à ces deux questions, inutile de vous déranger... et de me déranger. »

La différence, cela peut-être simplement vous !

Combien de fois en tant que client, avez-vous préféré acheter tel produit ou service non pas pour la marque, le point de vente, mais simplement pour le vendeur ?

« Je préfère acheter chez lui, il est sympathique, il ne se prend pas au sérieux et en plus il est vraiment compétent. »

À produit équivalent, la différence c'est vous. Cela peut être la manière avec laquelle vous présentez le produit, comment vous aidez votre client à choisir, et puis simplement comment vous êtes. Il s'agit de votre capacité à séduire, à rassurer, à rebondir. À l'ère où tout se copie et où tout est copiable, les avantages différenciants ne restent pas longtemps sur le marché. Apple lance l'Ipad et des tablettes de toute marque apparaissent pour prendre les parts de marché. Certaines entreprises demandent à leurs commerciaux de s'habiller de la même manière, costume et cravate de même couleur ou gilet de l'enseigne. C'est utile dans les grandes surfaces pour distinguer un responsable de rayon d'un client. Mais pour les vendeurs itinérants et les commerciaux en B to B, même s'il existe des usages de tenue vestimentaire, il est indispensable de ne pas ressembler à son collègue et encore moins à son concurrent.

Attention, cela implique d'être excellent sur le plan de vente et les principes que nous venons d'évoquer. Mais une fois que vous êtes un commercial confirmé, reprenez votre personnalité, affirmez votre singularité et cultivez votre différence, ce sera le plus que vous apporterez à vos clients.

Développez votre capacité à commencer votre argumentation par les avantages

Les bonnes questions à vous poser

- Fais-je l'effort de toujours énoncer un avantage avant chaque caractéristique avancée ?
- Ai-je fait la liste de toutes les caractéristiques techniques de mon offre et ai-je, en regard de chacune d'entre elles, dressé la liste de tous les avantages possibles dont les clients pourraient bénéficier ?

• Pour asseoir mon argumentation et énoncer les avantages particuliers qui intéressent le client, ai-je bien recueilli auparavant ses attentes, ses besoins et ses motivations ?
• Parmi les avantages que j'énonce, est-ce que j'insiste particulièrement sur ceux qui apportent quelque chose de plus, de mieux, ou de différent que ce que peuvent apporter les concurrents ?

Les points-clés à respecter

• Souvenez-vous que ce qui intéresse le client, c'est ce que le produit, le service ou l'offre proposée lui apporte « à lui ».
• Pour éveiller son attention, partez de ses centres d'intérêt, du « bénéfice-client » avant même de développer les arguments (les caractéristiques).
• Terminez chaque présentation d'arguments par une question de contrôle pour vérifier son accord sur ce que vous avez avancé.

Les principes fondamentaux

Ce qui se fait trop souvent

• La récitation d'un monologue (le même à tous les clients).
• La projection. Le désir de convaincre et d'imposer son point de vue quels que soient les besoins ou les attentes du client.
• Vaincre le client. S'imposer avec force sans considération des préoccupations de l'autre.
• Présenter les caractéristiques techniques du produit sans parler des avantages.

Ce qu'il est préférable de faire

• Instaurer le dialogue :
– Pour éviter de laisser le client passif, indifférent, absent.
– Pour éveiller son intérêt et son désir.
• Faire preuve d'empathie : s'intéresser au client, à ses besoins, à ses motivations, à ses freins, avant d'essayer de le convaincre.
• Créer un climat de confiance :
– Être compétent. Être perçu comme un spécialiste.
– Rassurer. Avoir les comportements et les expressions qui conviennent.
• Être fiable dans la durée.
• Commencer par les avantages… avant de développer les caractéristiques techniques.
• Mettre en avant les différences de votre produit/service.
• Apporter le plus à votre client. La différence c'est aussi : « vous ».

L'essentiel

- **Chaque** caractéristique technique doit s'accompagner d'un avantage.
- **Avant** d'énoncer un avantage, savoir s'il correspond bien à une attente ou un besoin du client.
- **Présenter** les avantages avant les caractéristiques techniques du produit.
- **Commencer** par les avantages portant sur l'utilité avant ceux portant sur la qualité.
- **Se centrer** sur les avantages qui apportent quelque chose de plus ou de différent que les autres.
- **Cultiver** sa différence en tant que commercial.

Partie II

Les techniques de vente

Les neuf techniques essentielles

Les méthodes et principes de vente sont la philosophie de la vente, la coloration générale nécessaire pour qu'une vente ait toutes ses chances d'être conduite à bonne fin.

Les grandes lignes de force maintenant définies, il faut entrer dans les détails. Nous devons peaufiner, ciseler, fignoler. Il nous faut de bonnes intentions mais aussi apporter de l'attention. Le « comment être » est indispensable mais pas suffisant. Il doit être complété par le « comment faire ». Nous avons compris comment doit être notre vente. Il faut maintenant la démonter pièce par pièce, l'analyser, passer au crible tous les éléments qui la composent, mettre au rebut ceux qui sont indésirables ou inconvenants, garder et mettre en avant ceux qui nous serviront à augmenter nos chances d'enlever des affaires.

Ces lois de la communication, ces règles du savoir vendre, ces techniques de vente, nous les avons regroupées en neuf rubriques. Ce sont les neuf techniques essentielles pour nous donner de meilleures possibilités de réussir nos ventes. Neuf techniques qui devraient, à condition d'être capables de les appliquer (ce qui n'offre aucun doute !), nous aider à devenir de grands stratèges de la vente.

1. Prendre un rendez-vous téléphonique.
2. Prospecter sur les réseaux sociaux.
3. Accueillir un client (dans la surface de vente).
4. Réussir le contact.
5. Découvrir les besoins du client.
6. Argumenter.
7. Utiliser les objections comme appui à notre argumentation.
8. Présenter le prix.
9. Conclure au bon moment.

Chapitre 9

Première technique : prendre un rendez-vous téléphonique

Excecutive summary

▶▶ **Obtenir** un rendez-vous par téléphone est l'entrée délicate de l'entretien de vente, surtout avec un nouveau client. La préparation de l'entretien évite toute démarche stéréotypée et mécanique impersonnelle.

▶▶ **Préparer** un plan d'entretien est tout aussi essentiel que pour la vente proprement dite. De la qualité de ce plan dépend la concrétisation d'un rendez-vous et peut parfois même infléchir la suite des opérations.

▶▶ **Recevoir** des objections de la part du client peut débuter dès la prise de rendez-vous. Connaître et appliquer les techniques de réfutation de ces objections permettront d'avancer plus loin en levant les barrages.

▶▶ **Retrouver** dans la stratégie de prise de rendez-vous, les grandes lignes de l'entretien de vente sans anticiper sur ce dernier est nécessaire pour ne pas mélanger les objectifs à atteindre.

Le début d'une vente peut avoir lieu par téléphone

La première difficulté à laquelle va se heurter le vendeur est la prise de rendez-vous par téléphone. Dans le cas d'un client connu, cette difficulté ne devrait pas exister : ce contact téléphonique s'inscrit dans une suite d'entretiens, d'ajustements, de recadrages et d'échanges d'informations. De même si nous sommes recommandés, comme on l'a évoqué dans le chapitre 1 sur le niveau de fidélité que j'ai avec mon client.

Ce sera différent si cette prise de rendez-vous s'effectue auprès d'un prospect inconnu du vendeur. Et plus l'importance de l'interlocuteur est grande, plus ce rendez-vous risque d'être difficile à obtenir.

Les deux erreurs majeures trop souvent commises sont les suivantes :

- L'improvisation. Une prise de rendez-vous n'est pas un acte simple et doit se préparer minutieusement. Ce rendez-vous peut être le début d'une longue histoire. Reprendre contact avec un responsable de haut niveau après que le premier entretien a été refusé n'est pas du tout évident. Autant se préparer avec soin et mettre tous les atouts de son côté.
- La « technique », trop mécanique, qui donne l'impression à notre interlocuteur d'un argumentaire mille fois récité et qui ne peut que l'indisposer, voire l'exaspérer.

La méthode la plus simple est d'avoir un objectif (et un seul) et une approche construite selon des étapes clairement identifiées.

L'objectif de la prise de rendez-vous

Le seul objectif est de ne vendre qu'un rendez-vous. Le vendeur ne doit surtout pas tomber dans le piège de commencer à argumenter comme pourrait le demander le client. La méthode est simple : après les politesses et les identifications d'usage, aller droit au but : « Quand pouvons-nous nous rencontrer ? » Évidemment, ce n'est pas parce que le vendeur pose si clairement cette question qu'il obtiendra forcément un rendez-vous. Elle entraînera des réticences, des hésitations, des refus de la part du prospect. En général ces « objections » sont identifiables et en nombre limité. Il aura suffi d'avoir travaillé préalablement les réponses pour lever les objections et obtenir, dans un grand nombre de cas, le rendez-vous souhaité. Il n'en reste pas moins vrai que ces approches n'ont pas obligatoirement valeur de sésame et que l'interlocuteur a le droit de refuser. L'efficacité du vendeur s'évaluera au nombre de rendez-vous acceptés par rapport à ceux refusés.

La préparation

La préparation matérielle

- Choisissez un endroit calme en essayant le plus possible de vous isoler pour ne pas être « pollué » par un environnement agité et bruyant qui risquerait de troubler votre attention et de perturber votre communication.
- Téléphonez assis pour pouvoir étaler devant vous vos documents, vos papiers, vos fiches.
- Ayez à portée de main :
  - la fiche documentée du prospect, pour lire facilement les informations portées ou pour la mettre à jour ;
  - une feuille « argumentaire téléphonique » où vous avez noté les phrases d'accroche, l'objet de votre demande de rendez-vous, les réponses aux principales objections possibles, les questions pour relancer le dialogue si malgré les réponses aux objections le prospect est réticent à vous donner le rendez-vous ;
  - un bloc-notes et un stylo pour inscrire les points-clés de l'entretien ou noter diverses informations ;
  - votre agenda pour voir vos possibilités de contact et pour inscrire immédiatement le rendez-vous obtenu ;
  - la liste des appels à réaliser.

La préparation psychologique

- Installez-vous confortablement en essayant de vous décontracter avant et pendant les appels.
- Respirez à fond, de temps en temps, pour vous obliger à vous détendre et vous aider à garder votre calme quels que soient les refus essuyés.
- Un certain nombre de chefs de vente recommandent de commencer par les appels les plus faciles à obtenir pour renforcer la confiance et s'imprégner du succès. (Les échecs trop nombreux risquent de décourager et de faire perdre, petit à petit, son assurance au vendeur.)

L'expression

- Souriez, dès le début de l'appel, car le sourire « s'entend ».
- Ayez des phrases courtes, concises, précises pour ne pas faire perdre du temps à votre interlocuteur et pour inspirer confiance par une introduction sans détour du vendeur sûr de lui et sincère.
- Adoptez un ton chaleureux, courtois et convaincant.
- Surveillez votre voix. Soyez audible : ne parlez pas trop vite, ne parlez pas trop fort.
- Évitez de donner l'impression de réciter votre argumentaire. Ayez appris les phrases d'accroche et redites-les à voix haute avant les appels, pour vérifier qu'elles sont énoncées avec naturel et gentillesse.

L'entretien téléphonique

L'identification

Il s'agit, tout de suite après avoir dit bonjour, d'identifier votre interlocuteur et de vous présenter. C'est une première partie importante qui va conditionner le reste de l'entretien. En effet, votre appel téléphonique a pu surprendre votre correspondant alors qu'il effectuait une tâche, peut-être importante, et qui demandait de la concentration. Il a été interrompu. Votre rôle dans ces premières secondes est d'effacer cette possible contrariété par un ton de voix courtois et par une identification rapide et claire : « Vous êtes bien monsieur X ? ».

En même temps que cette identification, cherchez à savoir si votre interlocuteur est bien celui que vous devez rencontrer.

La présentation personnelle

Votre propre présentation doit se faire aussitôt après, d'une manière claire et assez lente, pour bien vous faire comprendre de votre interlocuteur.

Ce qui apparaît aujourd'hui comme le mieux adapté (sympathie, personnalisation, assurance) est de commencer par :
- le prénom ;
- suivi du nom ;

Sans jamais faire précéder par monsieur ou madame et suivi immédiatement :

– de votre fonction ;
– et du nom de votre entreprise.

Si votre société n'est pas connue de votre interlocuteur, il peut être bon de définir très brièvement la zone d'activité, limitée à sa préoccupation.

Objet de l'appel téléphonique

Une fois la présentation faite, il s'agit d'annoncer l'argument de nature à intéresser l'interlocuteur et à l'inciter à vous rencontrer.

Cette phrase doit avoir été préparée avec soin, car c'est d'elle que dépendra, en grande partie, la réaction de votre correspondant.

On peut être amené à la modifier si, lors d'une prospection systématique, on s'aperçoit qu'elle ne suscite pas l'intérêt escompté.

Pour éviter que votre interlocuteur ne vous demande de développer votre argumentation au téléphone, par un « De quoi s'agit-il ? » ou « Décrivez-le moi rapidement par téléphone » ou pire par « Envoyez-moi une documentation », il est préférable de commencer sa phrase par « Je voudrais vous présenter… », plutôt que par « Je voudrais vous parler… ».

Si le prospect insiste pour que vous développiez votre argumentation, l'échappatoire est de dire : « C'est justement parce qu'il est difficile de vous le présenter sans vous montrer… sa schématisation, son architecture, ses différentes options, son système de réduction des…, sa configuration… que je souhaite vous rencontrer. »

Une autre formule, assez semblable, est de dire : « Croyez bien que si je pouvais le faire par téléphone, ce serait avec plaisir. Je sais que votre temps est compté. C'est pour cette raison que je souhaite vous rencontrer un bref instant, pour vous présenter… ».

La demande de rendez-vous

Ne perdez pas de vue que la seule chose qui vous intéresse est la prise de rendez-vous. Donc, dès que vous avez annoncé l'objet de votre appel téléphonique et précisé que vous souhaitez rencontrer votre prospect, formulez simplement votre demande de rendez-vous par une proposition directe : « Quand pouvons-nous nous rencontrer ? » ou mieux, par une alternative : « Qu'est-ce qui vous convient le mieux, le début ou la fin de la semaine ? »

Vous laissez ainsi un pseudo-choix à votre interlocuteur, car au cas où il refuserait les deux termes de l'alternative, vous avez encore la possibilité de rebondir sur une autre date : « ce qui veut dire que la semaine suivante vous arrangerait mieux ou celle d'après ? »

Vous avez intérêt à partir large plutôt que de démarrer par une alternative trop précise qui donne le sentiment à votre prospect qu'on veut le coincer, comme : « Quand pouvez-vous me recevoir ? Mardi à 10 heures ou mercredi en fin d'après-midi ? »

La réponse aux objections

Les méthodes préconisées dans l'entretien de face à face sont également applicables dans l'entretien téléphonique. D'une manière générale, ne contrez jamais le client. Adoptez un ton courtois et amical.

Rejetez formellement les « Mais non, pas du tout... », « Vous n'y êtes pas, ce n'est pas du tout ça... ». Une réponse type est : « Je comprends ce que vous voulez dire, mais... », « Oui, et justement je voudrais vous présenter... ».

Ne cherchez pas à convaincre par téléphone, surtout une personne inconnue dont vous ignorez pratiquement tout et notamment ses centres d'intérêt. Il faut se contenter de faire en sorte que l'objection ne soit plus un obstacle majeur. Ainsi :

« De toute façon, je n'ai pas de budget pour cette année. Ce n'est pas la peine de vous déranger. »

« Je veux juste, à titre d'information, vous présenter les différences notables qui existent entre les solutions que je propose et celles que vous pourriez avoir par ailleurs ; quand pouvons-nous nous rencontrer, à la fin de cette semaine ou préférez-vous... ? »

Comme nous le disions plus haut, nous voyons bien dans cet exemple qu'il ne s'agit pas de provoquer un dialogue mais de passer le cap de l'objection pour revenir immédiatement à notre seul objectif : obtenir un rendez-vous.

Les principales réponses aux objections

Il n'existe pas de réponse type. À chacun de trouver puis de tester les réponses qui conviennent le mieux aux objections émises par le prospect. Rappelons-nous qu'elles sont en nombre limité et que de la même manière que le vendeur aura préparé les arguments pour solliciter le rendez-vous, il devra avoir travaillé les principales réponses aux objections. Les réponses que nous indiquons ci-après ne sont pas des modèles mais des exemples possibles.

■ Je n'ai pas de temps

Réponses : « Puisque vous avez peu de temps, je vous propose un premier rendez-vous rapide d'une quinzaine de minutes [ajouter la question alternative pour la prise de rendez-vous]. »

« C'est bien la raison qui nous empêche de nous rencontrer. Dans ces conditions, je vous propose le mois prochain ou le mois suivant. Prenons date dès maintenant. Quand cela vous arrange-t-il le mieux ? [plus question alternative] »

■ J'ai déjà ce qu'il faut

Réponse : « J'en suis persuadé, monsieur X, c'est pourquoi vous pourrez comparer facilement les [performances, résultats, économies à réaliser...] et il ne vous faudra qu'un bref instant pour décider si je peux vous être utile [plus question alternative]. »

■ Je suis content de mes fournisseurs

Réponses : « Je comprends que vous n'ayez pas envie de changer, monsieur X, puisque vous êtes satisfait. Vous savez donc précisément ce qu'ils vous apportent et ce que vous souhaiteriez avoir de plus. Je vous propose que nous voyions cela ensemble [plus question alternative]. »

« Si vous en êtes content, c'est que leurs résultats sont excellents. J'aimerais vous montrer les nôtres [plus question alternative]. »

■ Ça ne m'intéresse pas

Réponses : « Considérez, monsieur X, ce court rendez-vous comme un entretien d'information. Le jour où un problème se posera, vous aurez toutes les données pour le résoudre [plus question alternative]. »

« Justement, c'est pour vous présenter les nombreux avantages de notre approche que je vous propose de vous rencontrer un très court instant [plus question alternative]. »

« C'est normal que vous ne voyiez pas l'intérêt de mon appel puisque nous ne nous sommes pas rencontrés [plus question alternative]. »

■ C'est pourquoi exactement ?

Réponses : « C'est bien pour cette raison que je vous demande un rendez-vous. Si je pouvais le faire par téléphone, bien évidemment, je ne vous dérangerais pas et je ne me déplacerais pas. Soyez rassuré, l'entretien durera le temps que vous m'accorderez [plus question alternative]. »

« J'ai peur que les indications qui pourraient vous intéresser soient incomplètes par téléphone. J'ai besoin moi-même d'un minimum de précision pour vous présenter une solution parfaitement adaptée [plus question alternative]. »

■ Envoyez-moi votre documentation

Réponses : « Certainement, monsieur X. J'ai quand même peur qu'elle soit un peu trop générale et pas forcément adaptée à vos besoins précis. Et c'est probablement ce que vous recherchez. Je préfère vous la porter et vous la commenter [plus question alternative]. »

« Je la connais bien. Elle ne vous apportera pas le détail essentiel que vous recherchez et qui fait la différence entre plusieurs fournisseurs. Je préfère vraiment vous rencontrer, même un court instant puisque votre emploi du temps est chargé [plus question alternative]. »

■ Ce n'est pas moi qui m'occupe de cela

Réponse : « Pouvez-vous alors m'indiquer, monsieur X, qui est en charge de ces affaires ou mieux me le passer directement, par transfert de ligne ? »

Une fois le rendez-vous pris, confirmez immédiatement par écrit la date et l'heure exacte. Vous pouvez également téléphoner au secrétariat de votre prospect, un jour ou deux après pour demander des précisions sur l'adresse, le trajet le plus rapide, le parking. Cela vous permettra de vérifier que le rendez-vous a bien été noté sur son agenda et de créer un contact avec le secrétariat, ce qui pourra vous être utile par la suite.

Mais le rôle des assistantes est, dans la plupart des cas, avant même la prise de rendez-vous, de faire barrage et de gérer le temps de leur patron.

Franchir le barrage de l'assistante

Pour franchir le barrage d'un secrétariat efficace, évitez les phrases telles que :

- « Est-ce que monsieur Dupont est là ? »
- « Pouvez-vous me passer monsieur Dupont, s'il vous plaît ? »
- « Pourrais-je parler à monsieur Dupont ? »

Qui amènent neuf fois sur dix :

- « C'est à quel sujet ? »
- Puis : « Il est occupé » ; « Il est en réunion » ; « Il est absent pour le moment » ; « Rappelez ultérieurement » ; ou pire « Il m'a demandé que vous lui envoyiez de la documentation ».

Soyez assuré, ferme ou complice.

L'assurance

(Ton ferme) « Je souhaite parler à Jean-Pierre Dupont, s'il vous plaît, de la part de Jean-Paul Dubois de la société X. Merci. »

Le fait d'employer le prénom de votre interlocuteur, et de ne pas commencer par monsieur, laisse à penser que vous êtes déjà connu ou assez important pour ne pas douter qu'on vous passera la personne demandée.

Une formule complémentaire pour éviter le « C'est à quel sujet ? », est de dire « de la part de Jean-Paul Dubois de la société X, à propos d'un sujet qui le préoccupe actuellement. Merci ». Cette formulation renforce l'idée que vous êtes connu et au courant des préoccupations de l'interlocuteur dont vous souhaitez avoir le contact.

La fermeté

« [Monsieur ou mademoiselle], passez-moi monsieur Jean-Pierre Dupont, s'il vous plaît, et dites-lui que c'est de la part de Jean-Paul Dubois. »

L'incitation est forte et la formulation laisse supposer que vous êtes attendu.

La référence à une personnalité

« Bonjour, Madame, mon nom est Jean-Paul Dubois. Monsieur André Duroc a dû parler de mon appel à monsieur Jean-Pierre Dupont. Dans ces conditions, voulez-vous me le passer, s'il vous plaît. Je vous remercie. »

« Bonjour, Madame, je désire parler à monsieur Jean-Pierre Dupont. Je suis Jean-Paul Dubois de la société X. Dites-lui que j'appelle professionnellement de la part de monsieur André Duroc, mais que je souhaite m'entretenir personnellement un très bref instant avec lui. Merci. »

La complicité

« Bonjour Mademoiselle. Jean-Paul Dubois au téléphone. Je dois parler à monsieur Jean-Pierre Dupont mais je sais qu'il est très occupé en ce moment. Soyez aimable de me dire quand je peux l'appeler sans le déranger. Je n'en aurai que pour deux à trois minutes. Mais peut-être est-il disponible maintenant ? Dites-lui que c'est Jean-Paul Dubois à propos d'un projet de collaboration entre lui et notre société. Merci. »

« Bonjour Mademoiselle. Jean-Paul Dubois au téléphone. J'ai essayé à plusieurs reprises d'avoir monsieur Jean-Pierre Dupont, mais il était absent à chaque fois. Il n'y a que vous qui puissiez m'obtenir un rendez-vous. Je vais vous proposer plusieurs dates et je vous téléphonerai demain pour savoir laquelle vous avez pu obtenir. »

La prise de congé

Si le rendez-vous a été pris, reformulez d'une manière claire les modalités de cette rencontre. Par exemple : « Très bien, monsieur X, je serai chez vous, à telle adresse, le jeudi 12 juin. Je note sur mon agenda à 15 h 30. » Cela incitera, sans doute, votre interlocuteur à noter de son côté sur son agenda le rendez-vous.

Remerciez et saluez courtoisement.

Le soir même confirmez ce rendez-vous par écrit en y joignant, si nécessaire, votre documentation, et de toute façon votre carte de visite, notamment si votre titre vous situe à un bon niveau de qualification pour aborder l'entretien à venir.

Nous disions plus haut qu'il peut être intéressant de téléphoner, ou de faire téléphoner par votre assistante, au secrétariat de votre prospect, deux ou trois jours après pour demander de vous faxer l'itinéraire ou la raison sociale exacte. Cela commencera un courant d'échanges et permettra de vérifier que le rendez-vous a bien été noté.

Si le rendez-vous n'a pas été conclu, ne vous découragez pas. C'est le lot de tout commercial de ne pas réussir cent pour cent de ce qu'il entreprend.

Il vous reste pourtant trois solutions.

1. Essayez de nouveau quelque temps après. Il n'existe pas de citadelles inexpugnables.
2. Écrivez directement et personnellement à votre prospect, si vous n'avez pas franchi le barrage de l'assistante, en proposant deux ou trois dates assez lointaines pour avoir des chances de tomber sur des pages blanches dans son agenda. Téléphonez ensuite au secrétariat en faisant référence à ce courrier.

3. Cherchez parmi vos bons clients celui qui pourrait connaître ce prospect et demandez-lui de se faire votre ambassadeur pour obtenir ce rendez-vous.

Cet art de la conquête nécessite beaucoup de patience, de persévérance et de résistance à l'échec. C'est le prix à payer pour alimenter en permanence notre réservoir à contacts. Rappelons-nous ce que nous disions au début de cet ouvrage : les clients sont de plus en plus volages, infidèles, inconstants. Ils zappent d'un fournisseur à l'autre. Ce qui veut dire que nous devons sans cesse renouveler notre clientèle, partir en chasse, pratiquer l'affût et tout faire pour obtenir de nouveaux rendez-vous. La prise de rendez-vous téléphonique est le premier élément-clé de cette stratégie de conquête, sans cesse renouvelée.

Développez votre capacité à bien prendre un rendez-vous

Les bonnes questions à vous poser

- Suis-je clair avant d'appeler un prospect ou un client sur mon objectif et les moyens de l'atteindre ?
- Suis-je dans un endroit calme et suis-je totalement concentré pour effectuer cet appel ?
- Ai-je tout ce qu'il faut pour le réussir : bloc-notes, stylo, argumentaire téléphonique écrit, agenda, liste des réponses aux objections… ?
- Suis-je préparé aux barrages des assistantes et ai-je également à ma disposition une argumentation préparée qui me permette d'atteindre l'interlocuteur souhaité ?
- Est-ce que je confirme immédiatement par écrit, par fax ou par e-mail le rendez-vous pris ?

Les points-clés à respecter

- Commencez par les appels les plus faciles pour éviter d'être, au début des séances de prise de rendez-vous, en difficulté et en syndrome d'échec.
- Isolez-vous et concentrez-vous.
- Ayez un canevas écrit de votre conversation téléphonique en vue de l'obtention d'un rendez-vous avant d'appeler.
- Notez tout.
- Ne vous perdez pas dans de grandes phrases, circonvolutions, détours… Allez à l'essentiel qui est : la prise de rendez-vous.
- Ne cherchez pas à commencer la vente de votre produit ou service au téléphone. Vous le ferez quand vous rencontrerez votre interlocuteur, en face à face.

L'essentiel

- **Préparer** sa prise de rendez-vous est une étape fondamentale de l'entretien téléphonique préalable.
- **Respecter** des étapes sans en oublier une et ne pas anticiper sur l'entretien de vente proprement dit.
- **Aucun barrage** ne peut résister à la pugnacité d'un vendeur, il s'agit encore d'utiliser vocabulaire, méthode et attitude adaptés pour lever les freins de votre interlocuteur.

Chapitre 10

Deuxième technique : prospecter sur les réseaux sociaux[1]

Excecutive summary

▶▶ **Diriger** son investigation de la clientèle vers les moyens modernes de communication peut devenir un des éléments essentiels du commerce de demain. Se faire connaître sur Facebook ou Twitter est le début de ce travail.

▶▶ **S'insérer** sur des sites connus de millions de personnes et régulièrement consultés n'est pas un défi insurmontable : un peu de connaissances, un peu de temps et le tour est joué… Il y a forcément parmi ces millions de prospects les clients qui recherchent votre produit ou vos services.

▶▶ **Devenir** simple usager de réseaux sociaux connus ou créer son propre blog, voire son site Internet, démontre qu'il existe une solution pour chacun en fonction de son niveau d'intégration et de compétence dans l'univers du web.

1 Ce chapitre a été rédigé par Gaëlle Menin.

Prospecter sur les réseaux sociaux, c'est possible

Bâtir une stratégie de conquête, c'est saisir toutes les opportunités de créer des contacts et les transformer en clients. Vous avez vu dans le chapitre précédent comment augmenter rapidement vos contacts grâce à la prise de rendez-vous téléphoniques. Utilisez également, le plus souvent possible, la technique de la recommandation par les clients (*cf.* chapitre 1).

Mais ce n'est pas tout : il vous faut aussi prospecter par le web, vous servir des réseaux sociaux. Il y a deux ans, cette approche n'aurait pas été imaginable. Elle est maintenant indispensable pour mettre toutes les chances de son côté. Le web est un formidable outil pour tout vendeur un tant soit peu curieux. On y trouve absolument tout, à condition de savoir chercher : veille concurrentielle, informations sur son marché, informations quantitatives et qualitatives sur ses prospects et clients, fichiers (gratuits ou non)...

Mais c'est aussi un moyen de prospection astucieux. Le vendeur peut y nouer des contacts utiles qu'il transformera par la suite. Pour cela, deux conditions doivent impérativement être respectées.

Les deux conditions pour prospecter sur le web

- Ne pas en attendre de résultat immédiat : contrairement à la prospection téléphonique, la prospection sur les réseaux sociaux est un investissement dans le temps, qui paiera ; qui paiera même très bien si vous mettez en œuvre les conseils que nous verrons plus loin.
- Adopter une démarche différente de celle préconisée en prospection dite « traditionnelle » : au lieu d'aller vers le client, il s'agira de faire venir à vous le client. C'est ce que les techniciens de la vente appellent « passer du *push* au *pull* » et forcément, cela prendra un peu plus de temps.

Je vous propose de faire ensemble un voyage sur la planète des réseaux sociaux. Ce voyage sera court, l'objectif est de vous aider à bien utiliser les réseaux pour créer des contacts utiles en quatre clics, si j'ose dire.

Trois personnes, trois vendeurs nous accompagneront dans ce voyage :

- Laurent a créé une société de prestation de services et de location de matériel dans le domaine de la lumière et du son.

- Fabienne, créatrice textile, vend ses compositions et prospecte aujourd'hui à 80 % *via* les réseaux sociaux.
- Luca, agent en assurances, souhaite mettre à profit la puissance des réseaux sociaux pour élargir sa clientèle.

Ce qui réunit ces trois vendeurs, c'est la passion pour leur métier mais aussi, il faut le dire, une compétence informatique somme toute assez limitée.

Soyez donc tout de suite rassuré, vous n'aurez pas besoin d'être un *geek* pour utiliser cette prospection informatisée.

Les trois qualités dont vous devrez faire preuve : humilité, curiosité, et surtout, beaucoup de constance et de persévérance.

Suivez-nous dans l'aventure... ça commence maintenant !

Clic 1 : existez sur les réseaux sociaux

■ Un site Internet ?

La réaction première des commerciaux, quand il leur est proposé d'exister sur les réseaux sociaux, est l'incrédulité : « Ce n'est pas possible ! Il va falloir créer un site ! » Oui, dans l'absolu, avoir son propre site Internet, c'est un vrai plus. Mais créer un site Internet simple, attractif, ergonomique, différenciant, requiert des compétences informatiques que tout le monde ne possède pas.

Clairement, si vous n'avez pas dans votre entourage un webmaster, ni les moyens de payer les services d'un professionnel, abandonnez pour l'instant l'idée d'avoir votre propre site. Mieux vaut pas de site qu'un site qui fait artisanal, d'autant plus qu'il existe des moyens pour faire sans aujourd'hui.

■ Créez votre page Facebook

Quoi ? Une page Facebook ? Mais c'est réservé à la sphère privée, me répondrez-vous.

Un chiffre, un seul : en 2011, plus de 52 % des partages sur les réseaux sociaux l'ont été *via* Facebook. Bien sûr, une part notable de ces partages relève de la sphère publique : arrestation de Ben Laden, affaire DSK... mais pas uniquement !

En fait, je pensais moi aussi la même chose il y a encore quelque temps. J'avais mon propre compte Facebook, mes contacts étaient quasi exclusivement issus de la sphère privée : amis, famille, centres d'intérêt. Et les informations que j'y échangeais n'avaient que très peu d'impact sur mon business.

Mais récemment, mon amie Fabienne, notre fameuse créatrice textile, m'a permis de découvrir la page Facebook. La page Facebook, c'est un espace ouvert, très proche d'un site Internet. Contrairement au compte Facebook, il est à 100 % public, tout le monde peut le consulter sans faire partie de vos amis et il n'est pas limité en nombre de fans (vous ne pouvez pas avoir plus de 5 000 amis sur votre compte).

Personnalisez la présence de votre entreprise : ajoutez votre logo, insérez des photos, insérez-y un catalogue produits, présentez-vous, présentez votre société avec quelques mots très simples. Au fil du temps, vous l'enrichirez avec les événements importants dans votre activité, vous partagerez des informations sur votre métier, vous échangerez avec les personnes qui se sont abonnées à votre page.

■ Créez votre compte Twitter

Twitter est un réseau social de partage d'informations.

Les messages doivent faire moins de 140 caractères et sont instantanément publiés. Ils sont, dans l'absolu, accessibles au monde entier. Pour pouvoir partager efficacement, vous devez créer un réseau. Il vous suffit de suivre des gens (*following*) qui ont les mêmes centres d'intérêt que vous. Ils iront certainement faire un tour sur votre page et s'ils aiment ce que vous publiez, ils vous suivront à leur tour (*follower*). Le plus simple pour créer son réseau est d'intégrer celui de vos amis en suivant ses followings. Lorsque vous suivez quelqu'un, ses messages apparaissent directement sur votre page, pas besoin de vous rendre sur la page de vos following. Vous pouvez également y partager une information que vous jugez importante ; ceux qui vous suivent la verront directement apparaître sur leur propre page Twitter. Cette information peut être un texte, une photo, une vidéo.

En langage de networker, on dit que sur Twitter, l'information se propage de manière virale, et si vous réussissez à avoir parmi vos followers des influenceurs, l'information que vous mettez sur le réseau arrivera forcément aux prospects que vous voulez toucher.

L'inscription sur Twitter est gratuite, elle prend moins de 5 minutes et ne nécessite aucune compétence informatique !

Une précaution, néanmoins, pour vous qui souhaitez utiliser les réseaux pour toucher vos prospects, être abonné uniquement à Twitter ne présente pas d'intérêt autre que la veille ; vous devrez l'associer nécessairement à votre site Internet, votre page Facebook ou un autre réseau.

■ Allez sur les réseaux professionnels

Vous avez forcément entendu parler des deux plus connus : Viadeo et LinkedIn, ce dernier étant le leader mondial, Viadeo le leader français.

Comme la plupart de leurs concurrents, Viadeo et LinkedIn existent en version payante et en version gratuite. Bien évidemment, la version gratuite est plus limitée, mais elle offre tout de même des avantages certains.

Plusieurs intérêts sur ces réseaux :

- Le nombre d'abonnés et la possibilité d'opérer des tris par profession, domaine d'expertise, passion, région...
- La possibilité d'entrer directement en contact avec les personnes qui vous intéressent (plus limitée en nombre en version gratuite).
- La possibilité d'envoyer un message à l'ensemble de ses contacts.
- L'existence de forums (appelés hubs). Ce sont des forums de communautés, auxquels on peut s'inscrire en fonction de ses centres d'intérêt. Cela va des groupes qui s'intéressent à l'art contemporain en Europe centrale, à ceux qui s'intéressent à la veille économique. Autant dire que tous les centres d'intérêt, ou presque, ont un groupe sur ces réseaux.

■ Créez un compte vidéo

Vous avez tous une fois dans votre vie visionné une vidéo sur Youtube ou Dailymotion. Ce que vous ne savez peut-être pas, c'est que vous pouvez aussi créer votre propre compte sur un de ces sites. Vous verrez, dans la partie « Clic 3 », comment en optimiser l'utilisation.

■ Et nos trois vendeurs ?

Qu'ont-ils choisi ?

Fabienne a créé sa page Facebook et son compte Twitter ; ses clients sont majoritairement des particuliers passionnés de création textile. Elle n'a pas de site Internet. En revanche, elle a un compte Youtube sur lequel elle publie régulièrement des vidéos de démonstration de techniques de couture.

Laurent a pu mettre à profit les compétences informatiques d'un de ses associés et créer son propre site Internet, Technisons. Ses clients sont autant B to B que B to C. Il a été particulièrement vigilant au choix des mots-clés au moment de la création de son site, afin que celui-ci remonte dans les premières pages des moteurs de recherche, type Google. Il a créé une page Facebook, qui lui permet de toucher aussi bien des clients privés que professionnels.

Quant à Luca, il n'a créé ni compte Facebook ni site. En revanche, il a créé un compte Twitter, qu'il a relié au site Internet et à la page Facebook de la société d'assurances dont il fait partie. Il est également présent sur Viadeo et s'est inscrit à cinq hubs différents, parmi lesquels un hub de patrons de PME et un hub dédié à l'assurance.

Clic 2 : partagez sur les réseaux sociaux

Vous avez choisi vos médias, reste à les activer. Le leitmotiv sur les réseaux sociaux : partager.

■ Que partager ?

Absolument tout, en fait, à la seule condition que cela soit en lien avec l'expertise que vous portez et dont vous souhaitez faire la preuve.

Partagez tout ce qui vous semble intéressant au regard de votre expertise, même si cela vous paraît parfois très anodin :

- Des informations trouvées sur le net. Pensez à vous abonner aux flux RSS de tous les « *think tank* » dans votre expertise. Je vous recommande particulièrement Google readers ou Wikio, qui sont des agrégateurs de flux. Concrètement, vous pourrez, après avoir sélectionné les sources d'information qui vous intéressent, vous créer votre liste de lecture personnalisée. Une sorte de version moderne des bibliothécaires d'antan... Ainsi, Luca pourra partager, avec sa communauté, une enquête publiée sur le net et relayée par un des membres de son hub, sur les nouveaux besoins des patrons de PME en IARD.
- Des témoignages clients. La recommandation est un formidable levier, je l'ai déjà dit. Ce levier peut être encore démultiplié si la recommandation est publiée sur votre page Viadeo.
- Tout ce qui au quotidien vous plaît, vous interpelle, vous étonne. Mon ami Laurent est en perpétuelle veille. S'il assiste à un concert, il poste le jour même l'analyse du matériel utilisé, son ressenti sur la qualité du son. Un soir, j'étais dans Paris avec lui lorsqu'il a subitement sorti

son smartphone et pris en photo les décorations lumineuses de Noël, puis chargé les photos sur Youtube avec un commentaire expliquant les dessous de l'installation.
- Les commentaires que vous inspire votre participation à un salon, une conférence, un symposium.

■ Quand partager ?

Tout le temps, le plus souvent possible et le plus spontanément possible.

Adopter le réflexe de partage sur les réseaux sociaux ne répond à aucun plan média, aucun calendrier.

La spontanéité est votre seul guide ; la volonté de partager une information que vous auriez jusqu'ici naturellement gardé pour vous est votre seul mot d'ordre.

■ Comment partager ?

Sur la forme, mon seul conseil : oubliez tout ce que vous avez éventuellement appris sur la communication d'entreprise, la communication institutionnelle.

Écrivez simplement, comme si vos interlocuteurs étaient en face de vous, utilisez des émoticons, parlez de ce que vous éprouvez, ce que vous ressentez, adoptez un ton humain.

Si vous avez choisi d'être présent sur plusieurs canaux – Twitter, Facebook et Viadeo, par exemple –, relayez l'information sur les trois canaux. Cela vous permettra d'augmenter le nombre de personnes touchées. En revanche, adaptez la forme selon le canal : plus court et format SMS sur Twitter – la limitation d'un Tweet à 140 caractères vous y contraindra –, plus émotionnelle sur Facebook, plus exhaustive et plus proche de la communication d'entreprise sur Viadeo.

Je vous invite à être vigilant sur un point seulement : votre objectif n'est pas de vendre votre solution immédiatement, mais de prouver votre expertise, votre légitimité, votre sérieux. Partagez donc l'information, soyez suffisamment malin pour montrer que vous avez une excellente expertise, que vous savez innover, mais n'en profitez pas pour vanter vos produits ou services trop directement.

Clic 3 : donnez pour recevoir

Partager, c'est la base ; donner, c'est encore mieux.

■ Répondez aux commentaires, aux questions

Trouvez les bons hubs, les bons forums en lien avec votre expertise. Il existe aujourd'hui plus de 22 000 hubs sur Viadeo, le vôtre vous attend forcément. En dehors des réseaux professionnels fermés, il y a florilège de forums sur Internet, facilement repérables avec les moteurs de recherche. Il existe également des sites dédiés aux questions/réponses – Quora et Formspring sont parmi les plus connus –, sur lesquels le champ des questions est infini.

Inscrivez-vous, regardez les questions, contribuez régulièrement, n'hésitez pas à donner des conseils, répondre à des questions pointues... Sans tout dire, donnez envie de rentrer en contact avec vous ; ne donnez pas tout directement.

■ Donnez vos présentations

Si vous êtes amené, dans le cadre de vos activités, à réaliser des présentations formelles, mettez ces présentations à disposition de votre réseau. Vous pouvez la publier sur votre page Facebook, mettre un lien sur votre page Viadeo. Vous pouvez également utiliser le site Slideshare, qui est dédié au partage de présentations et sur lequel vous pouvez télécharger une présentation, même très volumineuse.

Ainsi, mon ami Luca, qui avait eu l'occasion de réaliser une présentation aux membres du Rotary Club de son département, l'a déposée ensuite sur Slideshare et a pu donner une seconde vie à cette présentation à l'auditorat initialement très confidentiel.

■ Organisez un webinar

Webinar est le terme anglais pour webinaire ou séminaire web. Autrement dit, il s'agit d'un salon, d'une conférence, à cette différence près que votre auditorat n'est pas en face de vous dans une salle, mais derrière son ordinateur, parfois à des centaines de kilomètres.

Pourquoi faire des webinars ? Parce que c'est un excellent moyen de réunir des contacts autour d'une problématique qui peut les intéresser, à moindre coût, pour vous comme pour vos participants... Mais aussi et surtout parce que cela semblera toujours, aux yeux de vos contacts, moins engageant que de se déplacer pour vous écouter.

Mon ami Laurent a organisé récemment, suite à une modification de la réglementation sur les systèmes H.F., un webinar sur la mise en conformité des parcs de micros, à destination de tous les possesseurs de micros : mairies, salles de spectacles, entreprises... Pendant vingt minutes, il a présenté, à l'aide d'un diaporama qu'il avait téléchargé, les modifications réglementaires, les actions à entreprendre pour se mettre en conformité. Puis, pendant trente minutes, il a permis aux invités de réagir, poser leurs questions. Grâce à son réseau social, 20 personnes ont assisté au webinar, 5 ont fait une demande d'audit de leur parc de micros, 3 ont passé commande après l'audit.

Les webinars fournissent un outil de communication moderne, très efficace, particulièrement utile pour toucher rapidement et simplement une cible spécifique. De nombreuses solutions existent, des plus simples qui permettent uniquement de diffuser en temps réel sur le web des présentations avec un flux audio, aux plus sophistiquées qui permettent d'y inclure des vidéos, d'opérer un traitement des informations de connexion.

Parmi les solutions les plus simples et libres d'accès, citons Dimdim et Encours.org.

■ Créez votre blog

Le *must*, bien évidemment, c'est le blog. Son intérêt principal : montrer votre expertise de façon plus posée, plus fouillée et aussi montrer que vous êtes capable de prendre le temps, d'aller au bout de vos idées, un bon complément à Twitter qui ne permet de partager que des textes courts.

WordPress et Overblog, les deux sites de blogging les plus connus en France, vous permettront de créer et d'administrer votre blog relativement facilement.

Fabienne, la créatrice textile, a créé son blog « Fil à fil » dans lequel elle poste des vidéos tutorielles, des conseils pratiques, des coups de cœur, des cours, des modèles gratuits. À l'occasion des dernières fêtes de Noël, elle a publié, dans la lignée des calendriers de l'avent, un challenge de Noël en 25 jours : chaque jour, dimanche compris, une idée simple et pratique de couture, décoration textile – comme par exemple un calendrier en tissu – illustrée en images ou en vidéos. Ses conseils sont tous gratuits, bien sûr !

Un point de vigilance : créer et surtout faire vivre son blog nécessitent du temps. Tous les professionnels s'accordent à dire qu'un blog doit être alimenté, idéalement tous les 2-3 jours, au minimum une fois par semaine. Si vous débordez d'idées et aimez les faire partager par écrit, lancez-vous ! Si écrire est pour vous un exercice fastidieux, concentrez-vous plutôt sur d'autres moyens afin d'augmenter votre notoriété sur les réseaux sociaux.

■ Utilisez la vidéo

Je vous ai dit plus haut que vous pouviez créer votre compte Dailymotion ou Youtube (préférez d'ailleurs ce dernier qui est beaucoup plus visité).

Que montrer par vidéo ? Vous pouvez montrer vos produits, filmer vos démonstrations, ou bien vous filmer vous-même en situation professionnelle.

Vous n'êtes pas un cinéaste émérite ? Tant mieux ! Vos séquences vidéo doivent refléter votre envie de partager, mettre à disposition, pas vos talents de cinéaste !

Prenez le réflexe de sortir avec votre smartphone et de filmer des scènes du quotidien en rapport avec votre expertise. Et diffusez la vidéo immédiatement sur vos réseaux sociaux.

Clic 4 : élargissez votre audience

Vous êtes présent sur les réseaux sociaux, vous avez choisi les médias adaptés à votre activité et à votre temps disponible, vous commencez à publier, partager, retweeter... mais vous trouvez que votre réseau sur le web n'est pas encore très étoffé.

N'en faites pas un point de fixation. Dans ce domaine, comme dans beaucoup d'autres, la qualité prévaut sur la quantité.

Néanmoins, voici quelques astuces pour élargir votre audience.

■ Faites savoir que vous êtes sur les réseaux sociaux

Positionnez des liens vers les réseaux sociaux sur lesquels vous êtes présent, partout où vous le pouvez : dans votre signature de courrier électronique, ajoutez un « suivez-moi sur... », sur votre carte de visite, sur votre site Internet, votre page Facebook.

Mettez à profit toutes les visites sur votre site, sur votre page, votre blog : insérez-y un formulaire simple qui permet à un visiteur, qui aurait apprécié la visite, d'être tenu au courant de vos publications. Vous pouvez également vous équiper d'un auto-répondeur, un logiciel qui vous aidera à créer et alimenter votre liste de diffusion. Avec un auto-répondeur, toute personne visitant votre site verra directement apparaître une fenêtre qui lui dira en substance : « Vous avez aimé notre site ? Abonnez-vous à notre newsletter et vous serez tenu au courant de... ». C'est un excellent moyen de vous constituer une *mailing list* ciblée.

■ Suivez pour être suivi

Sur les réseaux sociaux, c'est vraiment une spirale vertueuse : plus vous suivrez, plus vous relayerez des informations intéressantes, plus vous « retweeterez », plus vous serez identifié comme une personne à suivre pour obtenir des contenus, de l'expertise, être mis en relation.

Ainsi sur Twitter, une règle implicite implique que lorsqu'on suit quelqu'un, l'autre vous suit, pour peu qu'il vous identifie comme ayant sa place dans votre communauté.

■ Repérez les influenceurs

Attachez-vous à repérer qui fait autorité dans votre métier, qui vous aidera à relayer votre expertise, qui vous permettra de rentrer en contact avec vos futurs clients.

Si vous voulez vérifier l'influence sur les réseaux sociaux d'un contact, vous pouvez aller sur le site de Klout : vous y trouverez pour vos contacts actuels et futurs – à condition qu'ils se soient inscrits sur Klout – leur note d'influence. Cette note d'influence, exprimée sur une échelle de 1 à 100, est basée sur la vitesse à laquelle l'information diffusée par ce contact se propage sur les réseaux sociaux. Vous pouvez aussi faire l'exercice pour vous-même, cela vous prendra à peine cinq minutes !

Avis d'expert

Philippe Gérard, manager de l'offre de formation communication digitale Cegos

Quels sont vos conseils pour se rendre visible sur les réseaux sociaux ?
Prendre place sur les réseaux sociaux est le point de départ indispensable : en créant des comptes sur Facebook, Twitter, LinkedIn, Viadeo. Être actif, ensuite, en participant ou en engageant la conversation sur les hubs et les groupes liés à votre activité. Le but est de devenir un acteur identifié et un point de référence sur votre thématique. La prospection sur les réseaux sociaux passe d'abord par cet objectif de communication. Votre engagement dans ces »

» communautés professionnelles définira votre présence et en déterminera les retours futurs.

Focalisez-vous aussi sur les réseaux sociaux professionnels. Ce sont des mines de contacts potentiels. Ces portails d'affaires sectoriels se multiplient et il en existe probablement un, dans votre activité. Citons par exemple : www.digikaa.com, pour les professionnels du digital ; www.agrilink.fr, le réseau du monde agricole ; ou encore www.rezotour.com pour le tourisme. Tenez-vous au courant.

Faire acte de présence sur les réseaux sociaux est facile, rapide et gratuit. Commencez par là si vous débutez sur le web. Si ce n'est déjà fait, pensez rapidement à créer votre site web. Ce sera votre carte de visite officielle. Un point d'ancrage indispensable sur la Toile pour créer du contact et affirmer votre visibilité. Notamment avec les boutons « j'aime » de Facebook ou « suivez-nous sur Twitter ».

Quelle stratégie commerciale suggérez-vous sur les réseaux sociaux ?

Sur le web, votre stratégie commerciale passe par une vision d'ensemble et coordonnée : réseaux sociaux, portails professionnels, site web. Les uns ne vont pas sans les autres. Non seulement pour multiplier les points de contacts, mais aussi pour améliorer votre référencement sur les moteurs de recherche.

Internet est mondial. Une évidence, facilement oubliée. Donnez une échelle à votre activité. Créez ou dupliquez vos comptes en anglais et dans les langues de marchés sur lesquels vous avez des opportunités.

Les réseaux sociaux sont aussi des espaces d'affichage. À vous de faire votre publicité. Les informations données par les membres de Facebook, sur leur identité et leurs goûts, permettent aux annonceurs d'afficher des publicités extrêmement précises. Par exemple, si vous avez un business « mariage », vous pourrez facilement cibler « les femmes de 24 à 30 ans qui ont indiqué sur Facebook qu'elles sont fiancées. ». Entre autres critères, vous pouvez également préciser la zone géographique choisie. En investissant quelques euros par jour sur les mots-clés correspondants, votre annonce apparaîtra sur les profils des personnes concernées. Un moyen très efficace de transformer les fiancées en mariées... Une campagne publicitaire ciblée permettrait d'obtenir un taux de clics de 25 %, selon Facebook. Une opportunité à saisir, quel que soit votre domaine d'activité.

La prospection sur les réseaux sociaux, un état d'esprit différent

J'ai moi-même démarré mon aventure dans les réseaux sociaux, il y a un peu plus d'un an, et j'y ai surtout appris à désapprendre ce qu'on m'avait appris : ne pas trop parler de mes produits, parler simplement, savoir extirper le meilleur d'un événement *a priori* banal.

Le réseautage existait bien avant l'explosion des réseaux sociaux et les techniques y sont les mêmes.

Gardez simplement à l'esprit les trois principes suivants.

Principe 1 : la constance

La constance est la première des qualités de ceux qui réussissent à faire du business grâce aux réseaux sociaux.

Les débuts sont difficiles : Fabienne me racontait combien elle avait douté de l'intérêt de continuer à investir du temps dans son blog lorsque, plus d'un mois après son démarrage, elle peinait à dépasser les vingt lecteurs par billet. Le déclic s'est produit lorsqu'elle a reçu sa première commande d'une personne qui l'avait découverte *via* son blog. Aujourd'hui, elle compte plus de 400 fans sur sa page Facebook et chacun de ses billets blog est lu par plus de 150 personnes, en moyenne.

Pour rester constant, ne courez pas trop de lièvres à la fois. Démarrez sur quelques réseaux, élargissez au fur et à mesure.

Comptez entre une demi-heure et une heure par jour de présence sur les réseaux sociaux, pas moins. Cela vous semble beaucoup ?

Deux remarques :

- Ce temps n'est pas forcément du temps passé derrière votre ordinateur. Si vous prenez le pli de travailler avec votre smartphone et de partager à tout moment, vous constaterez vite que vous pouvez être tout le temps sur les réseaux sociaux.
- C'est du temps commercial, avant tout !

Je vous conseille néanmoins de mesurer les résultats de vos efforts sur les réseaux sociaux : nombre de contacts dans la *mailing list*, nombre de contacts physiques, nombre de ventes. Cela vous motivera !

Un dernier conseil pour éviter que votre activité sur les réseaux sociaux ne soit trop chronophage : il existe des interfaces qui vous permettent de gérer sur une seule et unique plateforme l'ensemble de vos réseaux sociaux. Hootsuite, par exemple, vous permettra de regrouper vos comptes sur une seule plateforme (gratuit jusqu'à cinq réseaux sociaux différents).

Principe 2 : la curiosité

Sur les réseaux sociaux, la curiosité n'est pas un vilain défaut.

Osez aller au-devant des autres, intéressez-vous à eux, à leur univers, cherchez à y découvrir ce qu'ils peuvent vous apprendre.

Faites de tous les instants une occasion d'enrichir votre connaissance, votre expertise.

Intéressez-vous à vos concurrents aussi...

Principe 3 : l'humilité

Les réseaux sociaux vous donneront une belle leçon d'humilité.

Vous n'y êtes pas la star, vous faites partie d'une communauté : parfois, c'est vous qui l'alimentez, parfois c'est elle qui vous alimente.

Vous suivez une discussion en lien avec votre expertise sur un forum, un fil de discussion : vous n'avez pas la réponse à la question posée mais vous connaissez quelqu'un qui pourrait l'avoir ? Dites-le et surtout osez mettre en relation les personnes concernées.

Osez demander vous-même lorsque vous êtes dans une impasse, c'est la force des meilleurs réseauteurs.

Mon dernier mot : ne jamais oublier une des finalités de votre présence sur ces réseaux : rencontrer physiquement les contacts les plus utiles à votre activité !

L'essentiel

- **Communiquer** sur les réseaux sociaux est une démarche plus simple qu'il n'y paraît et qui vous fera connaître des prospects par dizaines de milliers.
- **Créer sa page** Facebook ou un compte sur Twitter peut être la voie où vous ferez vos premiers pas sur le web. Néanmoins, n'en attendez pas les mêmes résultats immédiats qu'avec une technique de prospection traditionnelle.
- **Aller sur les réseaux** professionnels est une autre démarche qui vous permettra de multiplier les contacts dans un univers proche du vôtre et de votre produit.
- **Communiquer**, échanger, donner d'abord avant de chercher à recevoir et enfin répondre aux interrogations des uns et des autres est un bon moyen de créer des accroches qui peuvent produire la récolte de clients potentiels nouveaux.
- **S'exprimer** pour être suivi, pour déclencher l'intérêt, la curiosité sur votre métier, le corps des compétences et des produits que vous mettez en avant est une manière de se retrouver parmi le public, sans arrière-pensée mercantile, mais en mettant simplement en avant vos différences et ce que vous êtes susceptible d'apporter à des personnes en recherche de communication, mais aussi de biens et de services qui peuvent leur être utiles.

Chapitre 11

Troisième technique : accueillir un client dans la surface de vente

Executive summary

- **Créer** la différence immédiate pour le client quand il entre dans la surface de vente lui démontre votre capacité d'accueil : il n'est ni dans un libre-service ni dans une recherche libre sur le web, un contact client doit donc s'établir dans les plus brefs délais.
- **Montrer** sa disponibilité dans les premiers moments de la présence du client est indispensable mais ne consiste nullement à l'envahir de votre présence. Se mettre à sa disposition est lui prouver que vous êtes prêt à lui donner assistance dès qu'il en aura besoin.
- **Déclencher** dès l'accueil et la demande du client le début du plan de vente par la technique des 4 C : prendre contact est indispensable. Même en surface de vente il convient de gérer la vente et de la conduire vers la réussite.

Être orienté client en point de vente

Les techniques de vente sont les mêmes. Ce sont les conditions qui changent. Dans un cas, c'est le vendeur qui sollicite le client, dans l'autre, le client se rend dans une surface de vente pour acheter un produit ou un service qu'il a identifié comme correspondant à un besoin.

Qu'est-ce qui caractérise cette vente, en dehors de :

- la durée, souvent plus courte ;
- la présentation des produits ou des documentations, permettant une démonstration plus aisée ;
- l'existence, chez le client, d'un besoin précis et donc de l'intention de s'informer ou d'acheter ?

C'est, à coup sûr, un état d'esprit différent entre le vendeur qui se rend chez son prospect ou client et celui qui le reçoit.

Le second est sollicité, parfois plusieurs dizaines de fois par jour, voire plusieurs centaines, par des anonymes, pour des entretiens souvent brefs. Il se sent « chez lui ». La vente n'est pas toujours sa seule tâche : il encaisse, range, gère des rayons, reçoit des marchandises.

Un des reproches qui lui est souvent fait est qu'il se considère comme un simple informateur adoptant des comportements « administratifs », donnant le sentiment d'être peu impliqué dans le résultat de la vente et ne pratiquant pas toujours l'écoute suffisante pour conseiller efficacement le client. D'autres sont accusés de faire de la vente forcée. Dans les deux cas, les griefs sont les mêmes : détection insuffisante des besoins du client, service-client et qualité d'accueil laissant à désirer.

Fort heureusement, cette attitude de « dédain » vis-à-vis du client tend de plus en plus à disparaître au profit :

- d'un accueil de qualité ;
- de plus de gentillesse, de courtoisie, de prévenance, d'attention, de compétence sécurisante ;
- d'un comportement de vente plus personnalisé (on ne se contente plus de servir le client, on analyse avec lui ses besoins, on oriente ses choix, on propose des produits qui complètent sa demande).

Un personnel pressé, peu disponible, des attentes trop longues, des relations froides et anonymes, des explications ou informations complexes, des manifestations de mauvaise humeur ou de contradictions, laissent progressivement la place à d'autres attitudes.

Une ouverture spontanée vers le client

- Se manifester sans agresser.
- Donner priorité aux clients sur les autres tâches.
- Lui montrer qu'il a été remarqué.
- Sourire.

Une recherche d'assistance constante

- Tout faire pour le servir jusqu'au bout de nos possibilités.
- L'aider à formuler son besoin, lui proposer les produits complémentaires à sa demande.
- Le conseiller au mieux de ses intérêts.
- Mettre en œuvre des attitudes de courtoisie et d'amabilité.
- Observer les règles de politesse et de bienséance (saluer, remercier, accompagner).
- Écouter, approfondir, clarifier.
- Adopter des comportements positifs (ne pas s'impatienter, ne pas traiter à la légère).

Les vendeurs ont maintenant bien compris qu'un client bien accueilli, respecté, considéré, conseillé au mieux de ses intérêts est un client qui reviendra. Des milliers de stages de formation, des centaines d'articles dans la presse, des dizaines d'ouvrages, ont fait passer dans la réalité toute une série de messages, de slogans, d'injonctions dont les principaux sont les suivants.

- Un client satisfait reste fidèle.
- Un client de perdu : dix clients de perdus.
- Celui qui nous paie… c'est le client.
- La fidélité n'est jamais acquise, elle se mérite tous les jours.
- Un bon service n'est jamais le fruit du hasard.
- La mauvaise humeur coûte cher.
- Il faut beaucoup pour gagner la confiance du client, très peu pour la perdre.
- Le sourire et la gentillesse sont deux des principaux arguments de vente.

Le schéma des 4 C

C'est le procédé mnémotechnique pour nous rappeler qu'il y a quatre étapes dans l'acte de vente en « réception de client ». Chacune de ces étapes commençant par la lettre C. Une des raisons pour lesquelles une vente n'a pas été à la hauteur de nos espérances est que, soit une étape a été insuffisamment accomplie, soit l'ordre chronologique n'a pas été respecté. On a voulu « conclure » alors que la phase « conseiller » avait été oubliée ou on a voulu « conseiller » sans avoir découvert les besoins du client.

D'où l'importance du respect de ces 4 C dont les étapes sont :

1. Je crée le Contact.
2. Je prends en Charge.
3. Je Conseille.
4. Je Conclus et je prends Congé.

Je crée le contact

Dans une surface de vente, le client est souvent perdu. Il a des difficultés à s'orienter pour trouver le rayon, pour identifier le vendeur ou savoir à qui il doit s'adresser. D'une manière générale, le client veut avoir d'une part la liberté de circuler, de regarder et de flâner et, d'autre part, la possibilité d'être aidé dans son choix au moment où il le souhaite.

■ Le vendeur doit être visible

Le client est rassuré par la présence du vendeur. Il n'aime pas avoir à chercher un vendeur mais n'aime pas non plus être suivi par quelqu'un. La bonne manière est de rendre sa présence évidente. Même s'il n'en a pas immédiatement besoin, le client sait que le vendeur est là « au cas où ».

■ Le vendeur doit être disponible

Être là où il le faut. Observer les allées et venues pour repérer les clients qui peuvent avoir besoin d'une aide. Même s'il est occupé, le vendeur doit montrer au client qu'il peut se rendre disponible. Rien n'est plus désagréable pour un client que d'attendre un vendeur occupé à d'autres tâches. Dans l'esprit du client, un vendeur est là pour vendre. Il ne peut s'imaginer qu'il ait aussi à remplir des papiers, qu'il range ses rayons, qu'il fasse ses calculs. Si le vendeur fait passer ces tâches avant sa demande, le client se sent perdu.

Aucune tâche n'est prioritaire quand le client a besoin du vendeur... sauf si ce dernier est occupé avec un autre client. Ne pas discuter avec un autre vendeur. Ne pas être accaparé par un seul client. Être attentif à tout nouvel arrivant et le lui montrer. Le travail du vendeur ne doit pas le couper du client qui arrive : un regard bienveillant, un signe de tête, un salut, un petit mot pour faire patienter. Le client se sait vu, se sent à l'aise et est prêt à patienter.

■ Le client doit être reçu

Il est accueilli avec plaisir. Il doit se sentir à l'aise et libre. Il doit pouvoir s'attarder, regarder encore, essayer, flâner, s'approcher des produits, les toucher.

Le client doit sentir que le vendeur a du plaisir à l'accueillir. Le vendeur crée l'ambiance comme sait le faire la maîtresse de maison qui reçoit ses invités. Lorsqu'ils arrivent, le ton change, devient aimable, chaleureux. Sans cette atmosphère créée par celui qui reçoit, les invités se sentent mal à l'aise. Tous les clients ont droit au même accueil. En toutes circonstances, garder la même attitude courtoise. Le minimum exigé est de saluer (même en passant, même en servant un autre client) et de sourire.

■ L'entretien de vente commence quand le client le souhaite

Pour le savoir, le vendeur doit regarder en permanence chaque client.

- Un mouvement de tête, un objet pris dans la main et un regard circulaire, une phrase à son accompagnant « On va demander... », doit donner l'opportunité de créer le contact et de ne plus rester seulement dans la situation d'accueil.
- Favoriser l'expression de sa demande : « Bonjour Monsieur, que puis-je pour vous ? »
- Si l'identification est possible, le faire en souriant. Avoir une parole aimable. Le client fidèle s'attend à être identifié, reconnu. Le différencier en le reconnaissant le plus simplement et le plus élégamment du monde a bien plus de valeur que des tampons sur une carte de fidélité.

■ Même en cas d'affluence, le client doit être accueilli

- Montrer qu'il a été vu.
- Saluer et sourire. Il est rassuré et prendra son mal en patience. Dans le cas contraire, souvent pressé, il abandonne et part.

- Faire patienter par une phrase : « Je suis à vous dans un très court instant », ou « Je suis bientôt à vous ». Vous montrez ainsi que vous ne l'oubliez pas, qu'il n'est pas anonyme et que sa présence a été remarquée.

■ Les fautes à ne pas commettre

- Le client est perdu. Personne ne s'occupe de lui.
- Le vendeur saute sur le client dès son entrée : « Vous désirez ? ».
- Discuter avec un autre vendeur.
- Avoir des « œillères » lorsqu'on sert un client.
- Arborer un sourire trop commercial, figé, stéréotypé et mécanique.
- Réciter une phrase apprise, bêtement répétée, ayant perdu toute signification et donnant au client l'impression d'un accueil froid, sans âme.
- Adopter des attitudes physiques peu engageantes : bras croisés, visage fermé, regard absent, parler de côté.
- Donner l'impression que le client nous dérange.

■ Les qualités à mettre en œuvre dans cette phase « contact »

- **La disponibilité** : le client doit avoir la conviction que vous êtes là pour l'aider, le servir, résoudre rapidement et complètement son problème. Cela veut dire que vous êtes capable de maîtriser vos humeurs, vos états d'âme, vos difficultés, vos multiples tâches pour vous mettre entièrement à sa disposition afin de le servir avec efficacité.
- **La considération** : tout client aussi petit soit-il et quel que soit son achat ou sa demande a marqué sa confiance en vous choisissant ; à ce seul titre, il a droit à votre respect et votre considération. De plus, tout individu est sensible aux égards que l'on peut avoir envers lui. Il faut regarder le client. Lui sourire. Le saluer. L'écouter avec attention. C'est le minimum à exiger de tout vendeur.
- **La serviabilité** : vous devez être capable de l'assister dans la résolution de son problème, de bout en bout, chaque fois que cela est possible. Abandonner à tout jamais le trop fameux « Ce n'est pas mon problème ». Être plus tourné vers la satisfaction et l'aide au client que vers l'exécution de vos tâches. Être solidairement responsable de la qualité générale de son accueil, quel que soit votre niveau d'intervention dans la chaîne des contacts qu'il peut avoir dans la surface de vente.
- **La compétence humaine** : apporter une dimension plus chaleureuse à votre compétence professionnelle de manière à ce que le client ne soit pas seulement satisfait techniquement. L'expertise technique doit s'appuyer sur un ensemble de valeurs humaines qui font qu'ensemble

nous nous comprenons, nous nous estimons et que nous nous apprécions mutuellement.

Je prends en charge

Une fois que le contact a été créé et que le client se sent sécurisé par un accueil de qualité et un vendeur prévenant, il s'agit de lui faire formuler sa demande de la manière la plus claire possible, pour pouvoir la satisfaire au mieux de ses intérêts et peut-être, également, de lui proposer des produits ou services complémentaires auxquels il n'aurait pas pensé.

Selon la complexité de l'offre, cette phase sera, évidemment, plus ou moins longue et nécessitera soit une simple question, soit toute une série de techniques pour découvrir et clarifier son besoin.

La cinquième technique : « découvrir les besoins du client », traitera complètement de la manière dont il faut s'y prendre pour faire cette découverte et lui proposer ce qu'il attend. Ce qui est valable pour un commercial l'est autant pour celui qui reçoit son client. Aussi nous nous contenterons ici de résumer les points-clés de cette « prise en charge ».

- Regarder le client bien en face.
- Écouter.
- Se montrer intéressé.
- Faire préciser les demandes.
- Poser des questions pour bien cerner le problème.
- Reformuler pour vérifier que l'on a bien compris et que l'on est d'accord.
- Rassurer et sécuriser.

Faire en sorte que chaque client ait le sentiment d'être unique, d'avoir un problème qu'il est le seul à connaître, d'être un cas particulier.

L'écouter jusqu'au bout et lui permettre de s'exprimer, c'est reconnaître qu'il est une « personne » au-delà d'un « simple client », un être humain au-delà d'un porte-monnaie.

Je conseille

Renseigner, c'est bien mais ce n'est pas suffisant. Le petit dialogue rapporté ci-après, entendu dans un magasin vendant des fournitures de bureau, montre bien la tristesse d'une « non-vente », d'un contact raté et surtout d'un client perdu. Elle est le résultat d'une « prise en charge » du besoin du client totalement absente et surtout d'une phase « conseil » limitée à la portion congrue.

11. Troisième technique : accueillir un client dans la surface de vente

Exemple

Le client : Je veux des renseignements concernant une relieuse.
Le vendeur : Oui ? Que voulez-vous comme renseignements ?
Le client (désorienté) : Qu'est-ce que vous avez comme relieuse ?
Le vendeur : J'ai celle-ci, devant vous, et puis celle-ci. Attendez, je vais la sortir de la boîte. Voilà, qui est très bien aussi.
Le client : Quelle est la différence ?
Le vendeur : Celle-ci est moins chère de 50 euros. Quant à celle-là elle est un peu plus perfectionnée.
Le client : ?
Le vendeur : Vous savez, elles sont très bien toutes les deux.
Le client : Elle fait combien celle-ci ?
Le vendeur : 400 euros HT
Le client : 400 euros HT. Bien merci. Je vais réfléchir. Au revoir.
Le vendeur : Au revoir, Monsieur. À votre service.
Nous disions : renseigner, c'est bien mais ce n'est pas suffisant. « Je conseille » veut dire adopter l'ensemble des attitudes décrites ci-dessous.

■ Proposer un conseil personnalisé

- Une simple étiquette ou un renseignement ne suffit pas. Il faut expliquer, décrire, donner des conseils, montrer les avantages, et offrir ainsi au client le désir de posséder ce qui est présenté.
- Lorsque la « prise en charge » a été bien faite, montrez que l'offre correspond aux attentes du client. Le vendeur ayant détecté parfaitement les besoins du client, celui-ci ne peut refuser l'offre qui lui est faite. Il a de plus le sentiment d'avoir été écouté et compris et que ce qui lui est proposé a bien la fonction qu'il souhaitait.

■ Chaque client est unique et précieux

Accroître son désir d'acheter et sa fidélité, c'est lui donner toutes les informations pour l'aider à faire son choix et se décider. Le client souvent perdu a peur de se tromper. Seul, il peut avoir du mal à se décider et il est reconnaissant au vendeur de l'aider en le conseillant.

Malgré tous les renseignements recueillis, le client ne voit pas toujours ce qui lui convient. Il s'en remet au vendeur pour décider à sa place ou du moins pour lui donner le conseil qui favorisera le passage à l'acte.

Conseiller, c'est :

- Suggérer et ne pas imposer.
- Inciter le client à acheter mais surtout faire en sorte qu'il se sente libre de faire son choix, qu'il n'ait pas le sentiment d'avoir la main forcée. Si tel est le cas, c'est peut-être une vente effectuée mais c'est surtout un client définitivement perdu.

Il doit trouver, grâce au vendeur, une aide pour ce choix, mais il en reste maître.

Si le conseil a été apprécié par le client, celui-ci se sent en confiance et ravi de sa décision. Le vendeur doit alors proposer un produit ou un service complémentaire. Il l'aide ainsi à ne rien oublier.

Par exemple après la vente d'un parasol, le vendeur peut, s'il veut vendre un pied, poser cette question à son client : « Au fait, sur quel support sera-t-il posé ? »

L'entretien ayant été sous-tendu par une relation d'écoute, de clarification des besoins, d'aide, de conseils, ne sera pas vécu comme une vente forcée. La question portant sur le support apparaîtra comme naturelle, comme une aide complémentaire et sera bienvenue même en cas de refus.

Les ventes complémentaires possibles après une phase « conseil » réussie sont infinies et doivent être proposées systématiquement pour compléter la demande initiale et offrir un service complet au client.

Le vrai conseil ne se borne pas à renseigner ou à satisfaire d'une manière un peu primaire le besoin du client. Il doit être total, complet. Apporter les services ou les produits périphériques qui complètent la demande initiale.

Le conseil c'est la présence de quelqu'un de confiance aux côtés du client qui se sent libre mais aussi soutenu et rassuré par le professionnalisme, les explications et les recommandations du vendeur.

Conseiller c'est...

informer + expliquer + démontrer + lever les freins + donner envie

Je conclus et je prends congé

Cette quatrième phase du schéma des « 4 C » se décompose en trois parties.

1. Aider le client dans son choix.
2. Proposer des produits ou services complémentaires.
3. Prendre congé.

■ Pourquoi aider le client à choisir ?

Les raisons sont multiples.

Choisir n'est pas un acte facile. Le moment du choix peut provoquer des hésitations, des tensions. Tout achat est source d'inquiétude.

- Le client a parfois besoin d'un petit coup de pouce pour se décider.
- Il veut être sûr de faire le bon choix.
- Le besoin n'est pas forcément urgent.

Le client, surtout s'il s'agit d'un achat d'impulsion, peut ne pas vouloir céder à la tentation.

Il ne s'agit pas de forcer la main au client mais de l'aider à faire son choix… et lui éviter d'aller acheter ailleurs.

■ Trois techniques pour aider le client à faire son choix.

1. **L'alternative** : « Entre ces deux articles, lequel vous convient mieux ? »
2. **Agir** quand le client indique son choix, on suppose alors que la vente est faite : on lui tend l'objet ou on le prend en main et on passe à autre chose : « Avez-vous besoin de quelque chose d'autre ? »
3. **Conseiller** : « Je vois que vous hésitez entre celui-ci et celui-là. Si vous le permettez, compte tenu de ses qualités ou… de ce que vous m'avez exprimé comme besoin ou… de l'usage que vous devez en faire, je vous conseille celui-ci qui, en plus, est… »

■ Pourquoi proposer un produit ou un service complémentaire ?

Le sujet a déjà été traité en partie dans la phase « je conseille ». Proposer un produit complémentaire, c'est :

- aider le client à ne rien oublier ;
- montrer que le vendeur s'intéresse au problème du client dans sa totalité et qu'il n'est pas un simple distributeur de produits ;

– suggérer que l'éventail des articles ou services est tel que l'aide à un choix utile est nécessaire ;
– et bien sûr, favoriser l'augmentation du « panier moyen ».

C'est également une manière de le fidéliser, la vente se situant dans une relation de conseil, donc de durée et de fidélisation.

■ Comment prendre congé ?

- Ne donnez pas au client, une fois sa facture payée, l'impression qu'il ne vous intéresse plus.
- Gardez le même regard, la même courtoisie jusqu'à la fin du contact.
- Facilitez le plus possible la procédure de caisse. Le client doit rencontrer aussi la politesse, le sourire, le plaisir d'être servi.
- Dans tous les cas, terminez par une formule de politesse : « Au revoir », « À bientôt », « Bonne fin d'après-midi ».
- Personnalisez vos salutations.
- Raccompagnez le client et dans le cas d'impossibilité, ne vous précipitez pas vers une autre tâche.

Le client ne doit pas être « un oiseau de passage ». Il doit revenir et savoir qu'il est attendu avec plaisir.

La prise de congé doit être comme la signature qui conclut un contrat respecté :
– courtoisie dans la relation ;
– qualité de service ;
– chaleur dans les remerciements ;
– satisfaction du client aussi bien sur le plan technique que sur le plan humain.

Développez votre capacité à bien accueillir le client

Les bonnes questions à vous poser

- Ai-je le réflexe d'arrêter ce que je fais pour donner la priorité au client ?
- Suis-je patient, quelles que soient les demandes ?
- Suis-je en permanence courtois, prévenant, disponible, souriant, quels que soient mes états d'âme ou mes soucis personnels ?
- Est-ce que je donne à tout client le sentiment que j'ai du plaisir à le recevoir ?
- Est-ce que je fais ce qu'il faut pour le conseiller au mieux de ses intérêts ?
- Est-ce que je pense systématiquement, une fois le choix du client effectué, à lui proposer un produit ou un service complémentaire ?

Les points-clés à respecter

- Dès l'entrée du client dans la surface de vente, manifestez votre présence sans qu'il ait le sentiment « qu'on lui saute dessus ». Un sourire, un bonjour suffisent à lui montrer qu'on est à sa disposition dès qu'il le désire.
- Offrez à chaque client le même accueil, la même prévenance.
- Avant de conseiller le client, posez toutes les questions nécessaires pour comprendre sa demande et pour pouvoir satisfaire au mieux ses intérêts.
- Souriez, mais attention au sourire trop commercial, figé, stéréotypé.
- Ne vous contentez pas d'être une « compétence technique », soyez aussi une « compétence humaine » pour établir une véritable communication d'individu à individu, chaleureuse, agréable.
- Aidez le client à faire son choix. Seul, il ne voit pas toujours ce qui peut lui convenir.
- N'oubliez pas de raccompagner le client et de personnaliser vos salutations.

L'essentiel

▸▸ Prendre en charge le client mais dans un contexte de liberté. Il a besoin de se sentir attendu mais non envahi.

▸▸ Appliquer scrupuleusement la méthode des 4 C.

▸▸ Utiliser des techniques qui facilitent le choix du client : l'alternative, le conseil ou encore l'anticipation de sa décision. Il importe de chasser les hésitations en levant les freins, en répondant aux objections et en incitant le client à décider.

Chapitre 12

Quatrième technique : réussir le contact

Executive summary

▶▶ **Rater** la prise de contact est à coup sûr la meilleure façon d'engendrer un malentendu qui enclenchera des attitudes de résistance de la part du client pendant l'entretien de vente.

▶▶ **Éviter** les phrases « bateau ». Choisir les phrases qui engagent tout de suite le client à communiquer, à révéler quelque chose de lui, de ses besoins, de ses attentes, est nettement préférable.

▶▶ **Poser** des questions est la meilleure solution pour inviter le client à s'exprimer et vous permettre de décliner rapidement les avantages de votre produit, énoncer votre offre en la positionnant comme une véritable solution aux problèmes qu'il rencontre.

▶▶ **Bannir** de votre vocabulaire toute phrase négative mettant le doute chez votre client et éloigner les mots qui engagent une polémique, de l'agressivité, voire du dénigrement, sont les voies qui permettront au client de positiver l'offre que vous lui faites.

Préparez votre « entrée en scène »

Vos premiers pas, vos premiers gestes, vos premiers mots disent d'entrée de jeu qui vous êtes et vous situent aux yeux de votre interlocuteur. Ce sont ces premières minutes qui vont créer le climat favorable, indifférent ou hostile et conditionner tout le reste de l'entretien.

Réussir son contact nécessite une préparation rigoureuse où rien n'a été laissé au hasard. La confiance que le client vous manifestera d'emblée, la crédibilité qu'il vous portera dès les premiers mots, le plaisir qu'il aura à discuter avec vous, l'intérêt qu'il portera à votre offre dépendent de la manière dont vous avez su faire vivre ces « premiers instants ».

Voyons donc ensemble les attitudes et expressions qui favorisent votre « entrée en scène » et celles qui risquent de vous faire passer trop rapidement du « côté cour au côté jardin ».

Certains commerciaux commencent toutes leurs visites aux clients par cette phrase : « Alors, monsieur Untel, comment ça va les affaires ? »

Or tout le monde sait qu'en France les affaires vont mal et cela quels que soient le type d'activité, la saison, la clientèle ou les rapports avec son percepteur. Comment dans ces conditions ne pas faire pleurer les clients sur leur sort, la difficulté de la vie ou les stocks trop importants, en évoquant un tel sujet ! Et pourtant ces commerciaux souvent expérimentés (ce qui prouve, en passant, que l'expérience est aussi une très bonne manière de nous faire faire les mêmes bêtises pendant des années) n'ont pas compris que créer un climat négatif dès les premières secondes leur serait forcément préjudiciable pour mener à bien leur vente.

Ils ont mieux à faire...

Débutez par une proposition qui intéresse le client

Le produit que vous présentez a été fait, nous l'avons vu plus haut, pour accomplir une fonction, pour satisfaire un besoin ou pour résoudre un problème. Il n'est pas en lui-même une fin en soi et faire mention du produit dès les premiers mots serait probablement une erreur. En revanche, évoquer une amélioration que le produit apporterait ou une solution à un problème qu'il pourrait résoudre, éveillera plus sûrement l'intérêt du client et le mettra alors en situation de demandeur.

La formulation est généralement faite sous forme de question. Question à laquelle il ne peut que répondre oui ou une phrase qui montre l'intérêt qu'il porte au produit.

Exemple

« Savez-vous que sans frais d'investissement importants vous pourriez dégager près de 40 m^2 dans votre atelier, de quoi installer un nouvel établi... ? »
« Connaître à chaque instant l'évolution de l'usure de vos moteurs et toute anomalie de fonctionnement bien avant qu'elle ne dégénère en avarie grave, est-ce que cela vous intéresse ? »
« En revoyant la totalité de vos commandes passées en un an, j'ai pensé que nous pourrions avoir une meilleure action sur vos marges. Voulez-vous que nous étudiions la chose ensemble ? »
« Gagner 10 centimes d'euros par kilo vous paraît-il une économie intéressante ? »

Cette manière de questionner à laquelle votre interlocuteur n'a pu que répondre oui sert de point d'appui à votre argumentation. L'évidence du problème posé doit entraîner en réponse une affirmation et suggère que des améliorations aux solutions actuelles existent.

Cette méthode permet de gagner du temps et de l'efficacité. Elle « branche » directement le client sur un de ses centres d'intérêt et permet de démarrer l'entretien sur un point de force de votre argumentation.

Vous êtes crédible et ne faites pas perdre de temps à votre interlocuteur avec des paroles superflues. Vous mettez en évidence des problèmes réels mais auxquels le client ne pense pas toujours par habitude, par résignation ou par absence de solution.

En le faisant participer et en l'intéressant, vous le faites pénétrer de plain-pied dans ce que votre argumentation a de plus fort.

Décrivez rapidement les avantages de l'offre

Nous l'avons déjà vu plusieurs fois, ce que le client recherche n'est pas le produit en lui-même, mais les satisfactions qu'il en tirera. Ce qu'il faut donc, surtout pour les ventes de produit à achat espacé, c'est rapidement provoquer le désir d'achat. On a donc intérêt, chaque fois que le client ne nous connaît pas, n'a pas un besoin pressant de notre produit, manque de temps ou est préoccupé, de stimuler dès les premiers instants son envie, en évoquant devant lui les plaisirs ou les avantages que l'offre pourra lui procurer :

Exemple

- « Quand un malade atteint d'une otite vient vous voir, dit le visiteur médical au médecin, je suppose que vous cherchez, dans un premier temps, à calmer la douleur, ensuite à traiter l'inflammation. »
- « Dans quelques semaines votre maison sera terminée. Ce que vous apprécierez, c'est de vivre dans une pièce agréablement chauffée sans avoir à chauffer les autres pièces, inutilement. »
- « Quand on voyage beaucoup comme vous, on est content, arrivé à destination, de pouvoir se changer et de sortir de sa valise un costume parfaitement repassé, sans un faux pli. Cela est particulièrement important dans les voyages d'affaires où la tenue vestimentaire joue un grand rôle. »

Induisez l'idée que l'offre que l'on va faire est particulièrement adaptée aux besoins du client

Dans les premières minutes d'une vente, le vendeur est souvent perçu par le client comme un gêneur, comme quelqu'un qui voudrait lui soutirer de l'argent en échange d'un objet dont il n'aurait pas besoin. C'est ce qui explique l'attitude froide, fermée ou franchement hostile du client au début d'un entretien de vente.

La technique, dont des exemples sont présentés ci-dessous, induit l'idée que l'offre qui va être faite est particulièrement adaptée aux besoins du client.

Elle lui donne le sentiment, dès le départ, que les problèmes qui seront évoqués sont les siens et en ce sens il est rassuré. Cela ne suffira pas, il faudra par la suite démontrer les avantages de notre solution, la nécessité de l'adopter et, bien sûr, de le persuader à l'achat.

Exemple

Le vendeur de produits diététiques dira au pharmacien : « Vous avez sûrement dans votre clientèle des personnes ayant une surcharge pondérale, qui ne font pas assez d'exercice et qui viennent vous voir parce qu'elles ne peuvent pas, malgré des régimes plus ou moins équilibrés, perdre d'une manière constante les kilos en trop… »

Le vendeur conseil en grande surface de bricolage : « Il vous est arrivé fréquemment de vouloir introduire des chevilles dans du béton et malgré des perceuses électriques perfectionnées, à percussion ou autre, de faire des trous plus larges que vous ne vouliez. »

Le commercial en produits de nettoyage industriel : « Avez-vous déjà eu à nettoyer des taches anciennes de produits corrosifs sur des surfaces poreuses comme le marbre ou des carreaux de céramique non vernissés ? Et vous avez constaté qu'en dehors du meulage et de l'abrasage, il n'était pas possible de redonner à la surface un aspect uniforme. »

Valorisez votre interlocuteur

Les gens sont en général flattés de savoir qu'ils sont aimés, admirés ou appréciés. Un dicton populaire dit qu'« il vaut mieux faire envie que pitié ». Tout client est sensible aux marques de reconnaissance adressées par le vendeur qui valorise son activité, ses qualités d'acheteur ou de spécialiste, ses compétences professionnelles. Tout client aime recevoir des compliments, à condition qu'ils soient vrais et qu'ils ne soient pas ressentis comme de la basse flatterie. Tout client accepte que l'on reconnaisse sa valeur, ses mérites, sa compétence, mais cela nécessite du vendeur de l'empathie, la volonté de s'intéresser à l'autre et de discerner chez lui ce qui est réellement notable, significatif. Valoriser son interlocuteur en s'appuyant sur des faits précis, indiscutables, ne peut qu'indiquer à l'autre l'intérêt et l'estime qu'on lui porte. C'est ainsi créer un climat positif de respect mutuel et d'acceptation réciproque.

Par cette façon d'ouvrir le dialogue, le vendeur montre qu'il sait reconnaître et mettre en valeur ce qui distingue son interlocuteur des autres clients.

Exemple

« En passant par Feyzin hier, j'ai vu le nouveau chantier que vous venez d'ouvrir à proximité de la raffinerie. Un vaste chantier dites donc. Du même ordre que celui que vous terminez à Valence ou plus grand ?

– Du même ordre en ce qui concerne le matériel qui sera sur place mais plus long… on est là pour huit ou neuf mois minimum. »

« Vous avez la réputation dans la région, monsieur Varnet, d'être le premier à avoir lancé un véritable programme d'entretien préventif sur vos camions. Un programme qu'on vous envie pour sa rentabilité.

– Oui, mais pour moi, c'est plus encore pour la tranquillité d'esprit et la sécurité qu'il m'apporte que j'apprécie. »

Rappelez l'aspect positif de l'entretien précédent

Cette façon d'ouvrir le dialogue, c'est le moyen pour l'interlocuteur de se remettre, rapidement et clairement, en mémoire l'objet de la visite précédente et de prendre conscience qu'il y a dans l'action des vendeurs une continuité et non une improvisation au coup par coup.

Exemple

« Lors de notre dernier entretien, vous m'aviez dit vouloir utiliser le Nidryl dans le cas de bronchite chronique pour les deux avantages suivants : modification de la sécrétion mucopurulente et diminution de l'œdème de la loge amygdalienne. Qu'en est-il exactement ? »

« Vous m'aviez fait part, lors de notre dernier entretien de votre intention de réduire le nombre de références par gamme d'articles pour mieux concentrer les ventes sur ceux dont la rotation est la plus forte. J'ai réfléchi à votre problème et j'ai préparé à votre intention un avant-projet chiffré que je voudrais vous soumettre. »

Évoquez les problèmes propres à la profession du client

Comment voulez-vous qu'un client ne soit pas intéressé par les problèmes que rencontrent les autres membres de sa profession ! Dès qu'il entend parler des besoins, des préoccupations, des expériences de ses collègues, il dresse l'oreille ; leur avis ayant souvent plus de poids que n'importe quel argument du vendeur.

Une des manières habiles d'ouvrir l'entretien est donc de relater des propos recueillis auprès d'autres clients ou de décrire une expérience vécue par eux. Cette technique a la vertu de prouver au client que le vendeur connaît bien à la fois la profession de son interlocuteur et les problèmes de cette profession.

Exemple

« Monsieur Lamotte, votre voisin, avec qui je discutais récemment me disait que le camion qu'il avait acheté, du même type que le vôtre, était plus sensible que le précédent à la dilution, notamment en ce qui concerne l'usure des coussinets de bielle.

– Ah bon ! Et comment diable s'en est-il aperçu ? »

« Certains commerçants en libre-service de la région m'ont fait part d'une de leurs préoccupations : la dégradation de la marge par la démarque inconnue. Est-ce aussi votre cas ?

– Oui. C'est un réel problème.

– Ils m'ont affirmé que cela pouvait dépasser 4 % du chiffre d'affaires.

– C'est exactement cela. »

Que faire en cas de refus ?

Le client n'est pas toujours disponible. Il peut avoir des ennuis personnels ou, au moment de l'entretien, avoir des préoccupations totalement différentes de l'objet de la vente. Ses réactions peuvent être parfois brutales :

- « Je n'ai pas de temps maintenant... »
- « Écoutez, laissez-moi votre documentation, je la regarderai à tête reposée. »
- « Je n'ai besoin de rien pour l'instant... »

Il peut aussi ne pas avoir de besoin ou penser que ce qu'il possède lui suffit. Aussi ne voit-il pas l'intérêt de « perdre du temps » avec un vendeur.

Que doit faire le vendeur face à cette situation ? Deux solutions sont possibles.

Évitez toute polémique

Ne pas donner le sentiment d'insister, de « s'incruster », de force. Ne pas employer des phrases du type : « Vous avez bien quelques minutes » ou « Pourtant, je suis persuadé que vous ne pouvez qu'être intéressé par ce que je vais vous présenter ».

Le mieux est de dire :

- « Votre clientèle peut vous en faire la demande, d'autant plus que nous démarrons très fort une campagne de publicité. Aussi, en deux mots, il est nécessaire que vous connaissiez ces quelques indications... »
- « En vue d'un emploi éventuel, ces quelques indications pourront vous être utiles... »

Changez de rôle

Si le vendeur insiste, il renforcera l'effet négatif. La tactique, momentanée (le temps que le client se calme, se radoucisse et accepte la présence du vendeur) est de dire alors : « Je vous comprends tout à fait. Je ne vous proposerai rien aujourd'hui. Permettez-moi juste de vous poser deux (ou trois) questions très brèves sur… »

Les questions à poser sont sur la clientèle, l'activité, le matériel ou les problèmes rencontrés par le client.

Il est rare qu'un client qui vous a éconduit quelques minutes auparavant malgré « votre bonne tête et votre bon sourire », qui se sent donc gêné et culpabilisé, n'ait pas une dette vis-à-vis de vous et n'ait pas envie de racheter son attitude négative par une attitude plus agréable en vous accordant quelques instants pour répondre à vos questions. Cela d'autant qu'il ne perçoit plus la pression de la vente.

À vous, après, ayant créé ce fameux climat de confiance et ayant fait apparaître le besoin par vos questions, d'essayer de montrer que vous avez la solution qui convient.

Mais cette technique : « réussir le contact », ne serait pas complète si nous ne voyions pas aussi les raisons qui pourraient la faire échouer.

Les fautes à ne pas commettre en début d'entretien

Elles sont nombreuses. Ce sont toutes celles qui diminuent la compétence ou la crédibilité du vendeur, qui le font percevoir comme un « commerçant haute pression », qui lui donnent le rôle de gêneur ou de solliciteur. Ce sont celles qui agressent, dévalorisent ou indisposent le client. Ce sont celles qui centrent plus l'objet de la visite sur le produit et ses caractéristiques que sur le client et ses besoins.

Elles sont nombreuses… mais essayons de récapituler les plus fréquentes.

Les excuses

« Excusez-moi de vous déranger. » « Je sais que vous êtes très pris, merci de me recevoir. » « Acceptez-vous de me recevoir juste une petite minute ? » « J'espère que je ne vous dérange pas. »

Quelle considération le client peut-il avoir pour un vendeur si pleutre, si petit, si mal assuré ? Quelle confiance peut-il lui accorder ? Un vendeur qui s'aplatit à ce point sera-t-il suffisamment fort et solide pour résoudre les problèmes qui pourraient se présenter et défendre le point de vue du client auprès de la fabrication ou des services comptables, pour donner les conseils qu'on est en droit d'attendre de lui ?

Faire du négatif

Attaquer dès le début par des questions qui font apparaître des divergences d'opinion. Minimiser le but professionnel de l'entretien : « Je passais par là ». Faire en sorte que le client refuse les unes après les autres les affirmations du vendeur : ce sont là les attitudes du vendeur calamiteux, négatif, qui induisent un climat dans lequel le client va adopter rapidement un comportement de refus, de blocage ou même d'agressivité.

« Les grèves récentes ont sans doute, comme pour l'ensemble de vos collègues, pas mal perturbé votre activité ? Quelle catastrophe pour les affaires ! »

« Alors, comment ça va maintenant avec notre service livraison. Vous n'avez plus d'ennuis ? Et avez-vous réussi à monter le matériel expédié ? Cela n'a pas dû être facile. »

« Bien des clients m'ont signalé qu'ils étaient obligés de pointer tous les articles reçus au moment de la livraison. Vous aussi vous avez eu les mêmes problèmes ? »

Du « je » et du « moi », en veux-tu, en voilà

Nous avons vu plus haut, quand nous avons passé en revue les principes de base qui favorisent le bon déroulement d'une vente, que nous avions toujours intérêt à parler au client de lui.

Vouloir l'intéresser à vous, à vos propres préoccupations, à votre produit est un bon moyen de l'endormir ou de renforcer la charge négative qu'il avait contre ce « vendeur qui vient encore lui faire perdre son temps alors qu'il a tant de choses importantes à faire ».

« Bonjour, monsieur Moret, j'ai failli être en retard à notre rendez-vous car ce matin, en partant de chez moi, je me suis rendu compte que je n'avais plus mon fichier. Il faut vous dire que j'ai des affaires chez moi, au siège de la Société où tous les commerciaux ont un bureau et au dépôt régional. Or le lundi je prépare la tournée de la semaine et je... »

Ne pas prendre l'initiative

Ne pas prendre l'initiative d'ouvrir le dialogue, c'est par timidité parfois ou par méconnaissance de ce qu'il convient de faire, laisser à notre interlocuteur l'initiative en début d'entretien.

Vers quelle destination non prévue, loin du but que l'on s'était fixé, va-t-il nous conduire ? Comment fera-t-on pour le ramener vers le sujet qui a motivé notre visite ?

« Alors monsieur Lami... la grande forme ?

– Ne m'en parlez pas. Depuis quelques jours rien ne va plus. Un lumbago terrible dans le bas du dos. Et avec ça une migraine... Je n'ai vraiment pas le cœur au boulot. »

Dévaloriser

Dévaloriser, c'est diminuer dans l'esprit de notre interlocuteur, souvent par modestie, l'intérêt que présente pour lui notre démarche ; c'est parler maladroitement de son activité, de l'état de son matériel, de son organisation et de bien d'autres choses encore... en les rabaissant, en les rapetissant, le plus souvent de façon involontaire.

Ouvrir hors sujet

Ouvrir hors sujet, c'est inconsciemment retarder le moment où l'on parlera affaires. C'est éprouver le besoin de « faire un détour avant d'entrer dans le vif du sujet ». Cette technique est parfois payante mais comporte bien des risques, ne serait-ce que de ne jamais aborder le sujet qui a motivé la visite (comme le fait de ne pas prendre l'initiative).

Parler de la pluie ou du beau temps, parler des vacances avant les vacances ou après les vacances, parler des dadas du client, sont des pratiques utilisées par les vieux commerciaux pour créer cette « fameuse chaleur humaine » si utile dans les affaires. Pourquoi pas ?

- À condition de ne pas confondre amitié et vente.
- À condition de ne pas perdre en efficacité ce que l'on gagne en civilité.
- À condition de ne pas détourner le but de la visite vers une aimable relation publique... improductive.

Confiance, estime, crédibilité : tout cela doit se gagner au début d'une visite. La chaleur humaine : elle peut parfaitement se créer au cours même de l'entretien.

Développez votre capacité à réussir un contact de qualité

Les bonnes questions à vous poser

- Ai-je l'habitude de préparer, avant la rencontre, les premières phrases ou questions qui vont me permettre de mettre sur rail, tel que je le souhaite, l'entretien ?
- Fais-je en sorte que les premières réponses du client soient des « oui » ?
- Suis-je toujours prêt à démarrer la visite par une proposition qui éveille son intérêt et en fait un demandeur pour la suite de l'entretien ?
- Est-ce que je montre clairement au client, dès le début, que ma préoccupation première n'est pas de vendre à tout prix et n'importe quoi mais de bien connaître ses attentes et ses besoins pour tenter de les satisfaire au mieux de ses intérêts ?

Les points-clés à respecter

- Très rapidement éveillez sa curiosité et suscitez son intérêt.
- Si vraiment le client est débordé et n'a pas de temps à vous accorder, ne vous incrustez pas. Mettez juste en « appétit » pour préparer votre prochaine visite.
- Évitez de vous excuser, de passer pour un solliciteur, d'adopter, d'entrée de jeu, des comportements qui vont à l'encontre du but recherché.
- Attention au piège d'ouvrir hors sujet ! Vous risquez de voir le client vous embarquer loin du but de votre visite.

L'essentiel

▸▸ Préparez votre prise de contact comme vous allez préparer l'ensemble de votre argumentation de vente.

▸▸ En toutes circonstances, restez positif en bannissant les multiples occasions de parler en négatif.

▸▸ Valorisez autant votre client, sa position, ses problèmes que votre solution et vos propositions. Montrez votre connaissance de son milieu, de sa profession et des problèmes qu'elle rencontre. Passez du « je » au « vous ».

▸▸ Bannissez de votre discours toute intrusion hors sujet qui éloigne de l'objectif principal de la vente. Il vous revient de toujours recentrer sur votre proposition.

Chapitre 13

Cinquième technique : découvrir les besoins du client

Executive summary

- **Découvrir** les besoins du client implique d'abord de savoir poser les bonnes questions. La bonne question est celle qui va vous permettre de cerner au mieux les besoins, mais c'est aussi la nature de cette question qui produira des effets différents selon la technique de questionnement utilisée.
- **Relancer** le dialogue sera aussi une technique précieuse à utiliser. Il s'agira d'utiliser silences, reformulations, afin de conduire le client à toujours mieux préciser son besoin.
- **Réussir** une bonne argumentation dépend de votre capacité à avoir posé les questions qui définiront au mieux ce que désire vraiment votre client.

La nature des besoins du client

Nous l'avons suffisamment vu dans les principes fondamentaux : vendre veut dire que nous avons su prouver au client que notre produit correspondait à ses besoins.

Il est donc indispensable avant d'avancer un argument d'évaluer les besoins de ce client, de savoir s'il correspond à ses attentes, d'apprécier les freins, les réticences, les *a priori* éventuels à l'acquisition du produit.

Que va-t-on proposer ?

- Plus de facilité d'emploi ?
- Plus d'amortissement accéléré ?
- Plus de sécurité ?
- Plus de confort ?
- Plus de prestige ?
- Plus de prix bas ?

Il faut le savoir avant de proposer juste. Il y a peut-être 250 arguments pour vendre une voiture.

Chaque client ne sera sensible qu'à deux ou trois d'entre eux.

Les besoins du client sont de deux ordres :

- les besoins d'ordre technique ;
- les besoins d'ordre psychologique.

Les premiers sont d'ordre matériel, logique, rationnel. Ils sont l'expression réelle d'un manque.

- Agrandir son usine et désirer s'équiper de nouvelles machines.
- Améliorer la productivité de son service informatique.
- Répondre à la demande de la clientèle en offrant les marchandises qu'elle désire.

Les seconds, d'ordre psychologique, sont les motivations qui vont déclencher les mobiles d'achat. Ils dépendent du caractère, de la personnalité de chaque client mais aussi de la fonction occupée dans l'entreprise (les motivations d'un technicien de production ne sont pas celles de l'acheteur professionnel et celles du directeur commercial ne sont pas celles du directeur financier).

Avant de convaincre, il est donc indispensable de découvrir les besoins et les motivations du client. Les ayant détectés il sera plus facile d'adopter l'argumentation en fonction des désirs du client. Certains arguments ne seront même pas évoqués. D'autres, au contraire, prendront une place considérable dans l'entretien. Ils viendront en réponse à une attente ou à une motivation décelée.

C'est par la connaissance exacte des besoins et des motivations du client qu'il sera possible de présenter notre produit ou la solution trouvée sous le jour le plus satisfaisant pour lui.

Comment faire cette découverte ? Nous l'avons vu en partie dans le chapitre sur l'empathie :

- Accumuler des informations par la pratique des visites répétées et par la connaissance des problèmes de la profession.
- Observer tout ce qui peut être notable pour la connaissance dont on a besoin.
- Interroger l'entourage, les clients qui le connaissent, les vendeurs qui le visitent.
- Et surtout faire parler. Mais faire parler nécessite la maîtrise d'une technique bien particulière… l'art de poser les questions.

L'art de poser les questions

À bonne question, bonne réponse. Si nous n'avons pas la réponse que nous attendons… c'est que nous n'avons pas posé de question ou que nous avons mal formulé notre question.

Mais me direz-vous, les clients répugnent souvent à répondre aux questions. Ils ont l'impression qu'on est indiscret ou qu'on veut les manipuler.

C'est vrai. Si les questions sont posées brutalement. Si les questions sont formulées en batterie. Si les questions ressemblent plus à un interrogatoire de police qu'à la recherche réelle des besoins du client. Si les questions sont posées à un mauvais moment. Si les questions ne sont pas formulées dans la forme qu'il convient. Alors, il est normal que le client réagisse négativement. Tout l'art est dans leur formulation et dans l'attitude que nous avons quand nous les formulons.

Passons-les en revue les unes après les autres et voyons leurs avantages, leurs inconvénients et dans quelle condition les poser.

La question fermée

Question à laquelle il est possible de répondre par oui ou par non.

■ Avantages

1. Elle oblige à une réponse et permet l'ouverture au dialogue.
   « Avez-vous souvent dans votre clientèle des patients qui viennent vous consulter parce qu'ils veulent maigrir sans avoir à faire un régime sérieux ?
– Oui fréquemment. »
2. Elle permet de faire du client, en quelque sorte, un demandeur.
   « Est-ce que la facilité d'entretien est pour vous un élément important ?
– Bien sûr. Pourquoi ? »
   Alors que si la formulation avait été faite sous forme d'affirmation, le client n'aurait peut-être pas porté un grand crédit au propos du vendeur ou aurait pu, ce qui arrive fréquemment face à une affirmation trop péremptoire, en prendre le contre-pied.
3. Le oui engage notre interlocuteur. Il ne peut revenir en arrière, par la suite, et le vendeur peut avoir à utiliser cette dynamique positive pour montrer au client hésitant que ce qui lui est proposé est bien ce qu'il recherche.
   « Vous m'avez bien dit tout à l'heure que la qualité première de cet engin devait être la maniabilité ?
   – Oui.
   – Vous êtes d'accord avec moi qu'il correspond en tout point à l'usage que vous voulez en faire ?
   – Oui.
   – Dans ces conditions, c'est bien cet appareil qu'il vous faut… »
4. Elle permet de contrôler que le client suit bien ; elle jalonne l'accord du client tout au long de l'entretien, elle fait apparaître les doutes qui, une fois formulés, peuvent être levés par le vendeur.
   « Donc, pour dresser le bras de levier, il faut abaisser le cliquet qui se trouve là. Vous me suivez ?
   – Oui, oui, parfaitement.
   – Ensuite, le ramener dans une position latérale. C'est facile n'est-ce pas ?
   – Assez, oui. Mais il ne faut pas faire de fausse manœuvre.
   – Combien de personnes doivent s'en servir ?
   – Seulement mon assistant et moi.
   – Il suffira donc de l'avertir et de lui faire manier avant la mise en route définitive. Voulez-vous que nous passions à un autre point ?
   – Oui, bien volontiers. »

5. Elle permet de fixer l'accord du client sur un certain nombre d'avantages vers la fin de l'entretien avant de tenter une technique de conclusion.
« Résumons-nous. Compte tenu du peu d'espace, vous êtes obligé d'agrandir votre ère de stockage dans ce passage. C'est bien cela ?
– Ben, oui !
– La solution rayonnage en bois ne peut être envisagée compte tenu de l'encombrement. On est bien d'accord ?
– Oui, oui.
– Il reste la solution métallique. Vous avez noté vous-même la légèreté et la facilité de montage de ce modèle. C'est donc bien le modèle qui vous convient le mieux n'est-ce pas ?
– À l'évidence, oui ! »
6. Elle permet d'engager le dialogue et d'ouvrir sur d'autres questions.
« Pensez-vous ouvrir un rayon bricolage, prochainement ?
– Sûrement. Plus tard.
– Un rayon assez général ou très spécialisé ?
– Je ne sais pas encore très bien. Que me conseillez-vous ? »

■ Inconvénients

- La question fermée donne peu de renseignements et doit être complétée par toute une série d'autres questions.
- Elle risque d'être vécue comme brutale ou indiscrète. Pour être formulée, notamment en début d'entretien, on a donc souvent intérêt à la justifier. « Si je vous pose cette question, c'est parce que... »
- Elle présente le danger d'avoir un non alors que la réponse attendue était un oui et de se trouver dans une situation de blocage.

La question ouverte

Elle demande l'opinion de notre interlocuteur. Elle débute souvent par « Que pensez-vous de... ? » ; « Quelle est votre opinion... ? » ; « J'aimerais avoir votre avis sur... ».

■ Avantages

1. Permettre une meilleure ouverture au dialogue. Elle peut être formulée tout de suite après une question fermée.
« Avez-vous agrandi comme vous le vouliez, votre rayon des produits surgelés ?

– Oui, il y a deux semaines.

– Et que pensez-vous du développement de ce marché ?

– Eh bien, c'est un marché qui va progresser considérablement. Aux États-Unis le tiers de la consommation alimentaire est représenté par du surgelé. Ma première semaine a été en chiffre d'affaires supérieure à ce que je pensais. Bon, je dois encore étudier et ajuster mon assortiment, mais c'est encourageant. »

2. Laisser le client libre du champ, du choix et de la direction de sa réponse.

   Ainsi dans l'exemple précédent le client a parlé des États-Unis, de l'expérience de sa première semaine, de son intention de réviser son assortiment. Le commercial ne pouvait pas prévoir, en posant cette question, le contenu de la réponse. Il savait seulement que le dialogue avait des chances de s'ouvrir et qu'il allait collecter une masse importante de renseignements dont il pouvait tirer profit par la suite.

3. Valoriser le client.

   Avant de s'avancer sur un terrain qu'il ne connaît pas, le vendeur a intérêt à savoir où il met les pieds. Demander l'avis à quelqu'un permet de connaître son opinion avant de présenter la sienne et d'éviter ainsi de commettre des « gaffes » difficilement rattrapables. De plus, les gens sont pour la plupart flattés d'être questionnés pour donner leur avis. Leur statut d'expert, de spécialiste, de connaisseur est reconnu et ils ont alors tendance à devenir moins critiques sur certains détails.

   « On parle beaucoup, Monsieur, du développement des logiciels cloud. Pensez-vous que cela va avoir une incidence forte sur le marché ? J'aimerais connaître votre point de vue à ce sujet. »

4. Faire apparaître les motivations.

   La forme avec laquelle le client va répondre à la question est très significative de son caractère. Et au-delà du contenu, du fond de la réponse, il est important de noter ce qu'il énonce en premier, la manière dont il le dit, la façon dont il structure son propos. Ainsi on va reconnaître celui qui :

   – a une pensée organisée, l'homme de rigueur, de méthode « Trois éléments me semblent importants. Premièrement… Deuxièmement… Et enfin… » ;

   – hésite, n'est pas assuré, semble méfiant. « Heu ! Oui… Je ne sais pas très bien… Mais pourquoi me posez-vous cette question ? » ;

   – projette immédiatement ses préoccupations « Pour moi, c'est simple, ce seront les gros qui vont encore en profiter… » ;

– se découvre totalement, laisse transparaître ses faiblesses. Ainsi l'orgueilleux montrera qu'il n'est pas insensible à une certaine forme de flatterie, à certains honneurs. « Vous me demandez ce que j'en pense ? Eh bien, je vais vous répondre. Je suis ravi que vous m'ayez posé cette question car j'ai pas mal potassé la question. Mon avis est d'ailleurs partagé par le président de la chambre de commerce avec qui je dînais l'autre jour dans mon club... »

Bien sûr cette question peut ne pas présenter que des avantages. Face à une question ouverte, le client peut prendre une direction inattendue ou partir dans des digressions incontrôlées. Posée trop tôt en début d'entretien ou sur un sujet délicat, elle risque d'être perçue comme indiscrète. Elle est enfin à éviter en fin d'entretien avec des clients bavards.

Les questions investigatrices

Ce sont toutes les questions qui font préciser la pensée de notre interlocuteur. Elles commencent par qui, quand, comment, où, pourquoi ? Elles se posent pour en savoir plus, pour approfondir un point de détail ou pour marquer l'intérêt que l'on porte à ce que nous dit le client.

La question alternative

La réponse est contenue explicitement ou implicitement dans la question.

Explicitement parce qu'elle donne à l'interlocuteur un choix facile entre les deux termes de l'alternative.

Implicitement parce que s'il n'est pas d'accord sur l'un ou l'autre de ces termes, elle lui permet toutefois d'évoquer un point de vue différent. Elle implique une bonne connaissance de la profession du client et de ses préoccupations.

C'est un genre de question peu employé par les vendeurs alors qu'il présente de nombreux avantages.

1. Cette question préguide le choix de l'interlocuteur et facilite sa réponse.
   « Parmi ces deux avantages, quel est celui qui vous paraît le plus intéressant :
   – le fait que la mise en route s'effectue par entraînement direct ;
   – ou la suspension du moteur qui permet une réduction considérable des vibrations ? »
2. Un refus sur les deux termes de l'alternative ne ferme pas le dialogue. Tout le monde connaît la technique de prise de rendez-vous par téléphone, qui, au lieu de dire « Quand pouvez-vous me recevoir ? »

consiste à annoncer à notre interlocuteur « Pouvez-vous me recevoir mardi après-midi ou mercredi matin ? »
Celui-ci, s'il refuse ces deux dates proposées, laisse la porte ouverte à une troisième :
« Ni mardi après-midi, ni mercredi matin ? Donc mercredi après-midi. À quelle heure préférez-vous, à 16 heures ou à 17 heures ? »

3. Elle permet de faire prendre une décision à partir d'un choix décidé par le questionneur.
Si le vendeur dit à son client : « Alors qu'est-ce que vous faites ? » Il n'aide pas le client à faire son choix et renforce son hésitation. Celui-ci risque avec de fortes probabilités de lui répondre : « Écoutez, je ne suis pas décidé. Je verrai cela à votre prochain passage. » Par contre si le vendeur lui dit : « Que préférez-vous ? En recevoir deux douzaines, ce qui vous permettra d'assurer la demande et de ne pas perdre des ventes ou d'en prendre tout de suite six douzaines pour vous permettre de bénéficier de la remise maximale ? Pour vous aider et favoriser la demande, je peux mettre à votre disposition un présentoir de comptoir que l'on installerait par exemple ici... ou là. À quel endroit vous semble-t-il le mieux placé ? »

Ce type de questions s'emploie fréquemment en début et en fin d'entretien.

En début d'entretien pour faire préciser les besoins du client et pour lui montrer que le vendeur parle de ses problèmes dans son langage.

« Quels sont les deux aspects qui vous posent le plus de problèmes : former vos techniciens ou devoir faire changer ses habitudes à votre clientèle ? »

En fin d'entretien, elle permet de faire une synthèse en reformulant les avantages qui ont paru les plus forts au client et à l'engager à prendre une décision.

« Parmi les trois avantages suivants :
- la maniabilité ;
- la rapidité d'action ;
- ou la bonne tolérance ;
- Quel est celui qui vous séduit le plus ? »

Le client répond par l'un ou l'autre de ces avantages.

« Dans ces conditions vous comptez l'utiliser chez des malades dont les traitements précédents n'ont pas donné de résultats ou chez un nouveau malade ? »

Les questions alternatives doivent, malgré leur intérêt, être maniées avec prudence car elles risquent d'être perçues par votre interlocuteur comme une tentative de téléguidage ou de manipulation.

La question en retour

Elle redonne au client qui vient de poser une question le soin de donner la réponse.

Répondre trop rapidement à un client ne permet pas souvent de donner la réponse adéquate car le vendeur ne connaît pas toujours les raisons pour lesquelles le client la pose.

Ainsi s'il dit « Est-ce que ça se détraque ? », le vendeur peut répondre « Non, bien sûr, nous avons renforcé la coupelle près de la fixation et nous n'avons maintenant pratiquement plus d'ennui... » « Tiens, tiens, tiens ! Voilà quelque chose à laquelle je n'avais pas pensé... », pense le client. De plus il n'a pas eu la réponse à sa question.

Le vendeur eut été plus habile s'il avait dit « Pourquoi me posez-vous cette question ? »

Les avantages sont les suivants :

1. Le vendeur va connaître les vraies raisons qui motivent la question du client et pouvoir répondre en meilleure connaissance de cause.
   « Pourquoi me posez-vous cette question ?
   – Eh bien, des amis l'ont utilisé et n'en ont pas été très contents. »
   Le vendeur sait maintenant qu'il s'agit d'une simple rumeur et qu'il va falloir rassurer ce client, qu'il n'y a pas de point précis sur lequel porte l'interrogation et que son appareil n'est sans doute pas en cause.
2. Le client pose souvent des questions dont il connaît la réponse. Il veut seulement s'en assurer et être rassuré. Donner le soin au client de répondre est d'autre part valorisant.
   « Est-ce que ça va se vendre ? » dit le client.
   « Qu'en pensez-vous, vous-même, répond le vendeur, vous qui êtes connu sur la place pour avoir pas mal de flair et pour avoir réussi à lancer et à implanter plusieurs produits, parfois difficiles ? Plus difficiles que celui-ci en tout cas. »
3. La question en retour permet encore au vendeur de réfléchir et de percevoir derrière la question posée l'objection éventuelle qui peut se cacher.
   « Peut-on le laver en machine ?
   – Pourquoi me posez-vous la question ?

– Eh bien parce que j'ai acheté dernièrement un pull soi-disant irrétrécissable, et à ma grande surprise, il avait perdu au moins trois tailles. »

Le danger majeur de la question en retour est de donner au client un sentiment de fuite surtout si elle est répétée trop souvent dans l'entretien ou si la question est trop précise pour que l'on puisse la retourner.

Les questions sont donc le moyen le plus simple et le plus sûr pour faire parler son interlocuteur... à condition, évidemment, de savoir les formuler et ensuite de savoir écouter les réponses.

Est-ce bien tout ? Non ! Il faut savoir encore se taire.

Dur. Plus dur à dire qu'à faire. Écouter et se taire. C'est à la qualité de l'écoute que se jauge le vendeur de qualité qui porte une attention soutenue aux paroles de son interlocuteur.

Cette volonté de saisir l'essentiel, à travers les propos, souvent confus, de celui qui s'exprime, propos parfois entrecoupés d'hésitations, de silences, de redites, demande à la fois une réelle concentration d'esprit et une volonté bien affirmée d'écouter, de comprendre, de retenir l'attente du client.

Cette écoute attentive du vendeur professionnel, son interlocuteur doit la percevoir, la ressentir, la vivre.

L'attitude du vendeur, le regard qu'il porte sur celui qui parle... autant d'indices qui traduisent son intention profonde de communiquer.

Mais toutes ces façons de poser les questions, d'aborder son interlocuteur, de s'adresser à lui, ne sont pas les seules clés de la réussite d'une vente. Il est d'autres moyens pour découvrir les besoins et relancer le dialogue. Nous allons passer en revue les plus importants...

La relance du dialogue

Les silences

Pourquoi s'empresser de prendre la parole dès que notre interlocuteur cesse de parler ?

Est-on persuadé qu'il a effectivement terminé d'exprimer son idée, que ce silence n'est pas pour lui une pause nécessaire avant de poursuivre son raisonnement, d'exprimer plus en profondeur son idée ?

Le silence de l'autre est toujours trop long pour celui qui écoute et souvent trop court pour celui qui parle.

Astreignons-nous à donner à un entretien, par des silences plus longs, le rythme agréable d'une conversation plutôt que celui très enlevé d'un interrogatoire d'identité mené par un fonctionnaire modèle.

La relance

Cette technique consiste à répéter sur un ton interrogatif le dernier mot de la phrase de notre interlocuteur, pour l'amener à s'exprimer davantage.

Bien maîtrisée, elle montre clairement à notre interlocuteur que nous suivons ses propos et qu'ils nous intéressent au plus haut point.

La reformulation

C'est un bon moyen pour montrer à notre interlocuteur que ce qu'il a dit a bien été perçu et assimilé. Il consiste à répéter de temps en temps, l'essentiel de son propos :

- soit pour marquer une pause, une étape dans la progression de l'entretien ;
- soit pour résumer ce qui vient d'être longuement développé ;
- soit pour recentrer sur le thème en cas de digression.

Ces techniques dont l'éventail est important ont pour objet de transformer ce qui pourrait être un interrogatoire sec en un dialogue agréable pour les deux partis.

Elles ne valent rien si elles sont appliquées sans discernement et si elles ne sont pas mises, avec rigueur, au service de l'objectif fixé.

Faire parler notre interlocuteur pour discerner dans ses propos des besoins, ses attentes, ses motivations. Bien les connaître, en apprécier la portée pour mieux convaincre et montrer que notre offre correspond à sa demande.

Développez votre capacité à découvrir les besoins du client

Les bonnes questions à vous poser

- Est-ce que je m'efforce systématiquement, avant de commencer à argumenter, à rechercher les besoins et les motivations de mon interlocuteur ?
- Ma tendance naturelle est-elle d'être surtout un « parleur » ou un « écouteur » ?
- Suis-je capable, dans un entretien de vente, d'utiliser toutes les sortes de questions ou est-ce que je me contente des questions fermées et investigatrices ?

• Est-ce que, lorsque j'ai l'impression que mon questionnement peut être perçu comme un peu trop « inquisitorial », j'utilise les techniques de relance du dialogue ?
• La reformulation fait-elle partie des techniques que j'emploie facilement ?

Les points-clés à respecter

• Variez les questions pour cerner précisément les besoins de votre interlocuteur mais aussi ses motivations et les traits de sa personnalité.
• Évitez la batterie de questions fermées et investigatrices qui donnent à votre entretien l'allure d'un interrogatoire.
• Habituez-vous à poser plus de questions ouvertes pour laisser au client le soin de parler dans le sens qu'il veut, sans contrainte. Cela vous permettra d'en savoir plus sur ses points de vue, ses jugements, ses opinions, ses désirs profonds, ses interrogations, ses rejets, etc.
• Reformulez de temps en temps les propos de votre client pour vérifier qu'il s'est exprimé sur tout ce qu'il voulait dire et pour le rassurer sur la compréhension de ses attentes.

L'essentiel

▶▶ Définir les besoins consiste d'abord à poser les bonnes questions et à utiliser un éventail de techniques de questionnement se résumant à : la question fermée, la question ouverte, la question investigatrice, la question alternative, la question en retour.

▶▶ Rechercher à faire parler votre client en ménageant des silences, en relançant par des questions ce qui reste non dit ou encore en reformulant ses affirmations permet de préciser encore davantage la nature des besoins et à aider votre client à les exprimer.

Chapitre 14

Sixième technique : argumenter

Executive summary

- **Argumenter** est un ensemble de savoir-faire qui met en jeu de nombreuses aptitudes du vendeur : capacité d'écoute, de formulation, de compréhension des besoins, de finesse psychologique. Il est constitué de préparation factuelle d'éléments susceptibles de prouver ce que l'on avance.
- **Le bon argument** est celui qui est adapté à la situation, au client et à son besoin, et de nature à convaincre ce dernier que votre produit est la solution qu'il attend. L'argument fait mouche parce qu'il colle à la réalité, qu'il est objectif et personnalisé.
- **Décliner** une argumentation, c'est dérouler un ensemble de preuves qui démontrent avec logique que vous avez compris les besoins et que vous êtes en train d'y répondre par votre proposition. Le bon argument, c'est aussi celui qui rassure votre client.

Les dix règles d'or de l'argument qui fait mouche

Les attentes, les motivations, les besoins du client détectés, il faut maintenant choisir l'argument qui fera mouche. Réciter l'ensemble des arguments que possède notre produit, c'est faire de l'information. Mettre en valeur l'argument qui séduira, c'est à coup sûr se donner une chance de réussir sa vente.

Mais quel est le bon argument qui touche au but ?

C'est celui qui, s'appuyant sur les besoins réels du client, fait en sorte que celui-ci :
- l'écoute ;
- le comprenne ;
- l'accepte ;
- le retienne ;
- le transforme en action.

En d'autres termes, il ne suffit pas qu'un argument soit compris, il faut qu'il exerce sur celui qui l'écoute une influence réelle et l'incite à l'action.

Convaincre son interlocuteur : dix règles à respecter

1. Répond aux attentes du client et prend en compte les attentes de l'utilisateur final (pour bien convaincre, bien connaître).
2. Est exprimé dans le langage du client et mis en valeur par des techniques d'expression orale (chassez le jargon et gardez-vous des mots à charge négative).
3. S'appuie sur des faits et des chiffres qui apportent la preuve qu'il ne s'agit pas d'une affirmation gratuite. L'appel aux faits répond au désir de prouver (l'argument sans preuves, c'est la poignée sans la valise).
4. Est soutenu par des visuels : photos, graphiques, échantillons, démonstration… Faire participer plutôt que faire subir.
5. S'enchaîne avec logique.
6. Est présenté avec objectivité dans le souci d'amener le client à la proposition qui lui est faite plutôt que celui de la lui imposer à tout prix (une bonne preuve ne s'assène pas. Elle s'impose d'elle-même).
7. Est celui dont l'impact est en permanence contrôlé par l'observation attentive des réactions du client et par des questions sondages (argumenter n'est pas monologuer).
8. Est personnalisé. Ce qui conduit tout interlocuteur au changement, ce n'est pas l'assurance que le produit est bon ; c'est la certitude qu'il est bon *pour lui*

(transformez l'argument technique exprimé par « c'est fait de » en bénéfice client exprimé par « c'est fait pour »).

9. Arrive au bon moment... Attendu, souhaité par un interlocuteur qui n'est pas submergé sous un flot de paroles et une avalanche d'affirmations gratuites (au flot d'arguments, préférez le goutte à goutte).

10. Est celui dont il est facile de dramatiser les conséquences désastreuses (augmentation des coûts, chute des performances...) lorsque le client le repousse catégoriquement.

Avis d'expert

Yves Blanchard, président de CAA, Conseil et formation en performance commerciale, et Nicolas Dugay, directeur associé

Pour vous, qu'est-ce qu'une bonne argumentation ?

L'argumentation a pour objectif d'amener une personne à accepter une vérité, un fait, par le raisonnement. C'est aussi la capacité à faire rentrer fortement une opinion dans l'esprit de quelqu'un. Une bonne argumentation demande donc du travail et du talent. Elle s'appuie sur la dialectique qui est, selon Platon, « l'art de la discussion, du dialogue, permettant de s'élever de la connaissance sensible à la connaissance intelligible ».

Quels sont les points importants pour bien argumenter ?

Argumenter, c'est d'abord écouter. Paradoxal mais plus je suis capable de comprendre ce que cherche mon client, plus j'argumente sur ce qu'il veut. On peut segmenter les besoins de son interlocuteur, sous l'acrostiche FACE, en quatre motivations d'achat essentielles : facilité, appartenance, calcul, émotions.

Il existe de nombreuses approches qui vont de la technique CAB, à la transformation des caractéristiques d'un produit en avantages puis en bénéfices clients, en passant par les approches en psychologie sociale de Robert Cialdini. Je vous donnerai plutôt les deux outils : le QIPM et le *storytelling*.

Le QIPM, c'est « Quel intérêt pour moi ? ». En clair, à chaque fois que vous émettez un argument, le client ne doit pas se poser cette question, il doit avoir immédiatement ses gains. L'absence d'argumentation QIPM génère une frustration côté client, car il doit de lui-même visualiser et se convaincre de l'adéquation entre son besoin et votre offre.

Le *storytelling*, c'est l'art de raconter une histoire pour convaincre. Il capte l'attention et génère de l'émotion. Le storytelling s'appuie sur trois mécaniques de la conviction :

- La force de l'autorité : votre histoire doit montrer votre connaissance intime du propre marché du client.
- La force de l'imagination : votre histoire va permettre au client de s'imaginer dans une situation déjà connue d'un concurrent.
- La force de l'humilité : vous n'affirmez pas vos forces, c'est une tierce personne qui apprécie la pertinence et la valeur de votre offre.

Comment « avancer » un argument ?

Avant de se lancer avec fougue dans son argumentation, le vendeur doit s'assurer qu'il a bien cerné les attentes de son interlocuteur : il en reformule l'essentiel.

Reformulation d'autant plus réussie qu'elle aura exprimé les idées du client, dans son langage, qu'elle aura repris ses chiffres et, si cela s'avère possible, qu'elle aura dramatisé la situation pour le rendre davantage encore, demandeur d'une solution.

Partir de l'avantage qu'apporte au client la solution proposée. Apporter la ou les preuves que ce que vous venez d'affirmer est vrai. Ensuite énoncer la caractéristique technique (*cf.* « Commencez par les avantages avant d'avancer les caractéristiques techniques »).

Comment « fortifier » un argument ?

Un argument n'a de valeur qu'en fonction des preuves. Ce sont elles qui lui donnent sa force... ou sa fragilité. Cinq familles de preuves, de nature différente, sont à la disposition du vendeur.

L'appel à la confiance

Il repose sur les relations que le client entretient depuis de longues années avec le vendeur, la société qu'il représente ou l'image de marque.

« Vous savez très bien que vous pouvez me faire confiance, Monsieur Marot, si je vous affirme qu'il vous donnera entière satisfaction. »

« Croyez-vous que notre société se serait lancée dans une telle opération sans avoir testé avec soin ce matériel ? Croyez-vous qu'elle aurait pris le risque de détruire une confiance consolidée par tant d'années de collaboration entre elle et vous ? »

La preuve par la référence

Elle fait appel à la caution de tous ceux qui ont adopté la solution et s'en déclarent satisfaits. Plus les preuves sont nombreuses, plus les références sont prestigieuses et plus son poids devient important.

« L'an dernier trois constructeurs sur quatre ont adopté ce système, ça ne peut être un hasard... »

« Dans votre région, c'est la dixième installation de ce type que nous faisons, à l'entière satisfaction de nos clients. »

« Les travaux du professeur Untel, sont-ils pour vous une référence ?

– Oui, bien sûr.

– Eh bien, il a expérimenté le produit sur 645 patients. Voici les résultats... »

La preuve par le vécu

Elle prend appui sur des résultats d'application chiffrés, sur des faits précis, sur des données comparatives. Elle est soutenue par des graphiques, des courbes, des échantillons, des démonstrations.

« Vous voyez ce morceau de pneu. D'après vous sur combien de kilomètres a-t-il roulé ?

– Il ne semble pas très usé en surface et les flancs ne sont que légèrement fendillés. Au hasard, je pencherais pour 20 000 à 30 000 km.

– C'est un des pneus que nous avons installés sur nos camions de livraison. Il a parcouru exactement 55 000 km. Il aurait pu faire plus encore. »

« Lors du lancement de notre dernier produit, vous souvenez-vous du nombre de colis que vous aviez vendus dans les six mois qui ont suivi ?

– Non pas très bien. Je sais que j'ai eu des difficultés à le faire accepter à la clientèle au début. Il a très bien marché par la suite ; maintenant il est un peu tombé.

– J'ai là votre fiche. Vous en aviez fait 580 colis dans les six premiers mois. Avec des difficultés au départ, vous m'avez dit. Il est donc raisonnable de penser que vous ferez beaucoup mieux avec celui-ci puisqu'il bénéficie en plus... »

La preuve par analogie

Elle est assez semblable à la précédente mais basée sur des solutions voisines à celles que l'on propose au client et dont la société n'a pas encore de référence. Elle est surtout valable pour les offres de société d'ingénierie ou de services.

« Nous avons organisé un voyage de stimulation de la clientèle en Tunisie pour les 150 plus gros clients de l'entreprise Argnier. La solution était assez voisine de celle que vous désirez avec pourtant certaines complexités. Le client a été pleinement satisfait et nous devons renouveler l'opération. Voilà comment nous avons procédé... »

« Nous n'avons jamais équipé d'établissements hospitaliers mais nous avons déjà une expérience très vaste dans l'équipement d'hôtels. Tenez, au Magestic qui se trouve à 500 mètres de chez vous et où le nombre de passages est très important, nous avons pu faire chuter le nombre d'arrêts pour panne de 5 à 1. »

La preuve par la déduction

C'est la transposition d'essais menés en laboratoire, au cas réel soumis par le client.

« Logiquement rien ne s'oppose à ce que ça marche. »

« Le produit a été testé sur des chiens et des rats pendant deux ans à des doses dix fois supérieures à celles proposées. Aucune contre-indication n'a été constatée. »

« Les contrôles en soufflerie par des vents simulés dépassant 180 km à l'heure ont permis de constater que les déviations ne dépassaient pas un dixième de millimètre par mètre. »

Comment « donner des couleurs » à vos arguments ?

Vos arguments, quelle que soit leur force, ont besoin pour être mis en valeur d'être mis en relief, de prendre des couleurs. Ils ont besoin d'être appétissants, de séduire. Ils doivent s'animer et prendre vie.

Voyons, pour les rendre attrayants aux yeux du client, comment les habiller et les présenter.

Émaillez-les d'exemples

Les clients aiment le concret, le vécu, le vivant. Ils préfèrent les situations réelles aux idées.

Les exemples doivent être vrais, ils doivent raconter une histoire et contenir une action.

Faites une démonstration

Montrez. Faites voir. Faites toucher. Actionnez. La démonstration permet d'interrompre l'exposé et de remplacer les mots par l'action. Elle permet de mettre vendeur et client côte à côte et non plus face à face.

Répétez

Répétez les mots que le client veut entendre car ils correspondent à ses attentes. Mettez-les en valeur, surtout lorsqu'ils s'appuient sur ses motivations. Encastrez-les entre deux silences, prononcez-les avec une intonation plus marquée, calmement, renforcez-les par un geste, une attitude, un regard...

Visualisez vos propos

On se souvient mieux de ce que l'on a vu et entendu que de ce que l'on a seulement entendu. Soutenez par un visuel l'argument que vous avancez. Montrez la page du catalogue qui illustre votre démonstration. Faites un croquis. Écrivez un chiffre.

Adaptez votre argumentation aux réactions du client

Observez les réactions du client. Il fronce les sourcils. Avez-vous été assez clair ? Peut-être est-il préférable de reprendre l'argument et de le développer autrement. Il s'impatiente. N'êtes-vous pas en train d'en dire trop et de ne plus l'intéresser ?

Ne déballez pas l'ensemble de vos arguments en quatrième vitesse. Ralentissez quand vous voulez en mettre un en valeur. Sachez alterner arguments faibles et arguments forts. On a toujours intérêt à démarrer et à terminer par un argument fort.

Posez des questions de contrôle et faites des synthèses partielles

Vérifiez que le client vous suit, qu'il accepte ce que vous dites, qu'il est convaincu. De temps en temps posez une question de contrôle pour vérifier qu'il n'existe pas une objection inexprimée mais qui risque de le bloquer. Marquez son accord en lui posant les questions qui l'amènent à dire oui. À chaque étape de la démonstration, résumez les points forts et montrez que tout ce qui a été dit jusque-là correspond à ce qu'il en attendait.

Soyez enthousiaste

« Faire ennuyeux » n'est probablement pas le meilleur moyen de donner envie au client d'acheter. Il hésite, il se pose des questions, il veut être rassuré. Il attend de vous d'être convaincu. On ne vend que ce à quoi on croit. Être enthousiaste veut dire : croire à son produit et le montrer, être calme, détendu, souriant, s'engager personnellement dans ses affirmations. L'enthousiasme est convaincant et provoque en retour l'adhésion de notre client. La tiédeur n'amène qu'indifférence ou ennui.

Dramatisez

En cas d'échec, le moment est peut-être venu de faire pression sur lui en dramatisant la situation, de souligner les conséquences désastreuses d'une décision repoussée à plus tard.

Exprimez-les en termes :

- de dépenses supplémentaires (les économies annoncées ne seront pas réalisées) ;
- d'insécurité ;
- de manque à gagner ;
- d'occasion unique, perdue.

Rassurez

Au fur et à mesure de votre démonstration le client prend conscience qu'il devient convaincu. Il a peur de l'être trop rapidement, de prendre une décision hâtive, d'oublier une objection majeure. Il résiste. Il objecte. Il retarde le moment de la conclusion. Employez alors les attitudes et les mots qui rassurent : garantie, certitude, preuves. Enrichissez les mots par des adjectifs qui renforcent l'aspect sécurité.

Exemples : absolue certitude ; preuves solides ; totale garantie ; assurance entière...

Ou des adjectifs et un adverbe tous deux rassurants.

Exemples : matériel parfaitement adapté ; qualité rigoureusement constante ; protection longuement éprouvée.

Parlez à l'indicatif présent ou futur immédiat

Le conditionnel est abstrait. Il donne au client le sentiment qu'il n'est pas concerné. L'achat est hypothétique. Le présent par contre engage plus directement l'interlocuteur.

Ces dix manières de donner des « couleurs » à vos arguments ont trois objectifs :
- convaincre ;
- intéresser ;
- rassurer.

Elles doivent donc réduire :
- la position de défense *a priori* du client ;
- le scepticisme qui le porte à mettre en doute l'information qui lui est transmise ;
- l'hésitation de ne pas faire le bon choix.

Cette triple résistance sera d'autant moins forte que l'argumentation aura été de bout en bout participative et que le client n'aura pas le sentiment d'un déballage incontinent d'arguments trop bien mis en scène et mille fois répétés.

Les fils de fer barbelés de l'argumentation

Ce sont tous les mots qui égratignent le client, le mettent mal à l'aise, l'indisposent. Ce sont les expressions parasites qui empoisonnent votre propos, le font rejeter avec suspicion. Ce sont les attitudes qui déclenchent la méfiance, l'inquiétude ou l'agressivité.

Apprenons à repérer ces bons amis qui nous veulent du mal et ensuite essayons de nous en débarrasser. Ils nous encombrent, nous freinent, nous alourdissent et parfois même nous font de sacrés crocs en jambe.

Les expressions à charge négative

- Ne voulez-vous pas ?
- Ne pensez-vous pas ?
- Ne croyez-vous pas ?
- Vous n'en voulez pas ?
- Vous semblez ignorer que...

Préférez-leur des mots à charge positive.

Les expressions « épouvantail »

Qui contrent le client et s'opposent à ce qu'il dit :
- Pas d'accord.
- Vous faites erreur.
- Vous n'y êtes pas.

Soyez neutre.

Les expressions dubitatives

Qui atténuent la force des arguments et font naître un doute dans l'esprit du client.
- Je pense, je crois...
- Il me semble que...

Exprimez des certitudes.

Les expressions trop personnelles

Qui vous mettent au centre de la conversation et qui laissent le client sur le côté.
- À mon avis...
- J'estime, je trouve...

Mettez le client au centre de la vente. Dites « vous ».

Les expressions impersonnelles

Qui donnent l'impression au client que personne et tout le monde est responsable.
- On fera l'impossible.
- La réclamation sera transmise à qui de droit.

Les verbes au conditionnel

Qui ne favorisent pas l'engagement du client.
- Si vous aviez à le prendre.
- Si vous vouliez un jour faire l'essai.
- Nous pourrions peut-être.

Parlez au présent. C'est le temps de l'action. Il anticipe la possession.

Les adverbes, les généralités et les affirmations vagues

Qui donnent une impression de flou.

- Ça agit vite.
- On en a vendu énormément.
- Un grand nombre d'appareils ont pourtant été installés.

Exprimez-vous par des faits probants.

Les mots qui ramollissent vos propos et les rendent inconsistants

- Croyez-moi.
- Faites-moi confiance.
- Laissez-moi vous dire.
- Nous pourrions faire un petit essai.

Soyez direct.

Les mots qui inquiètent le client

- Je reconnais que c'est une dépense importante.
- Votre objection.
- Ce n'est pas une mauvaise affaire.
- Remplacez-les par des mots valorisants.

Les exagérations

Qui diminuent votre crédibilité et émoussent votre sincérité.

- Nous n'avons jamais eu une seule réclamation.
- Les clients se les arrachent.

Citez vos faits avec exactitude.

Développez votre capacité à élaborer une bonne argumentation

Les bonnes questions à vous poser

- Suis-je sûr, à chaque fois que j'avance un argument, qu'il correspond aux attentes de mon client ?
- Mes arguments sont-ils documentés, crédibles, appuyés sur des faits et des chiffres ?
- Pour donner du poids à un argument, est-ce que j'exerce ma force de conviction par une attitude assurée, par un ton plus affirmé et par un regard plus direct ?
- Après un argument qui porte, est-ce que je vérifie les points d'accord par une question de contrôle ?
- Est-ce que je parle au présent en évitant le conditionnel (abstrait, hypothétique, engageant peu à l'action) ?

Les points-clés à respecter

- Attention aux affirmations gratuites qui font perdre de la force à vos arguments !
- Résistez à l'envie d'exagérer.
- Répétez l'argument qui plaît.
- Citez des références pour rassurer le client.
- Évitez la tiédeur. L'enthousiasme est communicatif.
- Relisez de temps en temps « les fils de fer barbelés de l'argumentation » pour remettre le doigt sur vos mauvaises habitudes.

L'essentiel

▶▶ **Argumenter** par la démonstration, les faits, les chiffres, la preuve et ses différentes formes (preuve par référence, preuve par le vécu, preuve par analogie, preuve par déduction) est la condition pour faire avancer la décision du client vers votre proposition.

▶▶ **Avancer** de bons arguments s'applique d'autant mieux que votre langage évite toute formulation négative, inadaptée, inquiétante, vague et imprécise, engendrant le doute et le scepticisme chez votre client.

▶▶ **Valoriser** votre argumentation par des mots adaptés, choisis, variés est indispensable. Adopter une attitude positive et enthousiaste sera bien plus convaincant.

Chapitre 15

Septième technique : utiliser les objections comme appui à l'argumentation

Executive summary

- **Prendre** une objection comme une attaque de la part du client est le meilleur moyen de conduire la vente vers l'échec. Formuler une objection est simplement, pour le client, une manière d'être rassuré.
- **Répondre** sereinement aux objections est la seule méthode qui peut vous permettre de les considérer avec neutralité, objectivité et bienveillance.
- **Réfuter** l'objection sincère permet au vendeur de revenir sur les points que son argumentation n'a pas éclaircis, c'est aussi déjouer les résistances que manifeste le client. L'objection infondée ou de mauvaise foi doit en revanche être occultée en apparence pour mieux être contournée à un autre moment si nécessaire.

L'intérêt des objections

Les objections sont utiles à l'argumentation. Elles nous permettent de connaître les préoccupations, les besoins, les centres d'intérêt du client. Comment savoir ce qui l'inquiète, ce qu'il ne comprend pas, ce qui le heurte, s'il ne l'exprime pas ?

Les objections sont des réactions naturelles, un signe d'intérêt. Le vendeur ne doit pas en avoir peur. Au contraire, il doit les chercher, les solliciter, les faire apparaître pour pouvoir avancer dans son argumentation.

Si le client ne manifeste aucun signe, aucune réaction, sur quoi vont porter les efforts du vendeur ? Devra-t-il dérouler tout ce qu'il sait du produit et de son utilisation ? Devra-t-il le faire sur tous les produits de sa gamme ?

Un client qui ne fait aucune objection est rarement intéressé. S'il songe à l'achat, il songe également aux raisons qui s'y opposent. Il va donc résister, émettre des doutes. Plus la tension va monter, plus le client fera des objections fortes. En fait, les objections sont souvent soit des interrogations déguisées, soit le signe qu'il résiste à son envie de céder, d'être convaincu.

Le silence du client, c'est un entretien sans vie. Les objections du client, c'est la santé de la vente.

Les dix raisons d'une objection

1. Il n'est pas convaincu.
2. Il n'a pas compris.
3. Il a des *a priori*.
4. Il résiste par principe.
5. Il a peur de se faire avoir.
6. Il a besoin de s'affirmer.
7. Il veut montrer qu'il connaît de quoi il parle.
8. Par esprit de contradiction.
9. Pour en savoir plus.
10. Pour être rassuré.

Les trois sortes d'objection

On pourrait prolonger cette liste longtemps encore. Retenons en fait qu'il y a trois sortes d'objection.

Les objections non sincères et non fondées

Ce sont souvent des prétextes, des fausses raisons. Elles sont sans fondement logique. Quand le client les émet en début d'entretien, c'est qu'il résiste à l'idée d'acheter, sans raison précise particulière. On les rencontre également vers la conclusion quand le client sent qu'il est à bout d'objection, que rien ne s'oppose à l'achat et qu'il veut résister encore.

On verra plus loin qu'il n'y a pas lieu de les prendre en compte et que la meilleure manière de les traiter est de les ignorer. Si l'on veut, par exemple, démontrer à tout prix que le client a du temps alors qu'il dit ne pas en avoir, on prend le risque de le voir multiplier les justifications et de provoquer un conflit d'opinion, sans fondement.

Les objections sincères et non fondées

Ce sont celles que le client émet soit parce qu'il n'a pas compris, n'est pas convaincu, est persuadé du contraire, a eu des expériences antérieures malheureuses, soit parce qu'il a des idées reçues, des préjugés, des opinions toutes faites.

Dans le premier cas, il faut reprendre l'argumentation, expliquer, donner des preuves, rassurer. Le tout avec calme, sans opposition, sans lui montrer qu'il a tort.

Les idées reçues, les *a priori*, les préjugés sont plus difficiles à traiter car ils ne sont pas objectifs. Ils reposent sur des croyances non fondées. Ce n'est pas par la raison qu'il faut les démonter.

Les objections sincères et fondées

Si votre produit avait toutes les qualités désirées et au meilleur prix, il y a de fortes chances qu'il se trouverait en situation de monopole. Or votre produit, même s'il est excellent, ne présente pas tous les avantages, les caractéristiques ou les qualités que le client aimerait lui voir posséder : il est long, il aimerait qu'il soit plus court ; il est léger, il aimerait le voir lourd ; il est démontable, il aimerait le voir fixe et s'il était fixe, il le désirerait peut-être démontable. Il est donc tout à fait normal que le client fasse des objections sincères et fondées.

La méthode la plus simple, la plus naturelle pour y répondre, est de reconnaître que votre produit ne possède pas ce que le client en exige mais que, par contre, il possède d'autres qualités qui contrebalancent bien avantageusement ce qui lui manque.

À l'évidence, l'objection est utile et il faut savoir l'utiliser. L'objection nous dit ce que le client craint. À nous d'apaiser ses craintes. L'objection nous dit ce qu'il n'a pas compris. À nous de le lui expliquer de nouveau. Elle nous dit encore que malgré les craintes levées et les explications données, il n'est toujours pas convaincu. À nous de provoquer le désir. Les objections sont des signaux, des balises qui nous obligent à orienter notre entretien, à diriger notre conviction vers ses centres d'intérêt. Les deux erreurs les plus fréquentes sont :

- fuir les objections ou tout faire pour qu'elles n'apparaissent pas ;
- les contrer, les réfuter.

Voyons comment y répondre, comment les traiter, comment faire, alors qu'elles vont parfois à l'encontre du but que l'on recherche, pour les utiliser à notre profit.

Cette méthode comporte quatre règles principales et huit recommandations.

Les quatre règles principales

Laissez l'objection s'exprimer

Tant que le client a la moindre objection en tête qui n'est pas résolue, il y a peu de chances que la vente se fasse. Celle-ci ne se concrétisera que lorsque le vendeur aura répondu à toutes les objections, tous les freins qui empêcheraient le client d'acheter.

Il faut donc chercher l'objection mais aussi la laisser s'exprimer, en totalité. Tant que le client ne l'a pas entièrement énoncée, elle gardera une charge négative très forte. La laisser s'exprimer lui fait perdre de sa force explosive, ce qui signifie que :

- Il ne faut pas couper la parole au client dès qu'il commence à émettre son objection par un « Je sais ce que vous allez me dire ». Laissez croire au client qu'il est intelligent, que son point de vue est plein d'à-propos et que sa remarque est intéressante.
- L'objection émise peut en cacher une autre, plus importante que la première qui n'était peut-être, elle, qu'une fausse barbe, un prétexte.

Ménagez un temps de silence à la fin de l'objection en regardant intensément le client dans les yeux, les sourcils légèrement froncés et en hochant la tête comme si vous réfléchissiez avec attention à ce qu'il vient de dire. Cette attitude vous permettra de maintenir le silence pendant plusieurs secondes. Très souvent le client encouragé par le fait que vous n'avez pas la réponse toute prête, que vous ne vous êtes pas précipité pour le contredire, reprendra la parole pour expliciter son objection, donner des détails, vous faire comprendre les raisons qui la motivent ou pour émettre l'objection de fond cachée par la première.

Exemple

Un père veut acheter un jouet à son fils. Le vendeur lui présente un petit sous-marin à piles. Le père le regarde sous tous les angles, l'ouvre, le démonte et le repose sur le comptoir en disant : « C'est fragile ». Le vendeur peut se lancer dans une explication très savante pour montrer que ce n'est pas fragile, que c'est étudié pour, que patati, que patata. Il ne fera que renforcer les défenses de ce père qui trouvera toujours des justifications pour maintenir son opinion et pour démontrer au vendeur qu'il a raison.

Le vendeur (qui a sûrement suivi des cours de vente), écoute donc le client dire « C'est fragile... » et se tait. Il hoche légèrement la tête, regarde le sous-marin, regarde le client, revient sur le sous-marin. Le client se décide et dit : « Chaque fois que j'achète des jouets en plastique, ils ne durent que quelques jours, voire quelques heures. » Et voilà ! L'objection véritable vient d'apparaître. Elle dit : « Je ne sais pas si ce jouet est fragile mais des expériences antérieures m'ont prouvé que des jouets de ce type étaient fragiles. »

Au vendeur, maintenant, de démontrer non pas que le sous-marin est solide mais qu'il est différent (d'une autre matière, d'une autre conception...) des autres jouets achetés par ce client.

De plus en laissant l'objection s'exprimer, elle s'est d'elle-même dégonflée. Au moment où le client verbalisait son objection, il prenait lui-même conscience que son inquiétude, se référant à des expériences malheureuses, n'était peut-être pas fondée dans ce cas précis.

- Il faut écouter l'objection avec respect. Le client objecte. C'est donc qu'il n'est pas indifférent. L'objection vous paraît-elle futile, dérisoire, ridicule ? Elle l'est sûrement pour vous, probablement pas pour lui. Il n'est pas bon de la traiter par le mépris. Et ce que vous gagnez rationnellement, vous le perdez psychologiquement. Rappelez-vous que l'achat de tout objet est une somme de convictions nourries d'éléments rationnels et affectifs.

Posez une question

Le fait de poser une question présente de nombreux avantages.

- Le vendeur en saura plus sur l'objection. Le client donnera des détails et les raisons qui ont motivé l'objection.
- Le client se rendra compte que le vendeur, au lieu de répliquer du tac au tac comme il s'y attend, essaye d'approfondir sa remarque ; qu'il n'en a pas peur et cherche à la comprendre pour trouver une solution.
- Poser une question calmement dépassionne le conflit latent et fait perdre de la force à l'objection qui se dégonfle petit à petit.

Ne dites pas qu'il a tort

Il est inutile de perdre du temps à s'efforcer de convaincre le client qu'il a tort, il n'en sort rien de positif. D'une part, vous devenez à ses yeux antipathiques et d'autre part, vous ne faites que le conforter dans la conviction que c'est lui qui a raison.

Le mieux est d'être neutre : « Je comprends votre point de vue » ou « votre remarque est intéressante ». Vous désarmez ainsi son agressivité et vous n'entrez pas en conflit avec lui. Vous ne pouvez que perdre à vous affronter au client. Mais, me direz-vous, peut-on à chaque fois rester neutre, dire « Je comprends votre point de vue » alors que manifestement le client a tort ?

Assurément ! On peut même aller plus loin et dire qu'il a raison. Il y a toujours quelque chose de vrai dans ce que dit le client.

Exemple

Le client : C'est fragile.

Le vendeur : Vous avez raison, la plupart de ces appareils sont très fragiles et doivent être maniés avec précaution. Celui-ci par sa conception totalement différente peut être utilisé par n'importe qui avec juste une formation de départ, très simple.

Le client : Sa toxicité est trop forte.

Le vendeur : Vous avez raison, la toxicité est un élément très important ; aussi je propose que nous l'examinions attentivement.

Le client : Mes clients n'aimeront jamais cela.

Le vendeur : Vous avez raison, cela peut surprendre au départ. Moi-même je ne me verrai pas porter cela. Mais c'est un vêtement qui plaît à une certaine clientèle jeune. Les magasins Armand, qui en avaient commandé cent il y a deux semaines, ont renouvelé leur commande.

Pour varier, vous pouvez, bien sûr, remplacer les trop nombreux « vous avez raison » par des « c'est vrai, j'ai eu la même réaction que vous au départ, mais... » ou « c'est tout à fait juste ; plusieurs personnes pensaient comme vous au départ. Permettez-moi de vous expliquer comment elles ont résolu ce problème... ».

Répondez brièvement et enchaînez sur un autre argument

Donner une réponse interminable risque de donner trop d'importance à cette objection que l'on voulait minimiser.

L'objection est souvent de pure forme et le client peut être incité à y revenir et à lui donner plus d'importance qu'elle n'en a si la réponse est trop longue et emberlificotée dans des tas de considérations et d'explications trop circonstanciées. Une fois la réponse donnée, il est nécessaire de revenir rapidement à son argumentation pour faire avancer la vente.

Résumons donc les quatre règles principales pour répondre d'une manière générale à l'objection :

- Laisser l'objection s'exprimer.
- Poser une question.
- Ne pas dire qu'il a tort.
- Répondre brièvement et enchaîner sur un autre argument.

Les huit recommandations

Examinons maintenant les huit recommandations qui consolideront ces règles de base et vous aideront à utiliser efficacement les objections comme appui à votre argumentation.

Ne discutez jamais

Vous n'êtes pas chez le client pour discutailler, pour vous disputer, pour affirmer votre personnalité ou pour lui démontrer que c'est un incapable doublé d'un imbécile.

Évitez ces discussions stériles qui ne font qu'empoisonner l'atmosphère et rendre plus aléatoire l'issue de la vente.

Votre objectif, ne l'oublions pas, n'est pas de gagner mais de vendre.

Ne traitez pas à la légère les objections de fond

Ce sont celles qui sous-tendent les freins importants à l'achat. Elles ne doivent pas être négligées, traitées trop rapidement et donner au client l'impression qu'elles ne sont pas prises en considération.

Une bonne manière de vérifier qu'on y a répondu dans sa totalité est de poser, à la fin de sa réponse, une question de contrôle du type :

- « Ai-je répondu complètement à votre question ? »
- « Sur ce point, avez-vous d'autres explications complémentaires à me demander ? »
- « Peut-on examiner, maintenant, un autre aspect important ? »

Si le client n'a pas été rassuré ou convaincu par la réponse, il exprimera de nouveau sa crainte, ses réticences ou sa demande de précisions.

On peut également poser la question suivante : « À quoi réfléchissez-vous ? », si l'on sent que le client est préoccupé et que notre explication n'a pas l'air de le convaincre. Cette manière de poser la question positivera et rendra plus mesurée son intervention.

Utilisez les « phrases trempoling »

Malgré les réponses aux objections, qui vous semblent complètes, malgré vos arguments majeurs, il arrive fréquemment que vous ne persuadiez pas le client. Le mieux est alors de reprendre le problème sous un angle différent. Cela permet de débloquer la situation et de donner un autre éclairage à cette situation. Utilisez alors les « phrases trempoling » qui vous permettent de rebondir et de vous retrouver côte à côte avec le client, alors qu'un instant avant vous étiez face à face ; ce sont les phrases du genre :

« Essayons de revoir ensemble les points sur lesquels nous sommes parfaitement d'accord et ensuite les aspects sur lesquels nos points de vue divergent. Nous essayerons alors d'imaginer comment les faire converger... »

Cette phrase permet de recadrer un instant la vente et de resituer les points d'accord et de désaccord. Ces derniers sont souvent moins importants que les points d'accord, surtout en fin de vente. Elle dépassionne le débat et permet, par une reformulation synthétique, d'éclairer différemment les propos. Elle ouvre de nouvelles portes de discussion ou des choix de solution qui n'étaient pas apparus jusque-là.

Le « oui, si » est encore une manière de situer le débat sur un autre plan et d'abandonner celui sur lequel veut vous enfermer le client. Ainsi si le client dit : « Cet appareil est bien trop cher ! », le vendeur peut répliquer : « Oui, je comprends tout à fait que vous trouviez ce prix élevé. Si vous ne deviez vous servir de cet appareil qu'une fois ou deux ; or, vous m'avez dit tout à l'heure que vous deviez l'utiliser tous les jours. »

Cet autre client peut dire : « C'est fragile.

– Oui, répond le vendeur, surtout si on doit le confier à des personnes inexpérimentées. Une formation à son emploi de cinq à six heures est nécessaire. Regardez le manuel de formation comme il détaille parfaitement les différentes étapes... »

Une autre variante est le « c'est exact... sauf » qui réplique à une opinion du client.

Exemple

Le client : Je ne crois pas que j'arriverai à leur faire revêtir ce type de combinaison.

Le vendeur : C'est exact ; les ouvriers, au début, ont quelque mal à l'utiliser, sauf si vous...

Un autre client : Ça ne se vendra jamais.

Le vendeur : Effectivement, cela a peu de chance de se vendre en l'état, sauf si vous le mettez dans cette vitrine et que vous placez, par exemple, un petit présentoir de ce type près de la caisse...

Utilisez « pourquoi »

Fréquemment le client avance une objection qui, tout en étant d'importance car elle est un frein réel à l'achat, est sans fondement. Dans ce cas, le mot « pourquoi » peut aider le client à rationaliser ce qui n'est qu'une opinion. Cette technique n'est pas à employer avec un client ergoteur, de mauvaise foi ou face à celui qui émettrait une fausse barbe, car elle l'obligerait à s'enfermer dans des justifications dont vous ne pourriez plus sortir. Par contre, si de bonne foi le client vous dit : « Mon problème est différent » ou « Je n'arriverai pas à m'en servir », le « Pourquoi ? » dit par le vendeur à ce moment-là risque de faire merveille.

Remettez à plus tard certaines objections que vous jugez trop précoces

Il se peut que certaines objections arrivent trop tôt dans la vente car le vendeur n'a pas encore démontré tous les avantages de son offre. N'ayant pas vu tout ce que l'offre pouvait lui apporter, le client objecte, de bonne foi, sur des aspects qui s'éclairent par la suite grâce à la démonstration du vendeur et qui rendent ces objections sans fondement.

L'objection « prix » est une objection qui vient souvent très tôt dans la vente. Évidemment, le prix paraîtra trop élevé si le vendeur n'a pas « vendu » auparavant tous les avantages de son offre. Le mieux est de dire : « Je note votre remarque. J'y reviendrai dans un instant. Auparavant permettez-moi de vous montrer... » ; ou « J'aimerais, avant de répondre à votre question, vous préciser les deux points suivants... ».

Ne perdez pas votre temps à traiter les objections non sincères et non fondées

Le mieux est de les ignorer, de faire comme si vous ne les aviez pas entendues. Vouloir les traiter obligera le client à les justifier, à les défendre comme si c'était des objections réelles et le résultat sera un conflit d'opinion inutile et néfaste. Si réellement on ne peut les ignorer, le mieux est de donner raison au client, ou de minimiser son objection en peu de mots et de poursuivre son argumentation.

Ne vous bloquez pas sur une objection difficile

Certaines objections sont plus difficiles à traiter que d'autres. Si vous n'arrivez pas à sortir d'une situation de blocage, si vous sentez que faute de réponse à telle objection la vente s'enlise, le mieux est de dire au client : « Je vous propose de laisser ce point pour le moment, nous le reprendrons plus tard. En attendant voyons les autres éléments... » et de poursuivre votre démonstration.

Les avantages de l'ensemble de l'offre peuvent être tels que l'objection sur laquelle la vente bloquait – et qui paraissait gigantesque au départ – deviendra minuscule par la suite.

Une autre formulation est de dire : « Supposons ce problème résolu [on le reprendra plus tard] et voyons en attendant les autres avantages... ».

La passion s'apaise. Les autres avantages donnent encore plus de poids à votre offre et parfois il n'est même plus utile de revenir sur l'objection qui bloquait « bêtement » l'entretien.

Faites trouver la solution au client

Chaque fois que la solution est à la portée du client mais que, par routine, par manque de temps ou par oubli, il n'y a pas pensé, une pratique efficace et valorisante est de lui faire trouver lui-même la solution. Elle sera d'autant plus acceptée qu'elle vient de lui. Le rôle du vendeur sera de l'aider dans cette voie et de faire en sorte que la paternité de cette idée lui en revienne.

Exemple 1

Le médecin : J'ai utilisé votre Nidryl et j'ai trouvé que ce n'était pas très bien toléré. Quelques-uns de mes clients ont eu des brûlures d'estomac.
Le visiteur médical : C'est exact. Il arrive que des personnes particulièrement sensibles constatent une sensation d'aigreur et des légères brûlures d'estomac qui passent d'ailleurs très rapidement. Que pensez-vous leur conseiller, alors, comme traitement d'appoint ?
Le médecin : Je ne sais pas, moi. Un pansement gastrique du type Phosphalucalm.
Le visiteur médical : C'est une très bonne idée et il n'y a aucune opposition entre les deux médicaments.

Exemple 2

Le client : Je les ai mis en vitrine pendant un mois et ça ne s'est presque pas vendu.
Le vendeur : Comment allez-vous faire, alors ?
Le client : Je ne sais pas, moi.
Le vendeur : Que faites-vous ordinairement quand vous voulez pousser un produit ?
Le client : Quand j'en ai beaucoup, j'organise une promotion et je demande à mes vendeurs d'en parler à tous mes clients et je leur donne une prime par article vendu.
Le vendeur : Une prime par article vendu ! C'est une excellente idée. Voyons comment nous pouvons l'organiser cette promotion.

Les huit techniques particulières

Qui dit « méthode générale de réponse aux objections » dit « techniques particulières ». Certaines objections nécessitent un traitement spécial. C'est au vendeur de savoir celles qui peuvent être traitées par la méthode générale et celles qui exigent une formulation différente dans la réponse pour asseoir solidement son argumentation et avancer positivement vers la conclusion.

Ces techniques particulières sont au nombre de huit.

Reformulez l'objection sous forme de question en changeant les termes

Cette technique permet de :

- dédramatiser l'objection en la reformulant. D'une affirmation brutale, on fait une question simple et naturelle ;
- la positiver en changeant les termes ;
- répondre dans une direction plus favorable au vendeur.

Exemple 1

Le client : Ça se salit énormément.

Le vendeur : Au fond, la question que vous posez est de savoir si ça se nettoie facilement ; c'est bien cela, n'est-ce pas ?

Exemple 2

Le client : Il y en a dix identiques sur le marché.

Le vendeur : En somme, vous vous demandez ce qui différencie le nôtre des autres ? Eh bien je vais vous répondre.

La méthode de l'appui

Elle évite de rentrer dans des justifications du type : « Si on a fait cette modification, c'est parce que... » qui prennent des allures de défense. Elle utilise la force de l'objection pour montrer qu'il ne s'agit pas du tout d'un point faible comme le sous-entend le client mais d'un avantage tout à fait délibéré.

Exemple

Le client : Il est lourd pour un appareil portable.

Le vendeur : Je suis ravi que vous ayez noté ce point car, en effet, seule l'épaisseur de la tôle garantit sa solidité. Ce qui est indispensable pour un appareil qui est transporté et chahuté dans tous les sens.

La méthode préventive

Elle est à employer quand on est sûr que le client va émettre l'objection ou quand on sait qu'elle est présente dans son esprit. Le vendeur a intérêt alors à l'introduire lui-même dans son argumentation et à y répondre.

Il diminue ainsi la force de l'objection et choisit le moment qui lui est le plus favorable.

Le vendeur : « Je sais ce que vous allez me dire, le filtre aurait pu se mettre à un endroit plus facile d'accès. C'est vrai. Nous aurions pu le mettre là, mais vous vous rendez bien compte qu'il aurait été exposé trop fortement à la chaleur. Tandis que là il a l'avantage d'être... »

La méthode du oui... et...

Chaque fois que l'on doit contredire le client, chaque fois que l'on a envie de dire non, le mieux est de dire oui. Cela diminuera son agressivité, désarmera son esprit de contradiction et vous évitera d'entrer en conflit avec lui. Après le oui, nous avons la mauvaise tendance à dire mais. Seulement le « mais » contredit votre client, il vous oppose à l'objection. La solution est de poursuivre par « et ». Le « et », ajouté un peu plus loin dans votre phrase, rétablira la situation, telle que vous désirez qu'elle le soit.

Exemple 1

Le client : Ça s'encrasse facilement.

Le vendeur : **Oui**, c'est vrai, chaque fois que l'on ne prend pas la précaution de fermer le clapet d'arrivée d'air ou si l'on ne change pas l'huile, **et**...

Exemple 2

Le client : Ça prend beaucoup de place.
Le vendeur : **Oui**, c'est vrai qu'ils ont quelques centimètres carrés au sol de plus que les autres, **et** c'est en quelque sorte ce qui explique leur extraordinaire qualité sonore...

Atténuez l'objection

C'est reformuler l'objection en modifiant certains mots pour la remettre à sa juste place et ne pas la traiter avec l'ampleur que voulait lui donner le client.

Exemple

Le pharmacien : Mes clients disent que ce sirop a un goût détestable.
Le vendeur : Oui, quelques clients particulièrement difficiles ou sensibles disent qu'il a un certain goût. Il suffit de le faire prendre au milieu du repas...

La méthode du silence

Il n'est pas toujours utile de répondre à toutes les objections. Certaines, comme les « fausses barbes », ne méritent pas qu'on s'y arrête, elles risqueraient de dégénérer en conflit si on les prenait en compte. D'autres, qui sont des objections de prestige ou des objections sincères mais molles, faibles, de pure forme, peuvent être traitées par le silence. L'important pour le client est parfois d'affirmer son savoir ou de faire un petit baroud d'honneur. Mais cela n'a pas de portée sur la vente. Son désir d'achat n'est pas entamé. Il a dit ce qu'il voulait dire. Il est content. Il n'attend pas de réponse ou d'explication de notre part. Un petit hochement de tête de bas en haut, pensif et on passe à l'argument suivant.

La méthode interrogative

Elle a pour but de réduire l'objection à sa juste valeur quand elle est gonflée artificiellement par le client et d'atténuer sa charge agressive. Elle se pratique par une série de questions qui font préciser la pensée de notre interlocuteur et donnent à l'objection sa véritable dimension.

Exemple

Le client : Ça se détraque continuellement !
Le vendeur : Qu'est-ce qui vous fait dire cela ?
Le client : Des amis l'ont acheté et en ont été très mécontents.
Le vendeur : Ils ont acheté cet appareil ou un appareil semblable ?
Le client : Je ne sais pas. Cet appareil je crois.
Le vendeur : C'était ce tout nouveau modèle ou un modèle plus ancien ?
Le client : Il y a pas mal de temps qu'ils l'ont.
Le vendeur : Savez-vous comment il est utilisé et dans quelles conditions ?
Le client : Oui, je crois qu'il était pas mal malmené. Ce modèle est différent, vous dites ? Plus solide, peut-être ?

Le témoignage

Cette méthode consiste à faire répondre quelqu'un d'autre à sa place. Le vendeur utilisera le témoignage d'un autre client, la référence d'un grand de la profession ou se référera à un ouvrage faisant autorité. Cette technique a l'avantage de ne pas exposer le vendeur. C'est un tiers qui parle et au cas où le client ne partagerait pas l'avis du tiers, le vendeur jouerait le rôle de conciliateur et d'arbitre.

Exemple

Le client : Ça doit sécher rapidement et devenir vite inutilisable.
Le vendeur : Monsieur Untel, que vous connaissez bien, je suppose, en consomme plusieurs centaines de kilos par an. Il les entrepose sans précautions particulières. Voulez-vous qu'on lui téléphone et qu'on lui demande ce qu'il en pense ?
Le client : Non, non, ce n'est pas utile. C'est un monsieur exigeant. Si vous me dites qu'il est client chez vous, c'est qu'il doit être satisfait.

Développez votre capacité à répondre habilement aux objections

Les bonnes questions à vous poser

- Ai-je peur des objections ou ai-je le réflexe de les rechercher pour pouvoir les connaître et les traiter ?
- Suis-je capable d'identifier les différents types d'objections ?
- Est-ce que je sais me taire et écouter les objections jusqu'au bout sans intervenir ?

• Sur les huit recommandations citées plus haut, quelles sont celles que je fais miennes, systématiquement ?
• Me suis-je entraîné à utiliser les huit techniques particulières ?
• Quand une objection difficile apparaît, est-ce que je la note après l'entretien pour savoir quelle technique utiliser une prochaine fois ?

Les points-clés à respecter

• Ne traitez jamais une objection à la hussarde. Traitez-la avec douceur et compréhension.
• Ne dites jamais au client qu'il a tort.
• Changez de techniques de réponse aux objections : toutes les objections n'ont pas la même importance et doivent être traitées différemment.
• Faites apparaître les objections. Elles ouvrent le chemin aux réponses que le client attend.
• Face aux objections : utilisez « l'aikido » plutôt que la « boxe ».

L'essentiel

▶▶ **L'objection** est un élément normal de l'entretien de vente. Un client indifférent ne fait pas d'objections. Elle ne doit pas effrayer mais appeler comme pour l'ensemble de l'entretien un traitement adapté. L'objection est au contraire à rechercher, afin de la faire apparaître pour mieux la réfuter. Les objections vous aideront à conduire votre argumentation en fonction des centres d'intérêt du client.

▶▶ **Repérer** d'abord à quel type d'objection vous avez à faire : est-elle sincère et fondée ou au contraire infondée et peu sincère ? Il peut être utile de ne pas traiter immédiatement une objection, de renvoyer au client son objection pour qu'il y apporte sa réponse, de prendre appui sur celle-ci pour mieux énoncer un argument, de la prévenir en l'exprimant avant même que le client ne l'énonce…

▶▶ **Répondre** aux objections met en jeu huit techniques que l'on peut habilement choisir pour mieux les réfuter. Certaines ont déjà été repérées dans d'autres phases de la vente, comme le questionnement, mais on peut aussi en utiliser d'autres qui permettent de déjouer l'objection.

▶▶ **Traiter** les objections avec douceur. Souvenez-vous : le client ne veut pas perdre. N'essayez pas de le contredire, de lui prouver qu'il a tort. Valorisez plutôt votre client en prenant en considération ses remarques. Les vendeurs ne sont pas des redresseurs de tort.

Chapitre 16

Huitième technique : présenter le prix

Executive summary

▸▸ **Présenter** le prix est une étape cruciale de l'entretien de vente. Cela impose savoir-faire et doigté de la part du vendeur car il importe que le client comprenne le bien-fondé de celui-ci.

▸▸ **Argumenter** son prix par les avantages est une méthode mais le prix peut aussi être relativisé par d'autres techniques qui permettent de mieux le faire accepter par le client.

▸▸ **Relativiser** le prix, le rendre plus acceptable par des fractionnements, en le comparant à la concurrence si nécessaire, doit permettre de le rendre acceptable au client.

Au moment du prix, le client reprend l'avantage

Dès que le prix apparaît dans une vente, il semble alors que le climat change. Le client qui jusque-là semblait accepter les avantages que l'offre pouvait lui apporter, était prêt à croire à toutes les qualités du produit et manifestait un minimum de collaboration, malgré quelques objections de bonne guerre, modifie son attitude, et veut faire croire au vendeur que ce dernier tente de le duper par un prix exagéré.

« La concurrence fait mieux ». L'air est connu. Ailleurs l'herbe est toujours plus tendre et les prix, moins élevés… Et le vendeur de se trouver désarçonné : « Si c'était vrai ? »

Cet avantage que prend le client sur le vendeur tient à trois facteurs.

- Au moment de l'annonce du prix, la vente n'est pas conclue. Donc même si l'offre correspond en tout point à ce qu'attend le client, celui-ci a toujours la possibilité de repousser ou de refuser l'achat. Il prend donc à cet instant un pouvoir qu'il n'avait pas jusque-là. Les objections, nous l'avons vu, servaient, la plupart du temps, l'argumentation du vendeur.
- Contester le prix est toujours plus facile que contester la qualité du produit. Quand le client doutait des qualités il permettait au vendeur d'affirmer son autorité par des preuves que le client, lui, ne possédait pas.
- Tout au long de la vente c'était le vendeur qui menait l'entretien et qui était aux manœuvres des questions et de la démonstration. Il possédait une information et des connaissances que le client n'avait pas. Et puis au moment du prix, les rôles se renversent. Le vendeur est démuni ; c'est le client qui sait ce qu'offre la concurrence. Informations inconnues du vendeur.

Psychologiquement le client reprend son avantage, d'où le changement de climat et de ton, dont le but est de faire perdre de son assurance au vendeur et d'essayer d'obtenir une offre à un prix plus avantageux.

Avant de passer en revue les différentes manières de présenter le prix, il est nécessaire de réfléchir ensemble aux éléments constitutifs du prix.

Les éléments constitutifs du prix

Deux éléments importants conditionnent l'acceptation du prix.

- Le client doit avoir admis que la valeur du produit ou de l'offre correspond au prix proposé. Il pense alors en « avoir pour son argent ». Cette valeur est constituée non seulement par tous les éléments rationnels qui composent l'offre (éléments qui correspondent à la fonction du produit et aux avantages qui y sont liés), mais aussi par des facteurs d'ordre psychologique (motivations personnelles, sentiments, poids accordé à tel ou tel avantage).

On ne peut donc dire qu'un produit a une valeur absolue. Il n'a comme valeur que celle que le client lui reconnaît. D'où l'importance au moment de la présentation du prix de justifier (ou d'avoir suffisamment, auparavant, justifié) la valeur de l'objet.

- Le poids affectif donné par le client au produit dépasse la valeur de l'offre ; en d'autres termes, le désir d'achat est devenu tel que l'objet paraît alors moins coûteux.
- Le client trouve bon marché ce que lui impose son désir et cher ce dont il n'a pas envie ou qui lui est imposé. Plus le besoin est important ou vital, moins le prix a d'importance.

Tant que le vendeur n'aura pas fait naître ou rendu important le besoin du client et tant qu'il ne lui aura pas donné envie de posséder le produit, le prix paraîtra trop élevé à ce dernier.

Les règles de présentation du prix

- Ne présentez le prix que lorsque le client a pu apprécier la valeur du produit.
- Le mode de paiement est un facteur de réduction de prix. Une dépense étalée sera beaucoup plus « légère » qu'un prix global en une seule mensualité.
- Un climat détendu, une relation vendeur-client sympathique et chaleureuse, un client valorisé et mis en confiance sont autant d'éléments favorables pour faire accepter un prix.
- Chaque fois qu'un produit garde sa valeur de revente, utilisez avec force cet argument pour rendre le client moins sensible au prix d'achat.
- Présentez un prix précis qui semble correspondre à un calcul détaillé pour éviter le marchandage du client. Un prix trop rond est souvent perçu comme un prix approximatif.
- Ayez un prix imprimé. Le client a toujours peur de payer plus cher ce qu'un autre paye moins cher. Le prix imprimé rassure et limite les risques de discussion.
- Énoncez le prix calmement en donnant l'impression que vous le trouvez parfaitement naturel.

- Restez ferme lorsque le client demande une réduction de prix. Si une concession est obligatoire, négociez une contrepartie : commande plus importante, délais de livraison plus longs, achat de produits d'une autre gamme.
- Vendez la sécurité que le client achète en faisant l'acquisition du produit, la garantie, le service après-vente, l'image de sérieux de la firme.
- Dramatisez les conséquences d'un refus en montrant au client ce qu'il perd en n'acquérant pas ce qui lui est proposé.

Les méthodes pour « vendre » le prix

Fractionnez le prix en unités plus petites

« Si vous utilisez pour la formation de vos réseaux de vente ce magnétoscope pendant cent jours par an et cela pendant cinq ans (soit 500 jours en tout), il ne vous reviendra qu'à 5 euros par jour. »

Comparez les gains possibles à la dépense à réaliser

« Cette machine installée vous reviendra à 2 euros l'heure. Or, en vous faisant produire 30 % de plus que celle que vous avez actuellement, elle vous permettra un gain supplémentaire de 10 euros à l'heure. »

Chiffrez les avantages de votre produit en comparaison de son prix

« Vous me disiez en acheter une tous les deux ans. Celle-ci, sous condition normale d'utilisation, durera plus de quatre ans, pour le même prix. Ce qui vous la fait revenir deux fois moins cher que ce que vous payez. »

Étalez le prix en fonction de la durée d'utilisation

« Supposons que vous ne l'utilisiez que pendant trois ans, elle ne vous coûtera que 16 euros par mois. »

Comparez le prix à un autre produit pour obtenir un effet de contraste

« 5 000 euros pour un meuble qui va vous durer toute la vie et qui ne peut que prendre de la valeur, alors que l'achat de votre voiture vous coûte le triple et se déprécie tous les jours. »

Soulignez et valorisez les différences par rapport à la concurrence

« Ce qui justifie cette différence de 1 200 euros ? La sécurité d'avoir une machine entièrement automatique, qui ne vous occasionnera aucun frais de personnel, aucun réglage en cours de fonctionnement et dont la consommation est inférieure de 15 % à toutes celles se trouvant sur le marché. Si l'on chiffrait tous ces avantages on arriverait à un chiffre dix fois supérieur à cette différence. »

Vendre la supériorité du prix pour induire des qualités supérieures

« Ce prix est plus élevé que celui d'un produit comparable. Les trois avantages suivants justifient cette différence.

1. Il est indéformable.
2. Il est résistant aux chocs.
3. Il n'est pas entamé par les produits corrosifs.

Pour ce type de matériel, êtes-vous d'accord avec moi sur le fait que ces trois avantages à eux seuls justifient cette différence ? »

Développez votre capacité à présenter le prix

Les bonnes questions à vous poser

- Suis-je sûr d'avoir bien fait admettre à mon client la valeur de ce que je propose avant de présenter le prix ?
- Suis-je ferme quand le client demande une réduction ?
- Est-ce que j'énonce mon prix calmement sans me sentir gêné ?

• Ai-je le réflexe de fractionner le prix en l'étalant sur la durée probable d'utilisation pour en diminuer l'importance ?
• Ai-je une technique privilégiée pour « vendre » le prix ? Laquelle ?

Les points-clés à respecter

• Ne présentez pas le prix trop tôt dans la vente. En tout cas, pas avant d'avoir pu mettre en avant les avantages de votre offre.
• Il ne suffit pas pour faire passer le prix d'avoir réussi votre argumentation, il faut encore avoir suscité chez le client le désir d'acquérir ce que vous lui proposez.
• Vendez aussi le sérieux de votre société et insistez sur le danger des offres « bon marché ».

L'essentiel

▶▶ **Savoir présenter le prix est le dernier obstacle à franchir avant la conclusion de la vente. Il représente la valeur que le client est prêt à donner à l'ensemble des avantages que vous lui avez exposés.**

▶▶ **Valoriser le prix c'est permettre au client de comprendre la légitimité de l'effort qu'il doit faire pour obtenir le bien ou le service qu'il convoite.**

▶▶ **Présenter le prix au bon moment et en utilisant des techniques adaptées s'avère indispensable. Il convient donc d'utiliser tout moyen qui permet d'alléger le prix sur le plan psychologique.**

▶▶ **Fractionner, comparer avantages et prix, détailler sa composition, le comparer à la valeur d'usage, le mettre en valeur par rapport à celui de la concurrence, sont autant de moyens qui permettent d'alléger la notion du prix que le client devra payer pour obtenir le bien qu'il désire.**

Chapitre 17

Neuvième technique : conclure au bon moment

Executive summary

▶▶ **Conclure** est le moment déterminant et crucial de la vente. Il s'agit d'amener l'entretien d'un dialogue conduit et dirigé par le vendeur à la décision finale de l'acheteur qui doit être un « oui ».

▶▶ **Être conscient** que six conditions essentielles prévalent à la décision finale du client. Ce sont les éléments qui servent d'indicateurs au vendeur pour évaluer s'il n'a rien omis dans sa vente qui puisse être de nature à faire décliner l'offre par le client.

▶▶ **Enlever** la décision du client ne peut être prévu à l'avance. C'est un ensemble d'indicateurs et de signes qui vont permettre au vendeur de percevoir que le bon moment de la conclusion est arrivé. Il lui revient donc de repérer six feux verts synonymes de « bon moment » pour conclure.

▶▶ **Conclure** demande d'appliquer des techniques spécifiques pour obtenir la vente effective. Il se peut néanmoins que le « non » l'emporte. Dans ce cas, si tout a été mis en œuvre pour satisfaire et respecter le client, vous perdrez la vente mais pas le client pour l'avenir.

L'émotion du vendeur à son paroxysme

Toute vente doit se terminer par une conclusion. Conclure, c'est atteindre le but que l'on s'était fixé au départ, c'est-à-dire : vendre ce qui avait été prévu ou plus si possible. Fréquemment, si la vente a bien été menée et que le produit correspond parfaitement aux besoins du client, celui-ci se décide tout seul. Malheureusement, il existe de nombreuses occasions où le client n'est pas capable de se décider tout seul. L'achat peut représenter un sacrifice auquel il a peine à se résoudre. Choisir n'est pas un acte facile : le client doit abandonner d'autres solutions déjà envisagées, changer de fournisseurs, modifier ses habitudes et celles de son entourage, justifier son achat à ceux qui sont également concernés. La décision est le moment important de la vente et provoque de la part du client des hésitations, des tensions qui peuvent être négatives. Le vendeur doit être capable de sentir l'approche de cette minute de vérité et faire en sorte, par toute une série de comportements adaptés et de techniques, de provoquer la décision favorable.

Paradoxalement, c'est souvent le moment où, parvenu au terme de son action, après avoir franchi avec succès les étapes d'ouverture au dialogue, de détection des attentes du client, de présentation des arguments et des preuves, de réfutation des objections, que le vendeur se déconcentre et relâche son effort.

C'est vers la fin, alors que la tension est à son maximum et que le client hésite à faire le pas, que le vendeur doit surmonter sa propre inquiétude et transformer l'indécision en accord.

C'est au vendeur qu'il appartient de conclure mais pour cela, il est nécessaire :

- d'être assuré qu'un certain nombre de conditions sont remplies ;
- de détecter les signaux de désir d'achat que va émettre inconsciemment le client ;
- de maîtriser les techniques de conclusion adaptées à la situation.

Ensuite, il doit savoir comment terminer l'entretien et que faire si la vente n'est pas conclue.

Les six conditions pour conclure

Il n'existe malheureusement pas un seul bon moment pour conclure. Le vendeur ne peut dire « C'est maintenant ou jamais ». Il est rare qu'il puisse savoir :

- si toutes les conditions sont réunies pour que son client puisse se décider ;
- si, bien que ces conditions soient réunies, il ne manque pas quelque chose qu'il ignore.

Pourtant, il faut que les six conditions suivantes soient remplies pour que le vendeur tente de guider le client vers la décision favorable.

Condition 1

Quels que soient la qualité et le brio de la démonstration et de l'argumentation, il faut que le client ait le désir de posséder le produit. S'il se dit « Effectivement c'est exceptionnel mais ce n'est pas pour moi, ou tout compte fait, je n'en ai pas tellement envie... », le vendeur peut alors penser qu'il n'a pas su éveiller le désir du client. Il a fait une vente probablement d'ordre technique mais il n'a pas suffisamment joué sur les aspects psychologiques. Il n'a pas donné envie au client de posséder l'objet ou d'utiliser la solution proposée.

Condition 2

Que le client ait confiance dans le produit, dans le vendeur, en la société.

Pour donner confiance au client, il faut que le vendeur :

- ait confiance en lui-même. S'il est hésitant, mal assuré, s'il emploie des mots qui provoquent le doute ou la méfiance, il y a de fortes chances que le client perçoive cette inquiétude et renforce son hésitation en retardant la décision à une autre occasion ;
- croit en sa société et en son produit. Là encore, on ne vend bien que si l'on est soi-même convaincu par ce que l'on vend.

La confiance se gagne en agissant avec calme et naturel, comme si la prise de décision s'imposait d'elle-même de façon évidente pour le vendeur mais surtout pour le client. Si le vendeur chancelle au moment décisif, pourquoi son client ne vacillerait-il pas également ? Débit précipité, enthousiasme incontrôlé, formulation incertaine, donnent au prospect l'imprécise et désagréable impression de se « faire avoir ». L'attitude du vendeur conditionne l'attitude du client.

À vendeur trop hésitant ⟶ client peu engagé.
À vendeur trop agressif ⟶ client sur la défensive.
À vendeur confiant ⟶ client rassuré.

Condition 3

Que le client ait compris tout ce que l'offre était capable de lui apporter. Combien de ventes ne se sont pas réalisées parce que le client n'avait pas saisi la portée et l'importance des avantages qui lui étaient offerts ! Et le client, ayant choisi d'autres solutions, avait par la suite regretté son achat... un peu tard, il est vrai.

Il est important que tout au long de la vente, le vendeur vérifie qu'il se fait bien comprendre de son client. Deux règles simples doivent permettre d'arriver à ce but.

1. Répéter et résumer.
2. Poser des questions de contrôle du type : « Qu'en pensez-vous ? », « J'aimerais connaître votre point de vue sur la présentation de cet élément », « Avez-vous sur ce point des questions à me poser ? ».

Condition 4

Que le client puisse justifier sa décision. Toute personne qui a pris une décision a besoin de la justifier. Quand elle n'a pas toutes les raisons valables ou qu'on lui oppose des objections, il lui arrive alors d'inventer des justifications pour « revendre » à d'autres sa décision et pour se prouver qu'elle avait raison de la prendre.

Là encore, dans son argumentation le vendeur doit introduire des éléments qui vont aider le client à justifier sa décision. Comment ?

- En lui donnant des raisons valables pour se décider.
- En lui donnant des raisons logiques, et pas seulement des raisons affectives, qui peuvent être différentes de celles qui lui ont été données pour prendre sa décision.

Condition 5

Que le client ait le pouvoir de décision. En effet, c'est avant la visite qu'il faut s'assurer que le client a bien le pouvoir de décider. Sinon il sera difficile de savoir ce qu'il en est. Il est possible que le client :

- ait le pouvoir de décision, mais dise qu'il ne l'a pas, dans ce cas, il donne un prétexte pour ne pas se décider ;
- n'ait pas le pouvoir de décision mais ne désire pas vous le dire, dans ce cas, la décision traîne et n'aboutit jamais.

Condition 6

Qu'il ne reste aucune objection sincère. Aucun client ne peut se décider s'il a encore en tête une objection qu'il ne peut exprimer. C'est pourquoi il est important de chercher les objections, de les solliciter, de les faire apparaître pour pouvoir y répondre et apaiser ses inquiétudes. Tout l'art du vendeur est de mettre suffisamment en confiance le client pour que celui-ci exprime la totalité des objections. Si le client ne se livre pas, le vendeur doit alors, par des questions de contrôle, chercher les objections : « Avez-vous des remarques à me faire sur ce point important ? Est-ce donc que tout est clair ? ». Si les objections n'apparaissent pas mais que le vendeur les connaît ou les pressent, il doit donc lui-même les formuler et y répondre comme si elles avaient été faites par le client.

Une fois que ces six conditions ont été remplies, le vendeur doit « sentir » à quel moment la recherche de l'incitation à la décision doit être entreprise. Heureusement le client montre souvent qu'il est prêt à se décider par certains signes que l'on appelle des « clignotants, des feux verts ».

Il est indispensable que le vendeur apprenne par une observation permanente et attentive à les déceler. Il existe en gros six feux verts principaux et quelques autres dont nous donnerons aussi des exemples.

Les six feux verts principaux

Deux erreurs souvent trop fréquentes sont de :

- Vouloir conclure trop tôt.
- Tarder à conclure.

Dans le premier cas, le client n'est pas prêt, il ne possède pas tous les éléments pour se décider, il a encore des objections qui l'inquiètent. Une pression trop forte pour l'inciter à prendre rapidement une décision va lui donner le sentiment que le vendeur est plus préoccupé par la vente du produit que par la satisfaction du besoin du client.

Dans le second cas, le client risque de se faire peur à lui-même, de trop réfléchir, d'inventer des objections et de se fabriquer des freins supplémentaires.

Pour conclure avec le maximum de chance de succès, il faut donc percevoir chez le client un certain nombre de signes, de clignotants, qui indiquent qu'il est temps de tenter une technique de conclusion.

Clignotant 1 : il adopte l'attitude du propriétaire

- Le client agit et parle comme si dans son esprit le produit était déjà acheté.
- Il énonce lui-même des arguments.
- Il demande à être rassuré.
- Il se convainc lui-même de son utilité : « C'est ce qu'il me faut » ou « Je l'utiliserai probablement pour... ».

Clignotant 2 : il s'assure de certaines garanties

Celles-ci ne portent plus sur l'objet même de l'achat mais sur les services annexes liés à l'offre.

Exemple

- Vous chargez-vous de l'installation ?
- Qui assure le service après-vente ?
- Les délais de livraison sont-ils généralement respectés ?

Clignotant 3 : il pose des questions sur des points de détail

Celles-ci interviennent après la discussion sur les problèmes de fond.

Exemple

- Quelles sont vos conditions de règlement ?
- Par quel moyen de transport allez-vous le livrer ?
- Pouvez-vous me redire en deux mots comment cela fonctionne ?

Il arrive souvent qu'il demande au vendeur de répéter une affirmation, d'expliquer ou d'expliquer à nouveau un point précis.

Clignotant 4 : il demande un avantage supplémentaire

Mentalement il est prêt à se décider mais il a peur de faire une mauvaise affaire. Aussi pour se persuader qu'il n'est pas perdant, pour faire une meilleure affaire, pour se justifier qu'il avait raison de se décider, il essaie de marchander ou d'obtenir un avantage de plus.

Clignotant 5 : il fait une fausse objection

C'est l'objection de dernière minute et qui n'est pas véritable dans l'esprit du client. Il se débat avec lui-même. Il aimerait acheter mais il est inquiet et se demande s'il prend une bonne décision. N'ayant plus d'objections véritables, il retarde le moment de se décider en faisant des « fausses barbes ».

Exemple

- Mon ancien appareil marche encore, tout compte fait ! Je ne vais quand même pas le mettre à la casse.
- Oui, l'offre est intéressante mais je ne suis pas sûr que tous les modèles plairont à ma clientèle.

Clignotant 6 : il revient mollement sur une objection importante

En fait, cette objection n'est plus véritablement un obstacle à l'achat. Il essaie d'avoir soit la preuve supplémentaire qu'il a raison de se décider, soit des arguments pour justifier sa décision auprès de son entourage.

Autres exemples de clignotants possibles

Pourquoi « possibles » ? Eh bien, parce que le contexte a une très grande importance. La même question posée par deux clients dans deux situations différentes peut être un « clignotant » dans un cas et ne pas l'être dans l'autre (cela dépend de ce qui s'est dit avant, du ton sur lequel la question a été posée...). Dans la pratique, il est indispensable de tenir compte du contexte pour savoir s'il y a « clignotant » ou non.

En voici quelques-uns :

- Il fait intervenir un tiers.
  - Il téléphone à un collaborateur et lui demande de le rejoindre pour prendre part à l'entretien.
  - Il fait venir un collègue pour lui faire voir comment fonctionne la machine.
- Il prend en main un visuel (échantillon, photo, notice, avenant, documentation, brochure...) déjà commenté, le regarde à nouveau et pose ou non une question.

- Il change subitement d'attitude. Cela peut indiquer qu'intérieurement sa décision est prise ou que quelque chose a accroché « sérieusement » son intérêt.
  - L'expression de son visage change. Il devient plus tendu, plus réfléchi.
  - Ses silences sont plus longs.
  - Il hésite ; il se gratte la tête ou se frotte le menton. Il hoche lentement la tête.

Il peut arriver que, malgré toute l'attention du vendeur, n'apparaissent pas clairement ces fameux clignotants. Il faut alors les provoquer pour « reconnaître le terrain » et surtout pour savoir où en est le client par rapport à la prise de décision. Cela permettra de mettre au jour les obstacles qui pourraient rester et qu'il faudra franchir avant de conclure. Comment provoquer ces « clignotants » ? Par des questions de contrôle.

Exemple

Vendeur 1 : Maintenant que je vous ai expliqué le fonctionnement, cela vous semble plus simple, n'est-ce pas ?
Client 1 : Oui. Ça reste encore un peu compliqué mais moins que je ne le pensais. (Il revient « mollement » sur une objection.)

Vendeur 2 : Où pensez-vous installer cet appareil ?
Client 2 : Eh bien... ah, ici, il sera probablement à la meilleure place. (Il adopte l'attitude du propriétaire.)

C'est à plusieurs reprises, vers la fin de l'entretien, que ces questions de contrôle seront faites et si elles ne donnent pas le feu vert pour tenter de conclure, qu'importe ! Rien n'est perdu, il suffit de poursuivre l'argumentaire. Trois principes sont à retenir.

- Il est préférable d'essayer de prendre la commande trop tôt que trop tard.
- Chercher la conclusion vers la fin de l'entretien soit immédiatement après avoir bien répondu à une objection majeure, soit après un argument fort, soit à la fin de l'argumentaire.
- Une réponse négative à une question de contrôle ne doit pas être considérée comme définitive mais bien davantage comme une invitation à poursuivre l'argumentation en la poussant plus à fond.

Les techniques de conclusion

Dès que les clignotants ou les questions de contrôle laissent supposer que le client est prêt à se décider, il est nécessaire de tenter une technique de conclusion. Nous allons passer en revue quelques-unes de ces techniques.

Agir comme si c'était conclu

Pour un client, il est plus facile d'approuver tacitement la solution qui lui est présentée. De plus, il est toujours difficile d'aller à l'encontre de l'attitude positive et confiante du vendeur. Surtout si cette attitude est la suite d'arguments développés avec objectivité et qu'il a accepté. S'il ne « contre » pas, c'est qu'il approuve. La prise de décision n'est plus très éloignée. En procédant ainsi, le vendeur rend le refus d'acheter plus difficile que l'achat.

Tout dans l'attitude et le comportement du vendeur témoigne de la certitude de voir, en fin d'entretien, la décision prise en sa faveur.

Comment agir comme si c'était conclu ?

- En posant une question alternative qui demande un choix, une prise de décision entre deux solutions, toutes deux favorables à l'achat.

Exemple

« Quelle est de ces deux machines celle qui vous paraît le mieux convenir ? La petite qui pourrait facilement se loger ici ou la plus grande qui irait dans la pièce voisine ? »

- En recherchant l'accord du décideur sur un point de détail. S'il est d'accord on peut passer sur un autre point pour arriver jusqu'à la décision globale d'achat. Par contre si l'accord ne s'est pas fait sur un détail, la vente n'est pas pour autant compromise.

Exemple

« Si je comprends bien, son mécanisme vous convient parfaitement, n'est-ce pas ?
– Oui.

– Nous assurons la formation du personnel chargé du fonctionnement et de l'entretien de cette machine. Nous pouvons le faire soit à notre usine, soit lorsqu'elle sera installée chez vous. Quelle solution préférez-vous ? »

- En engageant une action précise, immédiate.
- Cette méthode a pour but d'engager son interlocuteur à l'action et le mettre en position d'utilisateur. Elle permet de balayer les dernières hésitations et d'aider les prospects inquiets à prendre une décision qui fait peur ou qu'ils ont tendance à reporter à plus tard.

Exemple

« Me permettez-vous de téléphoner pour savoir quand ils peuvent vous les livrer ? »

« Ces échantillons vous permettront de faire le traitement pendant la première semaine. Dès demain, je vous ferai envoyer le complément qui couvrira vos besoins pendant un mois. »

« Pouvez-vous faire venir votre chef d'atelier pour que je lui montre comment il doit pratiquer l'installation au bout de la chaîne 3 ? »

Rendre la décision urgente

Il est toujours dangereux de retarder une décision d'achat et de permettre au client de réfléchir trop longtemps. La nuit portant conseil, il peut très bien conclure que son besoin n'est pas si urgent, que plus il cherchera, plus il aura la chance de trouver l'affaire exceptionnelle, ou que tout compte fait une autre solution pourrait mieux lui convenir. Si l'on sent que nos derniers arguments ont porté mais qu'il hésite encore, cette méthode du « petit coup de pouce » permet d'accélérer la décision et d'enlever l'affaire sur le champ : elle consiste à montrer au client qu'il perdra un avantage en reportant à plus tard sa décision :

« C'est la dernière qu'il me reste et j'ai deux acheteurs potentiels. L'un d'eux doit me téléphoner ce soir. Je la laisserai au premier qui se décidera. »

« Dès la semaine prochaine je serai obligé d'appliquer l'augmentation prévue. En vous décidant aujourd'hui vous économiserez X euros. »

« Je n'ai pratiquement plus de stock. Si vous vous décidez maintenant je pourrai vous les faire livrer dès jeudi. Sinon il faudra attendre trois semaines. »

Méthode du bilan

Les avantages l'emportent souvent sur les inconvénients, mais le client se polarise sur un point faible parfois secondaire et cela suffit à lui faire repousser l'offre. La méthode du bilan consiste à faire l'inventaire des objections faites par le client et des réponses satisfaites apportées. Si une objection n'a pu être résolue, il faut également l'énoncer en l'opposant à tous les avantages que le produit apporte. On lui demande alors ce qui lui semble plus important.

« Résumons-nous : d'un côté vous dites qu'il est lourd (ce qui est en fait une garantie de solidité) et, d'un autre côté, vous pouvez constater que son prix est le moins cher du marché, que le bras est repliable ce qui limite son encombrement, et qu'en plus toutes les parties mobiles sont démontables. Qu'est-ce qui est pour vous le plus important ? »

Technique de la dernière objection

Certains clients prennent un malin plaisir à multiplier les objections. Après avoir énuméré toutes les objections majeures, ils s'arrêtent alors sur les points de détail. Ces indécis, ces pointilleux perfectionnistes risquent de faire perdre au vendeur un temps précieux, de se bloquer sur une question secondaire et de ne pas se décider. Cette technique consiste, après avoir répondu à une objection et alors que le client réfléchit encore à la réponse, de demander au client : « Je crois avoir répondu à toutes vos remarques, avez-vous peut-être encore une dernière question ? » Une autre méthode peut être utilisée. Elle consiste à dire : « Est-ce le dernier point qui vous fait encore hésiter ? » Le client répond en général par l'affirmative. Il ne reste plus au vendeur qu'à répondre à l'objection et à conclure naturellement.

Transformer le client en vendeur

Cette méthode consiste à demander au vendeur quelles raisons et quels avantages le décideraient à adopter le produit ou la solution proposée. Le client en auto-argumentant renforce sa propre conviction et le vendeur peut alors conclure simplement : « Ma démonstration est maintenant terminée. Puis-je vous demander quels sont les avantages qui vous ont le plus séduit ? »

Donner un avantage supplémentaire

Pour enlever les dernières hésitations, il est habile de proposer un avantage supplémentaire en laissant entendre que cet avantage est exceptionnel ou représente un geste amical du vendeur. Il arrive fréquemment que le client, de peur de voir cet avantage retiré, accélère lui-même la prise de décision.

De nombreuses autres techniques de conclusion existent. L'important au-delà de la technique est la volonté de conclure dès que le vendeur a senti un feu vert sans donner au client, qui a résisté parfois longtemps, l'impression qu'il a cédé.

Comment terminer l'entretien

Partir rapidement

Cela ne veut pas dire que le vendeur doit filer comme s'il avait accompli une mauvaise action. Il faut pourtant considérer que si le vendeur reste trop longtemps après la prise de décision, le client repense à l'affaire et se demande s'il a eu raison de se décider. Il risque de demander des avantages supplémentaires ou de remettre en cause la décision. Lorsque le vendeur n'est plus là, sa décision sera pour lui une affaire réglée. Après la tension procurée par une vente difficile, le vendeur a souvent tendance, dans une sorte d'excitation « post-action », à parler de tout et de rien, à blaguer, en rajouter pour décompresser. Ce sont des bavardages inutiles et dangereux.

Féliciter le client

Après avoir pris une décision, le client est souvent inquiet. Il a besoin d'être encouragé et le devoir du vendeur est de le rassurer et de le féliciter de la décision prise :

« Vous avez bien fait de choisir ce modèle. C'est le plus beau et le plus rentable. Il plaira sûrement à votre clientèle. »

« À votre place, j'aurai fait de même. C'est plus sage de commander l'appareil le plus puissant. Si vous avez une surcharge de travail vous pourrez l'encaisser sans difficulté. »

Proposer un service

Le client ne doit pas avoir le sentiment d'être abandonné à lui-même. Le vendeur doit se mettre à sa disposition surtout si ce qui a été vendu exige :

- des démarches (exemple : autorisation d'installation) ;
- un financement (exemple : vente à crédit) ;
- des travaux (exemple : installation) ;
- une formation (exemple : apprentissage, démonstration) ;
- un service après-vente (exemple : dépannage, entretien) ;
- une aide à la vente (exemple : animation sur le point de vente).

Que faire si la vente n'est pas conclue ?

Malgré nos tentatives pour le décider, malgré le fait que nous soyons revenus à la charge à plusieurs reprises, notre interlocuteur se refuse à prendre une décision.

C'est le « non » absolu

« Monsieur, merci. J'ai mes fournisseurs auxquels je suis fidèle : ils me donnent entière satisfaction et je n'ai pas l'intention d'en changer. Merci de m'avoir rendu visite. »

■ Que faire ?

Préserver l'avenir... Vous avez perdu une vente, ne perdez pas un futur client.

- Remerciez du temps qu'il vient de vous accorder.
- Jetez les bases d'une nouvelle relance, si vous le jugez utile.
- Partez en faisant contre mauvaise fortune bonne apparence :

« Je vous remercie de l'occasion qui m'a été donnée de vous présenter notre nouveau produit. Dès que je serai en possession de renseignements complémentaires sur son utilisation, sur des modèles identiques aux vôtres, je vous les communiquerai. Ce sera d'ici trois à quatre mois. Cela vous convient ? »

« Vous m'avez dit que vous attendiez fin février trois nouvelles machines. Si vous le permettez je passerai courant janvier vous communiquer les résultats d'application sur des machines analogues aux vôtres. Merci de m'avoir accordé cet entretien. Au revoir M. Lefebvre. »

C'est un « non » conditionnel

Votre interlocuteur tente d'obtenir, en dernière minute, un avantage supplémentaire, et lie sa prise de décision, sa commande, à la satisfaction faite à sa demande.

« Eh bien Monsieur, c'est d'accord, d'accord pour démarrer tout de suite l'essai de votre produit sur dix machines, mais bien sûr vous ne me facturez ce contrat qu'après trois mois, le temps que je puisse me rendre compte de l'intérêt du procédé. »

« Eh bien Monsieur, je suis décidé à vous prendre ce nouveau produit mais je viens de faire l'état de mon stock et j'ai encore des produits de votre concurrent pour environ trois mois. »

■ Que faire ?

Ne pas abandonner. S'accrocher. Essayer d'obtenir quelque chose.

- Vérifiez que cette objection de dernière minute n'en cache pas d'autres plus profondes.
- Satisfaisez-la si vous en avez la possibilité et négociez-la contre un nouvel avantage.
- Si vous n'en avez pas la latitude, reprenez l'argumentation et faites une nouvelle tentative sur une partie de la proposition ou sur une autre proposition.

Exemple

« Sur le principe, monsieur Lefebvre, vous êtes convaincu mais vous souhaitez que nous prenions à notre charge les contrôles de vos machines pendant les trois premiers mois ? Eh bien d'accord, monsieur Lefebvre, mais je note simultanément la fourniture de produits d'appoint étalée sur cette même période, aux conditions convenues entre nous. »

« Sur ce point je ne puis vous donner satisfaction, monsieur Lefebvre mais peut-être estimez-vous qu'en limitant cette première application aux cinq machines que vous allez mettre en service la semaine prochaine, l'opération présente pour vous un intérêt plus immédiat pour un coût global plus faible. »

« Eh bien c'est entendu, en vous faisant parvenir cinq fûts début septembre, ce qui couvre vos besoins pour deux mois, la liaison avec votre produit actuel se fera tout naturellement. Je vous fais parvenir cela avant le 10, ça vous convient ? »

C'est le « non » du non-décideur

Malgré les précautions prises pour n'argumenter que face à un interlocuteur ayant pouvoir de décision, celui-ci se retranche, par obligation ou par dérobade, derrière l'avis d'un tiers :

« Si cela ne tenait qu'à moi, ce serait oui tout de suite mais je ne suis pas le seul décideur et il faut que j'en parle à mon frère. »

« L'investissement est trop important pour que je prenne seul la décision. »

■ Que faire ?

Garder l'initiative et faire progresser l'affaire.

- Faites confirmer, en premier lieu, l'accord de votre interlocuteur.
- Obtenez un rendez-vous pour défendre l'offre avec les décideurs (votre interlocuteur et celui derrière l'avis duquel il se retranche).
- En cas de refus, remettez à votre interlocuteur des éléments simples pour lui permettre de convaincre celui ou ceux qui ont pouvoir de décision.

Exemple

« Votre associé, monsieur Lefebvre, ne pourrions-nous le rencontrer ensemble dès maintenant ou si vous le jugez préférable, demain matin ? Pouvons-nous lui téléphoner maintenant ? »

« Vous me dites préférable d'en discuter seul à seul. Pour résumer brièvement notre entretien, voici les points-clés qui ont plus particulièrement retenu votre attention. Si vous le jugez préférable je vous les confirme par écrit... »

« Puis-je à ce sujet reprendre contact avec vous la semaine prochaine... Disons mardi vers 11 heures ou préférez-vous mercredi en fin d'après-midi vers 17 h-17 h 30 ? »

Après la visite : analyse de la vente

Quel que soit le résultat de la vente, il est utile d'analyser ce qui s'est passé :

- pour découvrir nos points d'amélioration afin d'y porter remède ;
- pour déceler nos points forts afin d'en tirer le meilleur parti possible.

(*Cf.* : chapitre 1, « Quelle est ma compétence en tant que commercial ? »)

En cas de succès

À quel(s) moment(s) de l'entretien ai-je senti que mon interlocuteur allait prendre une décision favorable ?

a) Clignotants : ce qu'il a fait, ce qu'il a dit.

b) Après une question-sondage. Laquelle ?

Quelle(s) technique(s) de conclusion ai-je alors mis en pratique pour le décider, ou l'amener à se décider ?

Quelle a été l'objection majeure qu'il m'a fallu vaincre pour atteindre cet objectif ?

Quelle réponse ai-je apporté à cette objection ?

Auprès de quel(s) nouveau(x) prospect(s) et auprès de quel(s) prospect(s) ayant déjà dit non vais-je appliquer cette technique ?

En cas d'échec momentané

À quel(s) moment(s) de l'entretien ai-je senti que mon interlocuteur ne prendrait pas de décision favorable ?

Quelles sont les véritables raisons de son refus ou du report de sa décision ?

Comment en fin d'entretien ai-je préparé une prochaine rencontre ?

Quels éléments rassembler d'ici à la prochaine visite pour faire de cet échec momentané, un succès ?

La prise de décision : dix règles à respecter

1. La clé de l'échec ou du succès : il faut la chercher dans la préparation et le déroulement des phrases successives de la vente.
2. Décider le décideur : c'est un travail de vendeur. Attendre qu'il se décide seul c'est aller au-devant de désillusions.
3. Se garder, chaque fois que cela est possible, un argument en réserve.
4. Avant l'entretien définir la ou les méthodes de conclusion les mieux adaptées. Ne pas être contraint à l'improvisation.
5. Les feux verts de la prise de décision : observez-les, écoutez-les et, si vous le jugez opportun, tentez de conclure.
6. N'attendez pas les feux verts : provoquez-les par des questions-sondages.
7. Tentez aussi de conclure : après un argument fort ; après une réponse à objection. N'attendez pas la fin de votre argumentation.
8. N'abandonnez pas au premier refus. Faites preuve de ténacité. Relancez l'argumentation et tentez à nouveau votre chance.
9. Lorsque la décision est prise, ne prolongez pas inutilement votre visite.
10. Après la vente analysez ce qui s'est passé.

Développez votre capacité à bien conclure

Les bonnes questions à vous poser

- Suis-je capable de sentir à quel moment provoquer la décision ?
- Est-ce que j'ai généralement une attitude avec tous mes clients qui leur donne suffisamment confiance pour les inciter à se décider positivement à la fin de l'entretien ?
- Est-ce que je balise l'ensemble de mes entretiens par des questions de contrôle (de recherche d'adhésion) pour amener le client au oui final ?
- Êtes-vous toujours très vigilant pour capter les « feux verts » qui indiquent qu'il est temps de tenter une technique de conclusion ?

Les points-clés à respecter

- C'est à vous qu'il appartient de conclure et d'aider le client à prendre sa décision.
- Cherchez, tout au long de l'entretien, les objections pour qu'au moment de conclure, le client n'en ait pas encore une qu'il ne livrerait pas et qui l'empêcherait de se décider.
- Les deux grosses erreurs à éviter au moment de conclure : tarder à conclure ou le faire trop tôt, alors que le client n'est pas décidé.
- Évitez, après l'accord du client, des bavardages inutiles qui risquent de le faire revenir sur sa décision ou de demander des avantages supplémentaires.

L'essentiel

▶▶ **Conclure** se révèle être une des phases les plus délicates de la vente. Il convient pour le vendeur d'en juger le bon moment grâce à la reconnaissance de six clignotants importants et d'appliquer des techniques précises de conclusion.

▶▶ **Repérer** l'échec toujours possible même en fin d'entretien doit nous conduire à sauvegarder toute notre crédibilité à l'égard du client.

▶▶ **Décider** est pour le client un moment délicat aussi, l'enjeu est pour lui de taille. Connaître les dix techniques pour aider votre client à décider permettra au vendeur de rendre la décision plus légère.

▶▶ **Garder** un client est plus important que d'enlever la vente par un forcing qui ne tient plus compte de la réalité que le client nous a révélée au cours de la vente. Même s'il est difficile pour un vendeur d'admettre l'échec après tant d'efforts déployés pour enlever une commande, il est préférable de préserver l'avenir et d'accepter un « non » qui peut n'être que provisoire.

▶▶ **Analyser** votre vente après coup est indispensable. Cela vous permettra de revenir sur la vente, de repérer les moments difficiles sur lesquels elle a achoppé ou au contraire de mettre en valeur les phases importantes qui ont enlevé la commande. Ce sont pour l'avenir des renseignements précieux que vous détiendrez sur le client mais aussi un des enjeux de vos progrès.

Partie III

Les techniques de négociation

Utiliser aussi les techniques de négociation

De nombreux lecteurs, après les premières éditions de cet ouvrage, m'ont demandé de compléter ces « techniques de vente » par des « techniques de négociation ». En effet, si la vente consiste, en grande partie, à faire en sorte que le vendeur démontre à son acheteur que le produit ou la solution qu'il lui propose correspond à son besoin ou à sa demande, la négociation, elle, participe à une logique complémentaire qui est, une fois la solution acceptée par l'acheteur, que celle-ci se réalise aux meilleures conditions économiques, aussi bien pour le vendeur-négociateur que pour le client.

Cette logique qui oblige les deux partenaires à trouver les ajustements possibles sur les conditions qui permettent à l'affaire de se réaliser est ce qu'on appelle « la négociation », sachant que « la vente » participe de bout en bout à sa réalisation.

Au-delà de ces définitions, quelles sont les caractéristiques de ces deux processus ?

Le tableau suivant montre sur deux colonnes, d'une manière très schématique (car les limites ne sont pas nettement tranchées), celles qui se rapportent à la vente et celles qui se rapportent à la négociation :

Caractéristiques	Vente	Négociation
L'enjeu	Faible	Fort
Nombre d'interlocuteurs	Peu nombreux Souvent un seul	Multiplicité et domaines de compétence très différents
Durée	Un entretien Voire quelques-uns Résultat immédiat	Très nombreux rendez-vous sur une durée longue (plusieurs mois, parfois plusieurs années) Résultat différé
Objet	Concerne surtout les produits « finis »	Concerne surtout les projets
Marges de manœuvre	Réduites, portant sur peu de paramètres, tels que le prix, les volumes…	Importantes, portant sur de nombreux paramètres, tels que le prix, les volumes, les délais, les conditions de paiement et de règlement, les options de services complémentaires, les garanties

»

Caractéristiques	Vente	Négociation
Transaction	Échange. Approche coopérative en vue d'un accord	Manœuvres, tensions, menaces, bluff, rapports de force, ruses, marchandages... Approche compétitive jusqu'à la transaction gagnant-gagnant
Rôle de l'acheteur	Trouver la solution adéquate ou le bon produit à des conditions acceptables	Pratiquer un marketing d'achat, étudier les coefficients de décomposition de coûts, définir une stratégie, exercer une pression sur le négociateur pour obtenir les meilleures conditions économiques
Résultat	Le vendeur gagne ou perd une affaire Perdre est une constante de la fonction	L'acheteur réussit plus ou moins bien une affaire. Un mauvais achat met l'acheteur en situation délicate et peut provoquer, selon l'importance de l'achat, des difficultés pour l'entreprise

En résumé, la différence fondamentale entre une vente et une négociation est que[1] :

– la vente est un échange (un bien ou un service contre de l'argent) ;
– la négociation est un partage (d'une valeur ajoutée).

Ce qu'on attend d'un vendeur, c'est de vendre dans de bonnes conditions. Ce qu'on attend d'un négociateur, c'est de vendre aux meilleures conditions possibles pour optimiser les marges.

1 Cette définition est reprise des documents de Formation à la négociation d'Yves Blanchard (Cabinet CAA).

Chapitre 18

Préparer sa négociation

Executive summary

- **Négocier** c'est évaluer les marges de manœuvre réciproques entre deux ou plusieurs parties afin qu'il puisse être conclu un accord relatif à une transaction. Chacun aura comme objectif de sortir gagnant de la négociation et la préparera dans ce but.
- **Connaître** ses interlocuteurs est primordial car il est rare qu'une négociation se contente de mettre en jeu seulement deux personnes. La préparation de la négociation se révèle donc indispensable. Il importe même d'adapter sa communication à chacun des interlocuteurs.
- **Prendre** en compte le facteur temps est déterminant. Une négociation se prépare et elle demande bien souvent plusieurs entretiens préalables avant d'être conclue.
- **Définir** par avance ses marges de manœuvre, la stratégie à adopter, les contreparties à se ménager, préserve une conclusion en notre faveur. Se réserver un filet de sécurité et connaître les limites précises à ne pas dépasser sont les garde-fous de la négociation.

La négociation se prépare toujours

S'il est un domaine où la préparation est essentielle pour obtenir le résultat escompté, c'est bien celui de la négociation. Comment optimiser la rentabilité de l'affaire en cours si on ne sait pas exactement, avant de se lancer, quelles sont ses marges de manœuvre, quels sont les paramètres qui ont une incidence économique sur lesquels on peut agir, quels sont les points sur lesquels on peut céder et ceux sur lesquels on est intransigeant, comment lutter contre les pièges de l'acheteur, quelles sont les concessions que l'on peut faire et en échange de quoi ?

Qui aller voir en priorité

Nous le disions plus haut, une des caractéristiques de la négociation est sa durée dans le temps et la multiplicité des interlocuteurs à rencontrer en interne, dans son entreprise comme dans l'entreprise cliente (acheteurs, techniciens, ingénieurs et directeurs de production, bureau d'études, financiers...). Certains négociateurs « grands comptes » doivent impérativement, pour éviter de se disperser et de consacrer du temps à des clients dont le résultat attendu est faible, faire une sélection des clients dans leur portefeuille clients et allouer un nombre de contacts à chaque entreprise. Tous les clients ne sont pas des clients roi. Le temps à investir chez le client à 10 000 euros et chez celui à 1 000 000 d'euros ne doit pas être le même. La bonne question que doivent se poser ces négociateurs « grands comptes » est d'une manière un peu triviale : « Où dois-je mettre le paquet ? »

Avec André Courties, ancien directeur du département « Cegos-Vente et Opérations commerciales » j'avais adapté, à partir de la courbe de Pareto, à la fin des années 1970 pour des stages de formation « Comment diriger vos vendeurs pour les rendre performants », s'adressant à des directeurs commerciaux et de vente, une grille que nous avions appelée « Grille ABC Croisée » qui permet de réfléchir à la composition de son portefeuille et de savoir comment orienter ses efforts[1].

Quand on demande à des vendeurs-négociateurs de répartir selon la loi des 20/80 les clients dans leur portefeuille, ils s'aperçoivent souvent avec surprise que, d'une part, les clients « C », c'est-à-dire les petits

1 Cette matrice ABC Croisée a été reprise et développée dans l'ouvrage *Vendre et négocier avec les grands comptes*, F. Vendeuvre et T. Houver, Dunod, 2006.

clients (25 à 30 % du portefeuille) ne réalisent que 3 à 5 % du chiffre d'affaires et que le temps qu'ils y consacrent est souvent supérieur à 10 voire 15 % et que, d'autre part, parmi les 20 % de clients (ceux que l'on nomme les clients « A ») qui font 80 % du chiffre d'affaires, certains sont négligés. Si plus de temps, plus de visites, plus de contacts leur étaient consacrés ce chiffre pourrait être raisonnablement augmenté. Cette réflexion est intéressante mais elle ne se contente que d'analyser le chiffre d'affaires actuel. Pour être plus pertinente, elle doit être complétée par une analyse de ce qui peut être fait dans le futur chez les clients et les prospects. La grille ABC Croisée introduit dans cette matrice de Pareto un autre classement qui prend en compte le potentiel de chiffre d'affaires réalisable.

On répartit l'ensemble des clients, en ordonnée, par importance de chiffre d'affaires, du plus petit vers le plus élevé, du bas vers le haut, et en abscisse le potentiel estimé du plus faible vers le plus fort, de droite à gauche. On obtient, selon la répartition A, B, C, pour les chiffres d'affaires et A', B', C' pour les potentiels, neuf cases dans lesquelles on introduit les clients correspondants. Ces neuf cases sont regroupées en trois catégories.

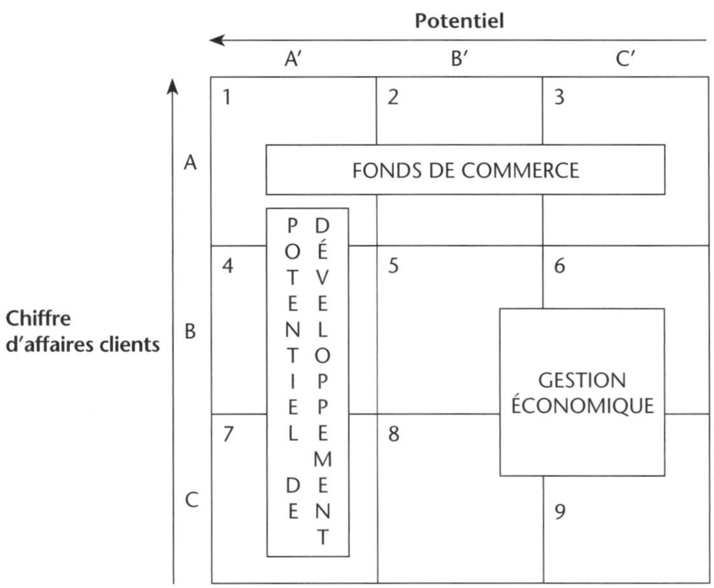

Figure 18.1 – Courbe ABC Croisée

1re catégorie

Les « potentiels de développement » : tous les clients A' (à fort potentiel) qu'ils soient actuellement petits clients C, clients moyens B ou gros clients A. Ce sont chez ces clients qu'il va falloir investir du temps. Ce sont les stars de demain à condition qu'on y mette de la « gelée royale », qu'on les « cocoone », qu'on ne les néglige pas et qu'on ne perde pas du temps chez d'autres clients dont le potentiel de développement est faible.

2e catégorie

Les « fonds de commerce » : tous les gros clients actuels A (chiffre d'affaires important) que ce soit chez les gros ou les petits potentiels. Ce sont ceux qui réalisent actuellement 80 % du chiffre d'affaires.

3e catégorie

Les « gestions économiques » : ni gros apporteurs de chiffres d'affaires, ni clients à fort potentiel.

Trois catégories = trois stratégies différentes.

Chez les « potentiels de développement » le négociateur va devoir, avant même de leur rendre visite, faire une préparation attentive et approfondie car l'espoir de développement de chiffre d'affaires et de marge est important. Les bonnes questions à se poser à leur propos sont :

- Chez les clients AA' (case 1) : comment rester en permanence dans leur paysage ? Comment leur éviter la tentation d'aller à la concurrence ? Quel traitement spécial leur appliquer pour les fidéliser encore mieux et détecter leurs besoins futurs ? Ce sont des clients stratégiques. Ils rendent l'entreprise excessivement vulnérable et ils sont l'objet de toutes les attentions et d'offres alléchantes de la part des concurrents pour y pénétrer. Dans certains portefeuilles clients ils ne sont que trois ou quatre pour représenter plus de 50 % du chiffre d'affaires. Étant donné que les espoirs de gain sont encore possibles et que le « gâteau » à prendre peut être partagé avec d'autres, on imagine l'âpreté des négociations et la nécessité de recueillir, avant la discussion sur les marchés à venir, des montagnes d'informations sur eux et sur les concurrents qui sont en embuscade.
- Chez les clients CA' (case 7) : ce sont les très gros potentiels, chez qui l'entreprise réalise de tous petits chiffres d'affaires. Là, le processus est inversé. Ce sont les concurrents qui les ont investis et qui tiennent fer-

mement la place ne laissant à l'entreprise que des poussières. Quelle stratégie de pénétration adopter pour les investir beaucoup plus en profondeur ? Si les conditions économiques et financières sont la clé d'un plus grand développement, on voit à l'évidence, l'importance qu'il y a, d'une part, à réaliser l'analyse fine de tous les paramètres sur lesquels il faut jouer et, d'autre part, à la négociation en interne pour obtenir sur certains d'entre eux des conditions particulières afin d'être plus compétitifs que certains concurrents.

- Chez les clients AC' (case 3) : leur importance est aussi primordiale car l'entreprise est pratiquement ou totalement leur fournisseur exclusif. Le potentiel de développement est faible voire nul mais le chiffre réalisé les place parmi les plus gros clients de l'entreprise. Attention à ne pas les négliger et à se conduire chez eux en terrain conquis ! D'ailleurs les menaces, les bluffs, les intimidations, les promesses de rupture sont au cœur de toutes les négociations. Là encore, on voit l'importance de la préparation pour parer à toutes les attaques, les intimidations, les chantages.
- Chez les clients CB', CC', BC' (cases 8, 9, 6) : ils sont dans le domaine de la gestion économique, c'est-à-dire qu'ils ne représentent que 15 à 20 % du chiffre d'affaires alors qu'ils constituent 80 % du nombre de clients. La préoccupation est de savoir, d'une part, combien de temps passer avec eux pour maintenir le chiffre actuel sans léser le capital-visites à consacrer aux clients plus importants dans les catégories vues précédemment et, d'autre part, combien de temps peut-on récupérer chez eux pour le consacrer aux clients prioritaires.

Comme on le voit, cette grille ABC Croisée permet de repérer les gros clients prioritaires, à la fois pour connaître le temps à investir en allant chez chacun d'eux, mais aussi pour identifier les renseignements à avoir, les paramètres économiques sur lesquels il faut jouer, les arguments à développer et les stratégies à mettre en œuvre lors de la préparation des négociations.

Sur quels éléments travailler pour bien défendre son offre

Nous ne reprendrons pas ici tout ce qu'un vendeur doit savoir sur un client avec qui il n'a jamais eu à faire. Il faudrait probablement plusieurs pages. Nous supposons que le client et le vendeur se sont rencontrés à plusieurs reprises, que des entretiens portant sur les solutions ont déjà eu lieu et qu'un accord sur l'offre a été, implicitement ou explicitement, validé. Il ne reste maintenant pour le vendeur qu'à défendre sa proposition en abordant tous les aspects économiques, financiers, logistiques, juridiques, sachant que l'acheteur va les négocier point par point pour acquérir au meilleur coût et aux meilleures conditions la solution qui lui convient. Peut-être, le vendeur est-il en short-list, c'est-à-dire qu'il est présélectionné avec (contre) un ou deux concurrents et qu'il va devoir défendre bec et ongles « son bout de gras ».

On peut dire, comme nous l'écrivions plus haut, que la réussite de la négociation dépend en très grande partie de sa préparation.

Le contenu de l'offre

Avant d'élaborer une stratégie dans la conduite de la négociation, il est nécessaire de dégager, pour chacun des paramètres qui feront l'objet d'une discussion, les points sur lesquels le vendeur peut céder, ceux qui ne peuvent pas faire l'objet d'une transaction, les zones d'accord possibles, les concessions acceptables et de définir, *a priori*, la marge qui pourra être obtenue une fois ces ajustements faits. Ce n'est qu'à ces conditions que le vendeur pourra aborder sa négociation sans avoir peur de perdre sa chemise et savoir jusqu'où il peut aller ou ne pas aller pour dégager la marge prévue.

Mais auparavant, ce travail préparatoire doit être éclairé par deux principes-clés :

- Premier principe : « plus on demande plus on obtient ». Ce qui veut dire que le vendeur ne doit avoir aucun complexe (tout en restant dans les limites acceptables) quand il prépare les paramètres sur lesquels il va négocier et leurs niveaux d'acceptation en dessous desquels il ne pourra pas aller. La relation vendeur-acheteur est un rapport de force. Partir petit, faible, mal assuré n'est pas la meilleure manière de gagner, de remporter l'affaire dans les meilleures conditions.
- Deuxième principe, corollaire du premier, est que « tout se termine toujours par un compromis ; ce n'est donc pas la peine de commencer par là » (disait Peter Drucker). Si je veux obtenir 100 et que j'entame la négociation par 100, il n'y a aucune chance que je l'obtienne.

■ Quelle est alors la méthode pour préparer la négociation ?

Dresser la liste de tous les domaines qui feront l'objet de la négociation, ceux concernant :

- Les aspects commerciaux : quantités, durée de contrat, clause de révision de prix, commande de produit complémentaire, prise en charge de certains services par le client.
- Les aspects financiers : prix, remises, conditions et délais de règlement.
- Les aspects techniques : modification des contraintes techniques, changement dans certaines spécifications.
- Les aspects logistiques : délais de livraison, échelonnement des expéditions, transport, stockage.
- Tous les points susceptibles de donner lieu à une négociation et pouvant faire l'objet d'une demande de concession par le client doivent être clairement identifiés.

Pour cela nous recommandons de dresser un tableau à plusieurs colonnes dans lesquelles le vendeur doit :

- Hiérarchiser les enjeux et clarifier les priorités pour chacun des points identifiés dans l'étape précédente. On peut les visualiser par des croix, ainsi si l'enjeu est très fort, on marquera 3 X tandis qu'un enjeu de peu d'importance sera de 1 X. Cette étape essentielle permet de bien discerner ce qui est une priorité de ce qui ne l'est pas : par exemple des volumes importants, se positionner sur un nouveau marché pour l'entreprise, obtenir en échange de concessions importantes des contreparties sur des conditions de livraison, de conditionnement, d'étalement des marchandises.
- Déterminer les planchers en dessous desquels le vendeur ne pourra pas descendre. Une fois les priorités établies, la réflexion doit porter sur les limites basses à ne pas dépasser pour éviter de pénaliser la rentabilité finale. Le vendeur doit chiffrer les paliers, les seuils, afin de ne pas aller en dessous du seuil de compétitivité.
- Fixer des objectifs. Il s'agit de quantifier le plus possible chacun des points dont les priorités ont été déterminées précédemment. Plus les objectifs seront précis et moins le vendeur aura de chance de céder à la pression du client.

Une fois ce travail terminé, le vendeur devra se poser deux questions :

1. Est-ce que ces objectifs sont réalistes ? Sont-ils en phase avec les prix comparés et les pratiques du marché ? La rentabilité est-elle celle qui est attendue ?

2. Sont-ils cohérents les uns vis-à-vis des autres et vis-à-vis de l'offre globale ?

- Établir les offres initiales. Nous le disions plus haut, tout se termine par un compromis et ce n'est donc pas la peine de faire des offres initiales qui se situent à la hauteur des positions planchers et des objectifs. Les offres initiales doivent être supérieures à ce que le vendeur souhaite obtenir. S'il part bas, il y a de fortes chances qu'il soit obligé de céder et qu'à l'arrivée l'accord se fasse sur une position plus basse que celle qu'il avait prévue. Il est donc utile de les établir avant le début de la négociation pour, en acceptant certaines concessions en échange de contreparties, se retrouver à minima aux objectifs fixés.
- Dresser la liste des arguments pour crédibiliser chacun des points, objets de la négociation. Chaque fois que le vendeur annoncera une offre initiale, forcément supérieure à ce qu'il cherche à obtenir, le client la contestera en essayant d'obtenir mieux, sans connaître le prix plancher du vendeur. Ce dernier sera peut-être obligé de céder en contrepartie d'autre chose qui compensera l'effort effectué. Mais avant de réduire ses prétentions de départ, il va devoir argumenter pour défendre son offre initiale. Si les arguments sont tout à fait valables pour le client, on peut espérer qu'il acceptera l'offre faite ou mettra moins de cœur à la négocier. Donc en face de chaque point qui fera l'objet d'une discussion, le vendeur doit aligner les arguments pour le crédibiliser et le défendre.
- Pour avoir une vision synoptique de cette préparation et pour la visualiser facilement, il est conseillé de dresser un tableau[1] qui reprend d'une manière synthétique ce qui a été mis au point juste au-dessus.

Points susceptibles d'être négociés	Enjeux et priorités	Limites basses à ne pas dépasser (Planchers)	Objectifs	Offre initiale	Arguments
Prix					
Délais paiement					
Quantité					
Délais livraison					
Etc.					

1 Ce tableau est inspiré de la matrice des objectifs (pages 8, 10, 11) de l'ouvrage de Philippe Korda, *Vendre et défendre ses marges*, Dunod, 3e éd., 2005.

Cette méthode de préparation, avant une négociation importante (avec des clients roi, ceux qui faisaient partie de ce que nous appelions précédemment les « potentiels de développement »), permet de :

- Rechercher et d'identifier tous les éléments de l'offre.
- Fixer des points planchers en dessous desquels aucune concession n'est possible.
- Déterminer ce qui est réellement prioritaire de ce qui l'est moins.
- Fixer des objectifs précis, cohérents les uns avec les autres, réalistes, pour savoir exactement où aller sans se laisser mener vers des directions qui ne seraient pas acceptables et qui risqueraient de dégrader la marge prévue.
- Affûter les arguments correspondants pour défendre chaque point de l'offre.

Les stratégies à mettre en œuvre

Le contenu de l'offre ayant été établi, il reste maintenant à décider de la manière dont la négociation devrait être conduite.

Pour cela, avant d'entamer la négociation proprement dite, le vendeur doit pouvoir connaître le poids, d'une part, de chacune des concessions qu'il peut faire car elles n'ont pas toutes la même valeur et, d'autre part, celui des contreparties qu'il peut obtenir en échange.

On peut dénombrer quatre types de concession que l'acheteur va sûrement exiger et que le vendeur doit répartir dans un tableau, avec en ordonnée la valeur, l'importance pour le client des concessions et en abscisse le coût pour l'entreprise.

On voit mieux, grâce à ce simple tableau, que toutes les concessions de type A que le vendeur va mettre dans la case en haut à gauche sont celles qui ont une forte valeur perçue par le client mais un coût faible. Elles sont des atouts importants pour le vendeur. Il va pouvoir les monnayer contre de belles contreparties.

Celles qui vont faire l'objet d'âpres discussions avec l'acheteur sont les B car elles sont importantes pour lui, mais leur coût est fort pour l'entreprise. Elles sont donc des « mangeuses de marge ». C'est sur celles-là qu'il va s'accrocher. D'où la nécessité, durant la préparation, de savoir comment les défendre, d'avoir préparé les arguments et surtout de ne les négocier qu'en échange de contreparties substantielles qui compenseront la diminution de la marge. Par exemple, dans certains cas le vendeur acceptera de descendre son prix (dont la limite inférieure aura été fixée par avance) contre une augmentation des quantités achetées ou contre une exclusivité.

Le vendeur ne devra jamais accepter d'accorder des concessions de type D. Pour l'acheteur, elles ne représentent pas grand-chose alors que leur coût pour l'entreprise est un élément qui participe à une forte baisse de la rentabilité.

Enfin les demandes de concession de type C. Le bon sens recommande de les garder pour la fin.

Une fois ce tableau réalisé qui permet de voir clair dans les concessions à faire pour protéger la marge et de savoir, d'une part, ce sur quoi on peut céder, et d'autre part, ce sur quoi aucun compromis n'est possible, le vendeur, dans l'élaboration de sa stratégie, doit se préparer également sur les trois points suivants.

■ Dresser la liste des contreparties

Nous le disions plus haut, toute concession accordée sans contrepartie serait immédiatement, d'une part, connotée par l'acheteur comme un signe de faiblesse et le risque serait grand qu'il renforce par la suite ses exigences. La négociation est un échange qui se résume à ces propos : « Je ne te donne rien si en retour tu ne compenses pas la concession que je viens de te faire par un geste significatif. Tu me demandes cette baisse. Que m'offres-tu en échange ? Ou J'accepte ce que tu me demandes mais je te demande en contrepartie de m'accorder cela... ». D'autre part, une concession accordée sans contrepartie est une rupture d'équilibre, puisque le vendeur doit dégrader sa marge sans obtenir une compensation qui la rétablisse.

Nous recommandons donc de dresser la liste de toutes les contreparties qui peuvent être demandées pour ne pas se trouver court durant la négociation et devoir refuser une demande de concession alors qu'une contrepartie aurait permis de satisfaire les deux parties. Bien sûr, toutes les contreparties n'ont pas le même poids et il est utile de faire le travail qui consiste, une fois leur liste dressée, à se dire « Si je fais tel type de concession, que puis-je demander en échange ? Quelle(s) contrepartie(s) choisir qui maintienne l'équilibre ? »

Ces demandes de contrepartie présentent, pour le vendeur, l'avantage d'obtenir des concessions qu'il lui aurait été difficile de demander au client à un autre moment. Elles ont comme autre vertu de diminuer les exigences de l'acheteur qui se dit : « Chaque fois que je fais une demande de concession, le vendeur résiste, refuse, bagarre, rechigne et s'il me l'accorde c'est à la condition que je sois obligé de céder sur des points qui me coûtent ». Il aura tendance, au fur et à mesure que la négociation se déroule, à baisser ses prétentions.

Une arme redoutable des négociateurs expérimentés est de dire systématiquement à chaque demande de concession : « Je serai prêt, éventuellement, à étudier votre demande si auparavant, vous-même, vous m'accordiez… » ou « Votre demande est difficilement acceptable. Avant d'en parler, et de voir ce que je peux faire, je souhaiterais savoir si, de votre côté, vous êtes prêt à accorder telle contrepartie. » Il s'agit d'offrir, non pas avant, mais après avoir obtenu.

Exemple

L'acheteur : J'accepte votre proposition si vous me faites une remise de 10 %.

Le vendeur : Je suis prêt à revoir mon offre si, de votre côté, vous vous engagez sur telle quantité…

Cette formulation permet à ce dernier d'obtenir d'abord un accord sur des quantités supérieures avant d'ajuster son prix.

■ Partir avec un filet de sécurité

Une bonne manière de se sentir fort ou du moins en sécurité avant d'aller négocier est d'avoir un deuxième parachute au cas où le premier ne s'ouvrirait pas. Supposons que le vendeur ait bien préparé sa négociation mais qu'à un moment, au cours de la négociation, il se trouve face à son acheteur en situation de blocage. Celui-ci refuse la proposition du vendeur. Deux auteurs américains de la Harvard Business School, Ury et Fisher[1], préconisent de n'aller en négociation que muni de sa MeSoRe. C'est-à-dire sa MEilleure SOlution de REpli. Le vendeur doit donc avoir un « joker » dans sa main, une offre modifiée ou différente pour sortir de l'impasse et continuer « à jouer » sans être exclus de la partie. Pour cela, il doit, au cours de la préparation, envisager toutes les éventualités dont celle d'une offre refusée par l'acheteur et pouvoir parer le coup en proposant une solution de rechange : une MeSoRe.

Les caractéristiques d'une MeSoRe sont :

- Identifier le meilleur accord possible parmi toutes les solutions.
- Avoir une approche nouvelle qui repart de la demande du client en abordant la solution sous un angle différent et qui favorise la création de valeur.

1 W. Ury et R. Fisher, *Comment réussir une négociation*, Le Seuil, 1982.

- Proposer une solution acceptable et répondant aux motivations des deux parties.
- Faire que les options choisies soient fondées sur la bonne compréhension des intérêts en présence.
- Justifier toujours la solution avant de l'énoncer.

■ Élaborer des communications différentes selon les interlocuteurs

Dans une négociation d'importance dont l'enjeu est capital pour l'entreprise cliente un certain nombre d'interlocuteurs interviennent dans le processus d'achat. L'ensemble de ces personnes constitue le GRID (Groupe Réel d'Influence et de Décision). Ce sont ordinairement le ou les décideurs, les prescripteurs internes, les utilisateurs, l'acheteur, les conseillers techniques, juridiques, etc. On suppose que le vendeur, en amont de la négociation finale, les a rencontrés et a pu débattre avec chacun d'eux, afin de les faire converger vers un résultat attendu favorable. En principe, il les connaît et a identifié leur position dans l'affaire qui va être traitée. Évidemment les connaître ne suffit pas, il doit encore savoir quelles seront leurs réactions et quel type de communication adopter avec chacun d'eux et quels arguments différents développer. Voici quelques questions qu'il est utile qu'il se pose avant d'élaborer une stratégie qui a des chances de faire mouche :

- Qui dans le GRID participera à la négociation ? Quels sont leurs poids respectifs ? Quelle relation le vendeur entretient-il avec chacun d'eux ? Quels sont ceux qui sont favorables à la solution proposée ? Qui y est opposé? Pour quels motifs ? Qu'attendent-ils pour pouvoir faire évoluer leur position ? Quels sont les points de divergence et de convergence ?
- Quelles relations entretiennent-ils entre eux ? À quoi le ou les décideurs sont-ils les plus sensibles et quelles sont leurs préférences ? Quels sont les éléments décisifs qui peuvent avoir une influence majeure sur leur décision ?
- Quelle position le vendeur doit-il adopter, en début, au cours, en fin de négociation ? Doit-il jouer sur la coopération ou sur la fermeté ? Quelles solutions négociables peut-il avancer et avec qui ? Quelles sont les solutions acceptables que l'autre pourrait proposer ? Auprès de qui rechercher des faits nouveaux ?

L'essentiel

- **Bien identifier** nos clients avant d'engager la négociation est indispensable : sommes-nous en présence de clients à potentiel de développement ou de type « fond de commerce » ou à « gestion économique ». De cette classification préalable dépendra notre préparation de la négociation et notre stratégie d'approche de ces différents types de client.

- **Définir** pour mieux négocier quels sont vos différents types de clients, c'est établir quelle stratégie adopter en fonction de l'objectif à atteindre. On ne peut traiter un client à faible potentiel, qui représente néanmoins une certaine sécurité pour l'entreprise par sa fidélité et son engagement, de la même manière qu'un client à fort potentiel, mais qui n'est pas encore notre client et se trouve encore dans l'indécision du choix de son fournisseur.

- **Partir** en négociation avec des solutions spécifiques concernant tous ses aspects (commerciaux, financiers, techniques, logistiques) s'impose. Éventuellement répondre en plus à des critères plus adaptés à notre client fait partie de la préparation indispensable.

- **Avoir** en réserve toutes les marges de manœuvre dans lesquelles la négociation pourrait nous obliger à puiser : contreparties possibles, filet de sécurité, plan de communication selon les membres du GRID, doit faire partie de notre mallette de négociateur.

Chapitre 19

Conduire sa négociation

Executive summary

- **Négocier** suppose que les positions du client et du vendeur soient éloignées et qu'afin que l'accord puisse avoir lieu elles soient rapprochées par le jeu des concessions et des contreparties.

- **Manifester**, dès le début de la négociation, un désir d'aboutir à un accord en adoptant un comportement « gagnant-gagnant » et faire en sorte que le client adopte cette position du « donnant-donnant ».

- **Dans une négociation**, on ne fait pas de concession sans demander de contrepartie. Pour cela, il est indispensable d'avoir fait la liste de toutes les concessions possibles et, en regard de chacune d'elles, des contreparties à exiger.

- **Affirmer** ses positions, avoir des exigences élevées, ne pas céder à la moindre demande du client, limite l'appétit du client. Mais fermeté ne veut pas dire rigidité ou intransigeance.

- **Connaître** et débusquer, pour y parer, les provocations, les chausse-trappes, les pièges et le chantage, est indispensable pour garder le cap afin de réussir sa négociation.

Un modèle de conduite

Loin de nous l'idée de dire qu'il n'existe qu'un seul modèle de conduite d'une négociation. Nous l'écrivions plus haut dans cet ouvrage, chaque vente est unique et différente de toutes les autres ventes, mais quelque soit le type de vente, on retrouve pourtant un certain nombre de constantes, de principes, de lignes de force qui, appliqués avec souplesse et adaptation à chaque situation particulière, permettent de mettre le vendeur en meilleure situation de réussite.

Le lecteur trouvera ci-dessous les grandes étapes pour conduire, d'une manière générale, une négociation, sachant qu'il ne s'agit pas d'un modèle unique qui enfermerait le vendeur dans un carcan contraignant et contre-productif.

Manifester, dès le départ, son désir d'aboutir d'une manière confiante et bienveillante.

Le vendeur sait qu'à un certain moment il va devoir s'opposer avec fermeté aux demandes souvent excessives de l'acheteur. Celui-ci pour le faire plier va peut-être jouer le bluff, la menace, la provocation, la rupture, voire la dévalorisation ou la mauvaise foi. On sait que les enjeux économiques font peser une pression forte sur les épaules de l'acheteur et que celui-ci adopte des comportements combatifs, parfois agressifs, pour laisser peu de place aux sentiments.

C'est dès le début que s'installe une relation et le vendeur a tout intérêt à ce qu'elle parte sur les meilleures bases possibles. Il doit créer au départ un esprit d'ouverture et de volonté d'aboutir en proposant rapidement d'entamer la négociation avec une approche conciliante de franche collaboration. Des phrases de ce type peuvent aider à faire partir d'un bon pied ce qui risque, par la suite, de se durcir :

« Nous allons aborder maintenant le point final de notre affaire. Je suis sûr que nous allons tomber d'accord mais au-delà, ce que je souhaite, et je suis persuadé qu'il en est de même pour vous, c'est que nous trouvions ensemble le meilleur accord possible, aussi... »

« Nous allons devoir nous ajuster sur un certain nombre de points, ce qui est tout à fait normal. Pour entamer, dès à présent, notre collaboration future de la manière la plus positive possible, je vous propose, si vous en êtes d'accord, de considérer les difficultés d'ajustement plus comme des opportunités de progrès que comme des obstacles. »

Dans les négociations difficiles, les acheteurs sont souvent tendus, crispés et veulent trop vite marquer leur fermeté pour renforcer leur pouvoir et ne pas donner l'impression qu'ils peuvent être conciliants. Le vendeur, par un comportement calme, détendu, doit éviter à tout prix de réagir d'une manière trop réactive à ce qui peut être considéré comme de la provocation. Ainsi, il est fréquent dans certaines entreprises de faire attendre un long moment le vendeur avant de le recevoir, de repousser à la dernière minute un rendez-vous prévu longtemps à l'avance, d'attaquer d'entrée de jeu par des propos dont le but est de le déstabiliser, du type : « Je vous préviens, j'ai une offre semblable à la vôtre mais à un prix inférieur de 12 %. Ou vous me proposez mieux tout de suite ou notre entretien est, d'ores et déjà, terminé ». Ou « Avant de nous asseoir, je voudrais que les choses soient claires entre nous. Il n'est pas question que j'accepte des délais de paiement inférieur à 120 jours, et il faut que vous sachiez que nous ne paierons pas un prix supérieur à 125 000 euros. C'est à prendre ou à laisser. J'ajoute que si nous ne traitons pas ensemble cette affaire, il se passera pas mal de temps avant que nous vous consultions de nouveau. »

Il faut que le vendeur sache que cette manière de faire est un jeu convenu. Il doit donc, coûte que coûte, au départ, installer un climat de sympathie en :

- ne réagissant pas du tac au tac ;
- montrant un visage avenant ;
- considérant son interlocuteur comme quelqu'un d'important ;
- pratiquant une écoute compréhensive ;
- recadrant la situation par une reformulation positive de son propos comme : « Je comprends dans ce que vous me dites que le prix est un élément-clé de votre décision » ou « Je suis aussi déterminé que vous afin que nous puissions faire aboutir cette affaire d'une manière constructive » ;
- en exprimant ses sentiments : « Avant toute chose, permettez-moi de vous dire que je suis ravi que nous ayons pu avancer jusqu'à ce point de l'affaire et que maintenant nous... » ou « Je suis un peu déstabilisé par votre entrée en matière aussi je vous propose, avant de commencer, que nous revoyons ensemble les points sur lesquels nous sommes en plein accord » ;
- en redéfinissant un cadre général de l'entretien.

Affirmer rapidement ses positions

Manifester dès le départ son désir d'aboutir d'une manière confiante et bienveillante a pour but d'agir positivement sur la relation en favorisant un climat qui n'installe pas, d'entrée de jeu, la contradiction, le marchandage, le jeu du chat et de la souris, mais que l'on ne s'y trompe pas, ce comportement visant à créer un climat de sympathie ne doit pas être considéré comme un signe de faiblesse. Le vendeur doit affirmer, dès que le processus de négociation se déclenche, ses positions d'une manière calme mais résolue pour envoyer des signes forts de détermination à son vis-à-vis. Il maintient le plus longtemps possible un niveau d'exigence élevé. Cette façon de faire présente un double intérêt :

- Le client face à « ce n'est pas négociable » du vendeur aura tendance à réduire son propre niveau d'exigence et à être moins gourmand dans ses demandes ultérieures de concessions.
- Cette approche « ferme », mais qui ne veut pas dire « fermée », crédibilise l'offre en la rendant sérieuse et en n'incitant pas le client à se lancer dans un marchandage sans fin. Attention pourtant à ne pas transformer cette fermeté en rigidité, en fermeture du type « c'est à prendre ou à laisser » définitif.

Nous le disions, quand nous avons abordé la préparation au chapitre précédent : « Tout se termine par un compromis, ce n'est donc pas utile de démarrer par cela. » Le vendeur doit partir haut et maintenir son niveau d'exigence élevé le plus longtemps possible pour se laisser des marges de manœuvre et arriver à l'objectif qu'il s'était fixé. Le client, face à l'offre du vendeur va faire une contre-offre, ce qui va permettre à ce dernier, pour compenser la concession qu'il va lui-même faire, d'exiger une contrepartie. On peut résumer schématiquement : « Je suis prêt à envisager une baisse de prix si nous nous mettions d'accord sur des volumes plus importants. »

Répétons-nous : affirmer ses positions en ayant des niveaux d'exigence élevés permet de libérer des marges de manœuvre et diminue l'appétit du client mais à deux conditions :

- Que ce niveau d'exigence soit dans la limite de crédibilité pour éviter que le vendeur, par cette position de départ excessive, soit déconsidéré et de créer une rupture de la négociation. L'exagération est totalement contre-productive. Elle développe chez le client un désir de contradiction et d'objection systématique à toute proposition du vendeur jusqu'à l'arrêt de toute discussion.

- Que le vendeur ait, au préalable, d'une part, déterminé l'objectif qu'il veut atteindre et le plancher en dessous duquel il ne pourra descendre, et d'autre part, établi les contreparties qu'il va demander en échange de la réduction de son exigence.

Un acheteur averti peut ne pas se laisser prendre à ce jeu et manifester lui aussi un niveau d'exigence élevé pour diminuer celui du vendeur. On se trouve alors devant une partie de bras de fer. L'un des deux doit diminuer ses prétentions. L'acheteur ayant le pouvoir de dire non et de tout arrêter, le vendeur va devoir baisser son niveau d'exigence. Notre recommandation est qu'il le maintienne le plus longtemps possible sans aller jusqu'à la rupture et surtout quand il le fera ce sera en échange d'une compensation, d'une contrepartie pour rétablir un rapport gagnant-gagnant.

Empêcher le plus possible le client d'utiliser ses armes

Le client a la partie belle de discuter du prix et des conditions commerciales. Ce sont ses armes préférées et il va vouloir les utiliser aussitôt pour porter rapidement l'estocade au vendeur. Celui-ci doit jouer de l'esquive pour obliger le client à ne pas entrer trop tôt dans une logique de marchandage qui lui donne la plupart du temps l'avantage. Pour cela, chaque fois que le client exigera une demande de concession, toute l'habileté du vendeur sera de ne pas entrer dans cette dynamique de réponse immédiate par une contre-proposition. Comme l'écrit justement Philippe Korda[1] : « Une concession coûte cher, un argument ne coûte rien. » Vous l'avez bien compris, les armes du client sont les aspects économiques et financiers. Celles du vendeur sont ceux qui concernent l'offre elle-même, le produit, les caractéristiques techniques et leurs avantages, les services offerts... Ce sont les éléments qui, en principe, différencient la proposition du vendeur de celle des concurrents. Il faut ramener le client sur le domaine de la « vente ». Comme nous l'écrivions dans cet ouvrage, au chapitre 16, le prix paraît toujours trop élevé tant que les avantages n'ont pas été développés. La tactique du vendeur est donc, chaque fois qu'une demande de concession lui est faite, de répondre par des arguments. Il reprend ainsi la maîtrise de l'entretien car il possède une information et des connaissances que le client n'a pas. En argumentant sur les avantages,

1 Philippe Korda, *Vendre et défendre ses marges, op. cit.*

les qualités, les points forts de sa proposition le vendeur lui donne du crédit et diminue l'importance relative du prix.

Le produit acquiert comme valeur celle que le client lui reconnaît d'où l'importance de bien mettre en avant tout ce qui peut, justement, valoriser les avantages de l'offre. Une bonne argumentation qui différencie l'offre de toutes celles des concurrents, qui démontre la bonne adéquation entre les besoins du client et ce qui lui est proposé, qui le rassure sur la justesse de la réponse à sa demande incite le client à diminuer ses exigences sachant que s'il obtient un refus de la part du vendeur, il sera obligé de faire affaire ailleurs, avec une offre qui n'a peut-être pas les qualités qu'il espère.

Jouer le donnant-donnant, le gagnant-gagnant

Comme nous le disions plus haut chaque concession accordée doit être assortie d'une contrepartie offerte. La séquence utile pourrait être :

- Annonce par le vendeur, par exemple, d'un prix ou d'une condition de règlement.
- Réponse par le client sous forme de refus avec demande de diminution du prix.
- Argumentation par le vendeur pour justifier sa proposition initiale.
- Maintien du refus par le client.
- Annonce par le vendeur d'une concession possible à condition d'obtenir une contrepartie.
- Discussion, marchandage des deux parties pour ajuster le niveau de diminution du prix en regard de la contrepartie obtenue.
- Recherche de compromis.
- Accord du vendeur et du client.

Cet exemple illustre la relation gagnant-gagnant. Je te donne mais j'exige en retour une contrepartie qui équilibre ce que tu viens de recevoir. Les gestes désintéressés ont cours dans l'amitié, l'amour, la fraternité ou la charité où l'on donne sans attente d'un don en retour. Dans le domaine des affaires une concession offerte sans contrepartie est considérée comme un signe de faiblesse. De plus le vendeur dégrade sa marge sans aucune compensation. Si le client propose au vendeur de baisser son niveau d'exigence ou de faire une concession, implicitement, il accepte un sacrifice en retour car il sait que, d'une part, le jeu de la négociation est du donnant-donnant, et que d'autre part, essuyer un refus de la part du vendeur est un coup porté à son ego.

Le vendeur, en jouant le gagnant-gagnant dit clairement à son client : « Plus vous me demandez, plus je demande aussi. » Ceci a pour vertu de calmer la boulimie possible de ce dernier en tempérant ses exigences et de créer une logique de partage en alternant « coopération-compétition ». Cette démarche présente comme avantage de faire baisser la garde à un client trop gourmand. Chaque fois que sa demande de concession est non acceptable, le vendeur répond par une contrepartie, elle-même démesurée. Au bout de deux ou trois tentatives, comme dans un jeu d'échec, il va tenter une demande plus prudente à laquelle le vendeur répondra par une recherche de contrepartie plus mesurée. Il comprendra ainsi qu'il lui est nécessaire de diminuer la pression et de revenir à une démarche raisonnable. Cette approche des concessions réciproques doit favoriser une situation où chacun optimise sa satisfaction.

Une négociation suit souvent cette progression où chacun à tour de rôle souffle le chaud et le froid : au début le vendeur manifeste de la bienveillance. Quand il affirme ses positions l'acheteur peut vouloir cesser de coopérer et tenter le mode compétitif en durcissant ses demandes. Le vendeur pour calmer les ardeurs de son partenaire adopte alors la logique œil pour œil, dent pour dent afin de revenir à un mode plus coopératif, à la bienveillance du début.

Chercher l'accord

D'une manière générale, dès qu'un consensus semble se décider sur l'essentiel, le vendeur a tout intérêt à obtenir rapidement l'accord. On a noté que plus la négociation s'éternise et plus le client va ergoter sur des points secondaires dont certains peuvent créer des situations de blocage. Supposons que le prix soit l'élément-clé de la négociation et qu'un accord soit acté sur ce point majeur, l'acheteur aura *grosso modo* obtenu l'essentiel de ce qu'il voulait. Si le vendeur n'essaie pas de conclure à ce moment-là, il existe un risque fort que le client essaie d'obtenir d'autres concessions qui dans son esprit sont secondaires par rapport à l'accord sur le prix. Il faut donc impérativement profiter de sa satisfaction pour éviter d'avoir à céder par la suite sur des aspects qui vont dégrader la marge.

Plusieurs manières de faire permettent de chercher l'accord et d'enlever la commande :

- Quand la discussion est à son point culminant et que le jeu des concessions/contreparties se durcit, le vendeur sait qu'il lui faut faire encore un effort pour arriver à un accord. Juste avant de concéder, alors que la pression est forte sur l'acheteur et que ce dernier ne sait pas encore si le vendeur va accepter sa demande, le vendeur peut utiliser la technique du « Supposons que j'accède à votre demande... ».

Exemple

Le vendeur : « Vous me demandez l'impossible et vous me faites arriver en dessous de ce que je peux accorder... Écoutez, je dois faire d'autres calculs pour savoir jusqu'où je peux aller mais supposons que je puisse accéder à votre demande, puis-je compter sur votre commande dès à présent ? »
Le vendeur a résisté, s'est arc-bouté pour ne pas concéder, a montré les limites au-delà desquelles il ne pouvait aller. Pendant ce temps-là le client était tendu pour le faire céder et dès qu'il a entendu qu'il pouvait avoir gain de cause et obtenir ce sur quoi il a bataillé avec force, la pression est retombée et il a été prêt à accepter ce que lui a demandé le vendeur. Trop heureux d'avoir gagné ce qu'il voulait et de peur d'avoir un refus, le client accède facilement à la demande du vendeur à ce moment-là.

- Quand la négociation traîne en longueur et que le client multiplie ses exigences, une bonne manière de faire, pour le vendeur, est de mettre le client face à ses hésitations pour l'obliger à se déterminer. La bonne question alors, quand surgit encore une nouvelle exigence, est la suivante : « Il m'a semblé que tous les points à examiner ont trouvé une réponse positive. Cet aspect que vous évoquez à l'instant est-il le dernier qui vous empêche de conclure ? » Si le client répond par l'affirmative, le vendeur peut alors appliquer la technique précédente qui est : « Si nous trouvons l'accord sur ce point, je peux conclure que nous sommes d'accord sur l'ensemble ? » Si le client dit, par contre : « Vous allez un peu vite. Il y a d'autres points que je veux examiner. » Le vendeur doit dire, à ce moment-là : « Dans ces conditions, je vous propose que nous listions les aspects que vous voulez que nous passions en revue. ». Le vendeur va ainsi pouvoir cerner le chemin qu'il reste à parcourir pour conclure et avoir une compréhension globale des zones d'accord et de désaccord.
- Il existe des clients prudents, inquiets, frileux, qui n'arrivent pas à se décider. Comme nous le disions au chapitre 17 de cet ouvrage, c'est souvent au vendeur qu'il appartient de conclure. Les techniques citées dans ce chapitre s'appliquent parfaitement à la négociation. Elles consistent à ce que ce soit le vendeur qui fasse une proposi-

tion et qu'il n'attende pas que ce soit le client qui se décide. Ce sont toutes celles que le vendeur propose comme si l'affaire était conclue, soit en posant une question alternative qui demande un choix entre deux solutions favorables à l'accord, soit en recherchant l'accord sur un point précis qui, s'il est accepté, laisse supposer qu'il concerne la totalité de l'offre, soit encore en engageant une action précise, immédiate. Par exemple : « Puisque nous sommes d'accord pour des livraisons fractionnées, pouvez-vous téléphoner à vos services pour savoir quand ils désirent recevoir la première ? Je téléphonerai également à notre usine pour savoir si cela est possible et nous pourrons alors finaliser notre accord. »

Une fois l'accord définitif complet, il y a lieu de rassurer le client :

- En le félicitant... et en le flattant : Par exemple : « Félicitations. Vous pouvez être certain que vous avez fait une excellente affaire. Entre nous, je suis allé au maximum de ce que je pouvais faire. Bravo encore » ; ou : « Je suis très heureux d'avoir pu conclure avec vous. Vous m'avez donné du mal. J'ai apprécié votre combativité et vous avez vu, cela a payé car dans l'ensemble vous avez remporté le lot à des conditions que nous ne faisons jamais. À moi, maintenant, de négocier en interne pour justifier les conditions assez exceptionnelles que je vous ai faites ».
- En l'aidant ou en prenant des rendez-vous pour finaliser :
  - les démarches possibles ;
  - les financements ;
  - les travaux d'installation ;
  - les aides à la revente ;
  - les formations ;
  - les mises en place dans les magasins.
- En se montrant confiant sur le futur concernant :

- le suivi de l'affaire : « N'hésitez pas à m'appeler. Je me tiens à votre entière disposition pour... » ;
- les autres affaires à venir : « Soyez totalement confiant, je ferai tout pour que tout fonctionne comme vous le souhaitez. Votre satisfaction sera, j'espère, la porte ouverte à d'autres affaires... » ;
- les relations à échanger : « Vous pouvez me consulter quand vous le souhaitez si, par exemple, vous avez besoin de prendre contact avec des sous-traitants de qualité. Moi-même, je pourrai vous solliciter plus tard pour d'éventuelles recommandations auprès d'autres clients. Est-ce que cela vous va ? ».

Faire face aux provocations

Nous le disions plus haut, la négociation est un jeu de pouvoir ou s'échangent concessions contre contreparties, où chacun essaie d'obtenir plus de l'autre en cédant le moins possible et en utilisant des subterfuges pour faire pression dans une relation « gagnant-perdant ». Le but de nombreux acheteurs est de déstabiliser le vendeur pour l'inférioriser et prendre l'avantage sur lui. Nous allons dans un premier temps identifier les comportements de « domination » les plus fréquents et par la suite donner les réponses spécifiques.

Les comportements de domination chez l'acheteur

■ La mauvaise foi

Le but est très clairement d'ébranler le vendeur et de l'affaiblir, de le soumettre, voire de le faire sortir de ses gonds pour mieux profiter de la situation en inversant la relation « persécuteur-persécuté ». Comment se manifeste-t-elle ? Par des déformations des propos du vendeur, par des accusations sans aucune preuve valable, par des amalgames abusifs, des contradictions patentes, des reproches sans fondements réels, des coups de bluff, des mises en doute des propos du vendeur, la dévalorisation d'une concession d'importance jugée mineure par l'acheteur.

■ L'attaque personnelle

Le client accuse le vendeur d'incompétence, d'incapacité à résoudre les problèmes. Il attaque, par exemple, l'âge qu'il juge trop jeune, l'inexpérience, le manque de poids, le sexe, le diplôme qu'il estime léger ou sans rapport avec l'objet de la négociation.

■ Les plaisanteries humiliantes

Il tourne en dérision les propos du vendeur, il se moque de son accent ou de sa manière de s'exprimer, il lui demande d'être clair et compréhensible sachant qu'il fera rire ses collègues, il imite son interlocuteur avec des sourires narquois, par exemple en butant sur des mots ou en bafouillant.

■ Les menaces

Celles concernant la rupture de la négociation ou des pseudo-propositions des concurrents. Elles s'accompagnent d'exigences formelles, intransigeantes et souvent formulées sans aménité.

■ Le langage ordurier

Qui peut s'accompagner de hurlement, d'accès de colère, de rire gras. Il invective. Il crie. Cette manière de faire est souvent couplée avec des manifestations physiques : il se penche debout sur le vendeur assis. Il agite ses mains ou ses bras. Il claque ses dossiers sur le bureau ou déplace brutalement les chaises. Il veut impressionner, passer en force, intimider son interlocuteur.

■ Quelles sont les réponses à ces comportements ?

Parmi les réponses, deux sont inadaptées et contre-productives :

La première est de céder pour éviter la confrontation brutale. Malheureusement la soumission présente deux inconvénients :

- La marge se dégrade petit à petit au fur et à mesure que des concessions sont faites sous la pression.
- Battre en retraite incite le client à persévérer et à renouveler en permanence ses attaques sachant qu'elles sont payantes.

La deuxième est de contre-attaquer et de répondre d'une manière agressive à l'agression. C'est le « tac au tac » qui aboutit à la joute verbale ou chacun dominé par l'émotion perd de vue l'objet de la rencontre. C'est l'escalade qui aboutit fréquemment à une rupture de la négociation, chacun, par la suite accusant l'autre de ne pas s'être conduit d'une manière civilisée et d'avoir fait échouer l'affaire.

La troisième réponse est celle qui permet le plus de faire revenir l'acheteur à un comportement constructif et de lui faire abandonner les provocations. Elle consiste en la mise en œuvre de trois réflexes :

- Garder son calme et refuser d'entrer dans le jeu pervers de l'acheteur. Ne pas surenchérir, lui couper la parole, vouloir l'arrêter à tout prix, s'offusquer de ses violences verbales, de ses coups de bluffs ou de ses menaces. Le secret est que le vendeur ne se sente pas personnellement concerné par les attaques, les insinuations ou les dévalorisations. Le mieux est de rester de marbre, de laisser l'autre utiliser ce qui lui semble être des armes utiles pour s'imposer coûte que coûte et de faire en sorte de ne pas se sentir piégé par les outrances de son interlocuteur. Cela demande évidemment une forte maîtrise de soi.

- Rester centrer sur le but de l'entretien qui est d'enlever une affaire dans des conditions satisfaisantes. Faire comprendre à l'acheteur que vous percevez, à travers ses propos excessifs ou ses manières de se comporter, le signe de l'importance qu'il accorde au point débattu. C'est au vendeur de reformuler ou de recadrer ce que dit le client en une expression positive recentrée sur le fond de la négociation.
- Répondre avec patience, tranquillité, courtoisie en gardant le cap de son argumentation et sans se laisser détourner de son chemin qui est d'aller vers une conclusion positive. Si le client n'abandonne pas sa manière de faire, une astuce utile, alors, est de faire de la métacommunication, c'est-à-dire de communiquer sur ce qui est en train de se passer en privilégiant le message « je » et en exprimant ses sentiments.

Pour expliquer cette approche, le mieux est de donner quelques exemples.

Exemple

« Je me sens mal à l'aise quand je suis personnellement mis en cause et je vous avoue que j'ai des difficultés à trouver les bonnes solutions qui vous arrangeraient. »

Ou « Je suis déconcentré et j'ai du mal à être efficace dans ces conditions. »

Ou « Je me sentirai plus apte à rechercher des points d'accord si nous adoptions une autre façon de procéder. »

Les bonnes réponses à ces comportements de domination de la part du client tiennent en deux phrases (difficiles souvent à mettre en œuvre par certains qui sont par nature instinctifs et réactifs) : « Je ne vais pas entrer dans son jeu. » et « Je vais maîtriser mes émotions ».

L'utilisation de techniques d'achat

Les comportements énoncés ci-dessus sont soit naturels chez l'acheteur et amplifiés inconsciemment par sa position dominante de décideur, soit simulés en fonction de l'attitude du vendeur qui peut, sans le savoir, prêter le flanc à ces manières de faire. Ainsi un vendeur mal assuré, novice ou empêtré par un contentieux qui le handicape favorisera, peut-être, chez certains acheteurs, des réactions de domination qui peuvent paraître naturelles mais qui, en fait, ne le sont pas et sont des pièges, des techniques tout à fait au point pour obtenir des avantages et faire plier le vendeur. Nous énumérons ci-après les plus connues :

- Le miroir aux alouettes : cette technique consiste à demander, avec obstination, au vendeur, une concession qu'il ne peut accorder, en mettant cette exigence comme préalable à la poursuite de la négociation. À un moment donné, le client lève cette exigence mais il demande alors en contrepartie une concession sur laquelle il sait que le vendeur peut jouer, pour l'enlever à « la hussarde » et qui est, en fait, son objectif principal : « Puisque vous ne voulez pas modifier la répartition des produits par colis et me faire les livraisons toutes les semaines comme je vous le demande, il faudrait alors que vous portiez la remise de 6 % que vous m'avez faite à 8 %. C'est la condition absolue pour que j'accepte les expéditions des colis standard tous les mois. »
- La promesse de lendemains qui chantent : le client promet monts et merveilles... pour le futur, à condition de bénéficier sur le champ de conditions plus favorables. Une variante est de demander au cours de la négociation d'importantes quantités pour avoir les remises maximums et au moment de signer de diminuer les quantités prévues en gardant les conditions faites.
- La pluie et le beau temps : l'acheteur alterne la pression, la dureté, les exigences sans aucune concession, et à d'autres instants, la bienveillance, les gestes de coopération, les renoncements faciles. La tactique de ce dernier est de faire céder le vendeur dans les moments de mer calme afin qu'il ait peur d'avoir à aborder de nouveau la tempête. Cette technique se fait également avec deux acheteurs, l'un jouant le loup et l'autre l'agneau.
- Charger la barque : l'acheteur fixe ses exigences sans aucune concession. Quand enfin elles sont acceptées, il les renforce par de nouvelles et ainsi de suite.
- C'est à prendre ou à laisser : elle consiste pour l'acheteur à expliquer qu'il a un budget qu'il ne peut dépasser alors qu'il sait pertinemment que l'offre du vendeur est supérieure. Cette technique met le vendeur dans l'impossibilité de défendre son offre, ses produits ou ses services qui ne sont pas mis en cause.
- Le marché de dupe : l'acheteur demande des concessions importantes et chaque fois que le vendeur recherche des contreparties, celles que l'acheteur propose sont inconsistantes et sans valeur réelle. Cette guerre d'usure peut durer parfois longtemps. Pour résister à ce piège,

le vendeur doit obligatoirement inverser cette dynamique à son profit en n'attendant pas que ce soit l'acheteur qui propose des contreparties en échange de ses exigences. C'est à lui, en retour, de formuler les contreparties équilibrées par rapport aux concessions qu'il peut faire. La négociation ne peut être un marché de dupe avec un gagnant et un perdant. Même si durant la négociation l'un essaie de faire plier l'autre en obtenant un avantage substantiel, *in fine*, pour des effets durables, la relation doit s'inscrire dans un rapport gagnant-gagnant.

- Seul contre tous : le vendeur se retrouve, au moment de la négociation finale, seul face à tout un groupe dont certains sont totalement muets, mais dont il sait que leur intervention sera, à un moment donné, péremptoire et catégorique ; d'autres le harcèlent à tout bout de champ, se contredisant entre eux, lui coupant la parole, passant du coq à l'âne, avec parfois l'un d'eux jouant le conciliant, l'arrondisseur d'angles, l'arbitre soi-disant impartial. Le but de ce remue-ménage, de ce harcèlement, est de déstabiliser le vendeur pour qu'il n'ait qu'une envie : fuir... mais en ayant auparavant concédé au-delà de ce qu'il avait prévu de faire. La solution pour le vendeur est d'abandonner le fonds pour focaliser un instant l'auditoire sur la forme. Il lui faut parler du « comment négocier » et non plus du « quoi négocier » pour le sortir de cette impasse. Comment doit-il procéder ? En décrivant, d'une part, ce qu'il ressent face à ces discussions désordonnées qu'il ne maîtrise plus et, d'autre part, sa frustration quant à la capacité d'aboutir à des résultats : « Je suis obligé de vous dire que je décroche, car je me sens agressé par les questions en batterie qui m'arrivent de toutes parts et qui m'empêchent de répondre positivement à vos attentes. Je serai plus à l'aise et plus efficace si nous procédions autrement... » ou « Je n'arrive pas à me concentrer quand une question me vient alors que je n'ai pas complètement répondu à la précédente. Je vous suggère que nous appliquions d'autres règles, par exemple, la prise de parole alternée, l'interdiction d'interrompre celui qui parle. Êtes-vous d'accord ? » S'il doit faire face à une attaque personnelle, à une dévalorisation, à une volonté de blesser, le mieux est d'en parler sur le champ et de ne pas donner l'occasion à celui qui a procédé ainsi de le considérer comme un faible ou un lâche : « Ai-je bien entendu quand vous m'avez traité de menteur ? Comment réagiriez-vous si quelqu'un vous qualifiait de la sorte ? » ou « J'ai subi depuis plusieurs minutes des attaques personnelles qui n'ont rien à voir avec l'objet de nos entretiens et je me demande maintenant si l'on doit continuer ainsi car elles ne font pas avancer la négociation dans un sens positif. »

- La remise en cause des acquis : ce piège est souvent tendu au vendeur quand les négociations durent ou s'étalent en plusieurs étapes. Il consiste à lui faire croire qu'il a accepté précédemment un certain niveau de concession, ce qu'il n'a pas fait, et de discréditer sa parole en faisant croire qu'il revient sur la parole donnée : « Attendez, vous m'avez bien dit, hier, que la remise serait de 10 % et maintenant vous me parlez de 8 %. Je ne suis plus d'accord et vous me voyez dans l'embarras pour continuer. Nous n'allons pas noter par écrit tous nos points d'accord. Il faut un minimum de confiance entre nous. Vous m'avez dit 10 %. C'est 10 %, un point c'est tout. Passons à autre chose ». Bien sûr, le vendeur ne doit absolument pas se laisser impressionner. Il doit maintenir sa position et rester ferme : « Je suis désolé de ce malentendu et je vous confirme qu'il ne nous est absolument pas possible d'aller au-dessus de 8 %. C'est une limite qu'il nous est impossible de dépasser. Si les choses n'ont pas été claires jusque-là, je vous prie de considérer, maintenant, d'une manière intangible que la remise que je peux vous concéder est bien de 8 %. Ce qui est le maximum que nous pouvons vous faire. » Si cette manière d'obtenir un plus pour le client était un piège, il n'insistera pas et sera même satisfait de voir qu'il a obtenu le maximum de ce qu'il pouvait avoir.
- L'artichaut : pour illustrer cette technique, je vais relater une expérience que j'ai vécue en accompagnant un commercial en clientèle en préparation d'un séminaire de formation. Celui-ci devait conclure une grosse affaire, une des plus grosses qu'il n'ait jamais rentrée et toute l'entreprise était au courant de son dernier rendez-vous qui suivait des jours et des jours de négociation. Dès le début de l'entretien, le client annonça qu'il avait une mauvaise nouvelle car des limites budgétaires imposées par les États-Unis compromettaient le dénouement de l'affaire. Le commercial qui croyait revenir triomphant dans son entreprise avec son bon de commande était décomposé, abasourdi. Le client semble également dépité et au bout d'un instant il dit au vendeur : « J'ai peut-être une idée. C'est ma dernière cartouche. Voilà, j'avais étudié notre projet avec une de nos filiales et elle était également intéressée. Je vais téléphoner et voir s'ils sont d'accord pour faire de notre projet un projet en commun et ainsi avec nos deux budgets nous pourrions conclure l'affaire. Je vous propose d'aller dans la pièce à côté en attendant et je viendrai vous chercher dès la réponse connue. »

Le commercial était fébrile, ne tenait pas en place, croisait les doigts et plus l'attente durait, plus il était décomposé, répétant sans arrêt : « Ça ne marchera pas, ça ne marchera pas. » Après plus d'une heure le client nous fit entrer dans son bureau sans que son visage ne trahisse la moindre émotion. La tension pour le commercial était à son maximum. Il nous fit asseoir, regarda le commercial dans les yeux un long moment (un siècle de quelques secondes) et dit : « Ça marche ! Mon assistante prépare le contrat que j'ai consigné et elle nous l'apporte. » J'ai cru que le commercial allait se jeter au cou de son interlocuteur. Il était rouge de bonheur. C'est à ce moment que le piège commença à fonctionner. Le client dit : « Évidemment, avant que je ne signe, on est bien d'accord que vous n'appliquerez pas l'indice de révision des prix ? » Le commercial surpris et surtout apeuré de voir ce projet tomber à l'eau répondit sans réfléchir : « Évidemment ». Ce qui n'était pas du tout évident. Le client obtenait ainsi par son astuce une concession gratuite d'importance. Mais ce n'était pas tout. L'assistante apporta le document, le client prit son stylo et se mit à lire. Il leva la tête vers le commercial en souriant et dit : « Bon, eh bien voilà notre affaire conclue. » Il hésita un instant et en dirigeant la plume de son stylo vers la feuille, il dit encore : « Je vais rajouter que tous les frais de déplacement sont à votre charge. » Le commercial éberlué et sans même faire le calcul de ce que pourrait coûter tous les frais de déplacement ne réagit pas. Le client continua : « J'ajoute aussi que les règlements se feront à 90 jours ». En quelques minutes il avait obtenu grâce à sa mise en scène des concessions coûteuses et mangeuses de marge pour l'entreprise, facilement et sans contrepartie en retour. Le commercial était l'artichaut que l'acheteur épluchait sans effort, feuille par feuille. Cette technique, tous les vendeurs l'ont éprouvée quand leur client leur a dit : « Bien sûr, dans ce prix-là le montage est gratuit ! » ou : « Je signe tout de suite si vous me faites les livraisons gratuitement… et si vous ne facturez pas les présentoirs… et si vous… »

- De nombreux autres pièges sont tendus par les acheteurs et les bonnes pages des ouvrages sur la négociation en regorgent. Les vendeurs doivent se dire qu'il est difficile de savoir par avance lequel leur sera tendu, à la prochaine négociation. La recommandation que nous pouvons faire est qu'ils doivent impérativement se montrer capables de recul et d'analyse de la situation qui se présente, de lucidité face au jeu des acheteurs, de volonté obstinée à ne pas tomber dans les pièges tendus, à maintenir coûte que coûte des relations positives et à rechercher constamment des solutions de fond constructives.

Nous le disions plus haut, tout au long de l'entretien de vente, c'est le vendeur qui mène, qui oriente la présentation de son offre vers la satisfaction des besoins du client, qui fait sa démonstration, qui a les bonnes réponses aux objections, et durant ce temps-là le client pose des questions, s'intéresse aux avantages, a un comportement constructif pour comprendre comment ce que propose le vendeur peut satisfaire son problème. Au moment d'aborder les aspects concernant les conditions et le prix, l'avantage qu'avait le vendeur se retourne et c'est le client qui prend le pouvoir : celui de refuser l'achat, de ne pas être d'accord avec ce que propose le vendeur ou formuler des exigences. Or « contester le prix est toujours plus facile que de contester la qualité du produit. Quand il doutait des qualités des produits ou des services, il permettait au vendeur d'affirmer son autorité par des preuves que, lui, ne possédait pas. » Au moment d'aborder le prix les rôles se renversent. Il sait ce qu'il peut investir, il connaît les offres de la concurrence, toute information inconnue du vendeur.

Pour que le vendeur ne se sente pas démuni et psychologiquement affaibli dans ce moment crucial de la négociation, il doit absolument avoir préparé dans le détail tout ce qu'il peut concéder et ce qu'il ne peut pas accorder. Il doit connaître avec précision les contreparties qu'il peut exiger en échange des concessions qu'il va faire et surtout garder son sang-froid et son calme, sans se laisser submerger par l'émotion et la pression qu'exerce sur lui le client. Résister aux pièges, aux menaces, aux attaques, aux coups de bluff, aux mensonges, est la condition essentielle pour ne pas perdre sa chemise et dégrader sa marge. Pour réussir sa négociation, le vendeur doit mettre en œuvre, comme l'énonçait un slogan politique des années 1980, « la force tranquille », c'est-à-dire : souple dans la relation avec l'autre mais ferme sur le fond.

Développez votre capacité à conduire une négociation

Les bonnes questions à vous poser

- Ai-je peur des objections ou ai-je le réflexe de les rechercher pour pouvoir les connaître et les traiter ?
- Avant de finaliser une négociation, ai-je listé, durant ma préparation, tous les points susceptibles de faire l'objet d'une demande de concession par l'acheteur ?
- Les ai-je hiérarchisés et ai-je affecté à chacun une priorité ?
- Pour chacun d'eux ai-je bien déterminé le plancher en dessous duquel je ne pouvais pas descendre ?

- Les objectifs sont-ils réalistes et cohérents ?
- Ai-je la liste de toutes les concessions acceptables et leurs poids respectifs ?
- Ai-je également dressé la liste des contreparties que je pouvais demander ?
- Suis-je bien clair sur les différentes étapes pour mener ma négociation ?
- Face aux provocations suis-je capable de garder mon calme et mon sang-froid ?
- La pression excessive de l'acheteur me fait-elle céder facilement ou au contraire me fait-elle sortir de mes gonds ?

Les points-clés à respecter

- Affirmez dès le début de la négociation votre position, fermement, sans faiblesse mais avec bienveillance et courtoisie
- Rappelez-vous qu'une concession coûte cher et qu'avant d'envisager d'en discuter vous devez soit la refuser, soit avancer un argument.
- Commencez par offrir les concessions les moins coûteuses.
- Jamais de concession sans obtenir en échange une contrepartie.
- Cherchez l'accord dès qu'un consensus se dessine sur l'essentiel.
- Face aux provocations refusez d'entrer dans son jeu.
- Rester souple dans la relation avec l'acheteur mais ferme sur le fond.

L'essentiel

▸▸ La négociation est un jeu convenu dans lequel acheteur et vendeur tentent d'acheter ou de vendre dans les meilleures conditions pour chacun d'eux. Les concessions qui sont faites par le négociateur doivent donc, obligatoirement, s'accompagner de contreparties.

▸▸ Négocier peut être source de tensions, d'oppositions, d'attaques verbales. Pour éviter que la relation ne se joue dans une relation « gagnant-perdant », il est nécessaire que le vendeur adopte, dès le départ, un comportement calme, assuré et ferme. Cette affirmation tranquille du négociateur peut permettre de tempérer les éclats, d'esquiver les provocations et de ne pas céder aux pressions exclusives du client.

▶▶ **Chaque concession** faite doit être compensée par une contrepartie acceptable. Pour cela, le vendeur doit avoir préalablement déterminé le plancher en dessous duquel il ne peut descendre.

▶▶ **Bien connaître** les techniques d'achat doit permettre au négociateur de les repérer au fur et à mesure que le client les emploie, d'utiliser les parades qui conviennent et de ne pas se sentir déstabilisé.

▶▶ **Se souvenir** que la négociation est une recherche de compromis où aucun des interlocuteurs ne doit se sentir lésé. La négociation doit se faire dans un rapport « gagnant-gagnant ».

Collection Fonctions de l'entreprise

Série Commercial/Vente

- M. Aguilar et Ph. Lafaix, *Les accélérateurs de vente,* 2e édition, 2010.
- M. Aguilar, *Vendeur d'élite,* 3e édition, 2010.
- M. Aguilar, *Vaincre les objections des clients,* 2e édition, 2006.
- J.-C. Brucher, *Rentabiliser son service après vente,* 2003.
- F. Buchet et N. Caron, *Les tableaux de bord de la fonction commerciale,* 2e édition, 2010.
- N. Caron et A. Girod, *Les clés mentales de l'excellence commerciale,* 2010.
- N. Caron, *Vendre aux clients difficiles,* 3e édition, 2007.
- G. de Castro et F. Vendeuvre, *Optimisez vos propositions commerciales,* 2009.
- S. Cogitore, *Le Category management,* 2003.
- M. Corcos et F. Siméon, *Techniques pour vendre en grande distribution,* 2005.
- M. Corcos et S. Mercier, *Les Techniques de vente... qui font vendre,* 5e édition, 2011.
- P. Desbordes, *Le coaching efficace des commerciaux,* 2e édition, 2006.
- L. Dugas et B. Jourdain, *Gagner les appels d'offre en équipe,* 2008.
- L. Dugas et B. Jourdain, *La vente complexe,* 2003.
- H. Fraisse, *Manuel de l'ingénieur d'affaires,* 4e édition, 2006.
- M.P. Le Gall et Couzon, *Mieux se connaître pour vendre plus,* 2005.
- P. Goupilleau, *Gagner en proximité avec le client,* 2002.
- J.-F. Granadel, *Vendeurs, mettez-vous en scène,* 2003.
- M. Kahn, *Franchise et Partenariat,* 2e édition, 2009.
- Ph. Korda, *Négocier et défendre ses marges,* 4e édition, 2010.
- F. Huyot et Ph. Lafaix, *Faites évoluer vos méthodes de vente,* 2008.
- Y. Lellouche et F. Piquet, *Négociation Acheteur/vendeur,* 2e édition, 2010.
- J.-P. Loizeau et J.-P. Mariaccia, *Ingénieur d'Affaires,* 2006.
- C. Pardo, *Responsable des comptes-clés,* 2004.
- D. Rondot, *Négocier avec la Process Com,* 2006.
- F.X. Simon et M. de Sousa, *Management et gestion d'un point de vente,* 2e édition, 2008.
- F. Vendeuvre et Beaupré, *Gagner de nouveaux clients,* 3e édition, 2008.
- F. Vendeuvre et T. Houver, *Vendre et négocier avec les grands comptes,* 2006.
- P. Whiting, *Les 5 grandes règles de la vente,* 2003.

57719 - (III) - (1,2) - OSB 90° - NOC - JRF

JOUVE
1, rue du Docteur Sauvé, 53100 MAYENNE
N° 2181380D
Dépôt légal : avril 2012
Suite du tirage : janvier 2015

Imprimé en France